압축 공부

포레스트북스

○ Prologue ○

공부는 질질 끌면서 하는 게 아니다

서울대학교에 재학하던 시절, 나는 여러 권의 공부법 책을 내고 강연과 멘토링 활동을 하면서 수많은 수험생을 만났다. 그들은 모두 주어진 상황에서 최선을 다해 노력하고 있었다. 하지만 노력의 결과는 각자 달랐다. 어떤 학생은 노력 이상의 것처럼 보이는 성과를 거뒀고, 어떤 학생은 노력보다 터무니없이 낮은 성과를 거두기도 했다.

후자의 학생들은 기대한 성과가 나오지 않을수록 스스로에 대한 믿음을 잃어갔다. '될놈될 안될안(될 놈은 되고, 안될 놈은 안된다'라는 뜻의 줄임말)'이라는 자조 섞인 말과 함께 스스로 한계를 정하고 끊임없이 자신의 재능을 의심했다. 어떤 이들은 결국 포기해버리기도 했다. 그 모습을 보고 있노라면, 한때 코피가 터질 만큼 공부해도 좀처럼 성적이 오르지 않아 좌절하고 눈물 흘리던 내 고등학교 시절이 떠올랐다.

이어지는 글에서 보게 되겠지만, 기적 같은 성적 상승을 거둔 다른 이들 역시 한때 스스로 만든 한계에 갇혀 힘든 시간을 보냈다. 하지만 그 한계를 깨고 나오자 비로소 불가능해 보이던 목표를 이룰 수 있었다.

만약 당신이 한계를 벗어나 성적을 올리고 싶다면, 지금 당장 '내가 성적을 올릴 수 있을까?'라는 질문을 '성적을 올리기 위해 무엇을, 어떻게 해야 할까?'로 바꿔야 한다. 성적을 올려줄 명확한 답만 찾는다면, 기적은 반드시 이루어지기 때문이다.

나는 수험생 후배들이 이 질문에 대한 답을 찾는 데 도움을 주기로 했다. 헛된 희망만 심어주는 뜬구름 같은 얘기 말고, 논리적이고 설득력 있게 '너는 안될 놈이 아니야. 너도 할 수 있어'라는 메시지를 전하기로 한 것이다. 또 확실한 방법만 있다면 누구나 기적 같은 성적 상승을 이뤄낼 수 있다는 것을 보여주고 싶었다.

이후 나는 단기간에 성적을 급상승시키고 끝내 목표를 이뤄낸 사람들을 수소문 끝에 찾아냈고, 그중 30명을 골라 심층 인터뷰를 했다. 수학 점수 0점에 전교 꼴찌, 전 과목 평균 7등급인 PC방 폐인, 중졸 학력의 전 축구선수, 수학 7등급대의 수포자 미대 준비생, 난독증 때문에 휴학까지 해야 했던 복학생……. 이들은 모두 과거에 하위권 성적이었던 것은 물론, 누가 봐도 '안될 놈'에 가까운 사람들이었다. 하지만 기존의 공부 방식을 바꾸고 결국 기적 같은 성적 급상승을 이뤄냈다.

나는 이 책에 담긴 '성적 역전왕'들의 이야기가 어떤 수기나 공부법보다 더욱 당신의 마음가짐과 태도를 근본적으로 변화시켜줄 수 있을 거라고 확신한다. 그들의 경험과 시행착오 하나하나가 당신에게 값진 교훈이 될 수 있다는 점에서 나는 그들을 당신의 성적 상승을 도와줄 '멘토'라고 부르려 한다.

나는 멘토들의 사례를 토대로 성적이 오르지 않던 때와 성적 상승을 이뤄낸 시기에는 어떤 차이점이 있었는지, 즉 어떤 변화가 성적 상승을 가져다주었는지 하나하나 파고들었다. 놀랍게도, 서로 얼굴도 모르는 30여 명의 멘토가 들려준 이야기에는 몇 가지 공통점이 있었다. 중복되는 내용이 하도 많아 이 책의 분량을 채울 수나 있을지 걱정이 될 정도였다.

그들의 성적 급상승 비결이 아주 대단하거나 특별한 건 아니다. 물론 충분한 양의 노력이 전제되었지만, 그들이 들인 노력의 양이 일반 학생들과 크게 차이가 났던 건 아니다. 또한 그들이 값비싼 사교육을 받은 것도 아니었다. 전반적으로 그들의 공부는 평범한 학생들과 별반 다르지 않았다.

다만 한 가지, 그들은 무엇보다 공부하는 매 순간 자신이 갇혀 있던 '알'을 깨고 나가는 데 집중했다. 정확히 말하자면, 모든 행동이 알을 깨고 나가는 것에 초점이 맞춰져 있었다. 기계적으로 노력하는 것이 아니라, 순간마다 성장과 발전이 있는 공부를 위해 고민했던 것이다.

조금 더 구체적으로 말하자면, 그들이 말하는 성적 급상승의 과정은 '자신이 처한 상황, 문제에 대한 객관적인 인식 → 효과적이고 효율적인 해결책 수립 → 의식적인 적용과 실천'이라는 3단계의 반복이었다. 그들은 이 프로세스를 토대로 끊임없이 자신에게 더 나은 성과를 가져다줄 요소를 찾아 발전해나갔고, 결국 투자input 대비 성과output가 아주 높은, 밀도 있는 공부 방법을 만들어냈다.

나는 '성적 역전왕'들의 공통적인 공부 방식, 즉 단기간 성적 급상승을 부르는 공부를 '압축 공부'라고 부르기로 했다. 잘못된 방법으로 시간을 끌면서 공부하는 방식에서 벗어나 단기간에 압축적, 효율적인 공부를 통해 자신의 잠재력을 끌어올리고 폭발적인 성과를 이뤄냈기 때문이다.

#성장형_마인드 #시스템적_사고 #의식적인_노력

압축 공부의 핵심은 크게 세 가지 키워드로 정리할 수 있다. 이 키워드는 모두 내가 『압축 공부』를 통해 전달하고자 하는 핵심 중의 핵심이다. 이는 단지 공부에만 적용되는 것이 아니라, 삶 전체를 성공으로 이끄는 데 가장 본질적이고 필수적인 요소다. 꼭 성적 상승을 위해서가 아니라도, 인생을 살아가는 과정에서 꾸준히 적용해보길 바란다.

또한 『압축 공부』에는 성적 급상승을 이뤄낸 멘토들의 실전 전략을 쉽게 적용해볼 수 있도록 가장 구체적이고 실천적인 70가지의 체크리스트로 풀어냈다. 이 체크리스트를 따라가다 보면, 당신도 어느새 이들처럼 언젠가 자신의 알을 깨고 나갈 수 있으리라 확신한다.

오랜 연구 끝에 내놓는 이 책이 당신을 목표 달성의 길로 이끄는 밑거름이 되길 바란다. 공부를 잘하고 싶지만 방법을 몰라 좌절에 빠졌던 아이들이 성적을 올리고 원하는 대로 인생을 이끄는 계기가 되길 바란다. 당신도 기적 같은 성적 급상승을 이룰 수 있다.

서울대 공부 멘토들에게 직접 물어보세요!
'공마플' 온라인 카페에 방문하시면 공부 멘토들에게 궁금한 것을 직접 질문하실 수 있습니다. 또한 책 뒤쪽 부록에 수록된 플래너 양식 또한 본 카페에 업로드되어 있습니다. 이외에도, 2019학년도 서울대 합격자들의 합격 수기, 자기소개서 및 포트폴리오 등을 보실 수 있습니다.

(공마플 카페: cafe.naver.com/gongmapl)

○ CONTENTS ○

CHAPTER 2

압축 공부의 두 번째 스텝 #시스템적_사고

멀리 있는 목표를 가깝게 만든다

CHAPTER 3

압축 공부의 세 번째 스텝 #의식적인_노력

내게 부족한 1퍼센트를 찾아라

압축 공부의 첫 번째 스텝

#성장형_마인드

자신의 가능성에 베팅한다

CHAPTER

1

"자기 자신을 믿는 것이야말로 성공의 첫 번째 비결이다."

_랄프 왈도 에머슨

01

성적은 올리는 게 아니라 저절로 오르는 것이다

단국대 치의학과 4학년에 재학 중인 윤찬혁 멘토는 중학교 시절 '전교 꼴찌'와 '전교 1등'을 모두 경험했다. 초등학교 5학년 때까지 유소년 테니스 선수였던 그는 중학교 2학년 1학기까지 공부를 제대로 해본 적이 없었다. 학업에 전혀 흥미가 없었기에 운동을 그만둔 뒤에도 이른바 '노는 친구들'과 일탈을 하며 지냈다. 중학교에 진학해서는 교내봉사 같은 소소한(?) 징계도 종종 받곤 했다. 그러다 보니, 2학년 1학기 시험에서 전교생 312명 중 정확히 312등을 했다. 특히 수학 점수는 '0점'이었다.

하지만 중2 여름방학 때부터 공부를 시작해 3학년 1학기에 전교 1등을 했다. 그리고 4년 뒤 대학 입시에서는 단국대 치의학과, 서울대 공학 계열, 고려대 사이버국방학과 동시 합격이라는 쾌거를 거뒀다.

그는 자신의 성적 급상승 비결에 대해 한 강연에서 이렇게 말했다.

"Not doing, but being. 목표는 이루는 게 아니라 이뤄지는 것입니다."

그는 성적 급상승을 위해서는 '하는 것doing'과 '되는 것being'을 명확히 구분해야 한다고 조언한다.

_ 그 '엄친아', 내가 되고 싶었다

한창 사춘기에 접어든 중학교 2학년 시기, 윤찬혁 멘토는 친구들과 일탈하는 것에 조금씩 따분함을 느꼈다. 이미 놀 수 있는 건 다 놀아봤다는 생각이 들었기 때문이다. 사춘기가 시작되면서 처음으로 '내 미래는 어떨까?'라는 고민을 하게 됐다.

그러던 중 우연히 TV에서 '엄친아, 엄친딸'로 불리는 명문대 출신 연예인들을 보고 '나도 저렇게 멋진 사람이 되고 싶다'라는 생각을 하게 됐다(실제 그는 대학에 진학한 이후 유명 연예 소속사에서 한동안 연기자 연습생을 하기도 했다). 하지만 공부라는 걸 한 번도 해본 적이 없었던 터라 무엇을 어떻게 해야 할지 전혀 알 수 없었다. 더군다나 그가 살던 동네는 부산의 외진 지역이어서 제대로 된 학원을 찾아보기도 어려웠다. 너무나 막막했다.

그는 아버지께서 늘 하시던 말씀을 떠올렸다.

"찬혁아, 세상 모든 일이 진인사대천명이란다. 어떤 일의 결과는 네가 통제할 수 없어. 대신 네가 지금 그 자리에서 할 수 있는 것이 무엇인지를 생각하고 최선을 다하면, 결과는 따라오기 마련이란다."

그는 '지금 내가 할 수 있는 것이 무엇일까?'를 고민했다. 우선 TV에서 본 것처럼 이른바 '명문대'에 합격한 사람들은 어떻게 공부했는지부터 살펴보기로 마음먹었다. 그 길로 동네 서점에 가서 7권의 합격 수기 책을 샀다. 그중에는 미국 명문대에 합격해 화제의 주인공이 된 박원희 씨의 『공부 9단 오기 10단』, 가난한 집안 환경을 극복하고 미국 프린스턴대에 합격한 김현근 씨의 『가난하다고 꿈조차 가난할 수는 없다』, 막노동을 하면서 독학해 서울대 수석이 된 장승수 변호사의 『공부가 가장 쉬웠어요』 등이 있었다. 그는 구입한 책들을 날마다 1권씩 일주일 만에 모두 읽었다.

"월요일부터 일요일까지 매일 1권씩 읽었어요. 그리고 그다음 주에는 그 책들을 요일별로 다시 읽었습니다. 그렇게 세 번쯤 읽었을까. 그 뒤부터는 책에 쓰여 있던 공부 방법들을 따라 해봤어요."

이른바 '공신'들의 필기법, 시간관리법을 하나둘씩 따라 했다. 그중에는 서로 겹치는 것도 있었고, 다른 것들도 있었다. 예를 들어 책에서 누가 영어 단어를 이러저러하게 암기했다고 하면, 그 사람의 방법을 따라 해보면서 효과를 경험해보기 위해 노력했다. 그러면서 점점 공부에 속도가 붙기 시작했다. 그는 여름방학을 온종일 도서관에서 보냈다. 주말에도 도서관이 문 여는 시간에 가서 문 닫는 시간에 돌아왔다.

그렇게 방학을 보내고 나니 성적이 오를 수밖에 없었다. 여름방학이 지나고 치른 2학기 첫 번째 시험에서 반에서 절반 정도의 등수로 올라섰다. 점수가 오르니 공부에 재미가 붙었다. 학구열이 높지 않은 동네였기에 조금만 해도 성적이 쑥쑥 올랐다. 어느새 중학교 3학년 1학기, 한때 전교 꼴찌였던 소년이 전교 1등이 됐다.

"제가 좋아하는 문장이 있습니다. 'Every master was once a beginner.' 분명 지금 잘하는 사람도 한때는 초보자였습니다. 마스터가 되어야겠다고, 전교 1등을 해야겠다고 생각만 하고 있으면 달라지는 것은 없습니다. 오히려 머리를 비우고, '지금 내가 무엇을 해야 상황을 바꿀 수 있는가'라는 질문에만 온전히 집중해야 합니다. 공부를 한 번도 해본 적이 없던 저에게 첫 번째로 필요했던 것은 어떤 방법으로, 얼마만큼 해야 하는지를 아는 것이었습니다."

혹자는 말한다. 성공하기 위해서는 먼저 남다른 의지와 열정을 가져야 한다고. 하지만 열정은 '짜잔' 하고 갑자기 생겨나는 게 아니다. 그저 가지고 싶다고 해서 가질 수 있는 차원의 것이 아니다. 오히려 열정은 작은 성공을 경험할 때 만들어진다. 지금보다 조금이라도 더 나아진 상태, 발전하는 상태를 경험하고 느껴봐야만 앞으로 더 나아갈 열정과 의지가 생기기 마련이다. 변화하기 위해서는 '어떻게 하면 열정과 의지를 키울 수 있을까?'라는 질문 대신, '지금 상황을 바꾸기 위해서 지금 당장 내가 할 수 있는 것, 해야 하는 것이 무엇인가?'라는 질문을 던져야 한다. 그 답이 현재 상황을 바꿀 수 있는 첫걸음, 내가 나아가야 할 첫걸음이 된다.

_ 성적이 오르는 환경은 따로 있다

윤찬혁 멘토는 고등학교 진학을 앞두고, 조그만 동네를 벗어나 더 큰 물로 나가고 싶다고 생각했다. 이른바 '명문고'에 진학하기로 했다. 하지만 민족사관고등학교, 한국과학영재학교 등 원서를 넣는 학교마다 1차에서 떨어졌다. 아무리 기적 같은 성적 급상승을 거뒀다지만, 1~2학년 때의 내신 성적이 발목을 잡았다.

그러던 중 우연히 한 명문고에 원서를 넣었는데, 그해 처음 고교 입학사정관제를 실시한 학교였다. 그의 내신 성적은 3년 평균으로 계산하면 결코 합격할 수 없는 점수였다. 하지만 그는 입학사정관에게 전교 꼴찌에서 1년 만에 전교 1등이 된 성적표를 보여주며 자신의 잠재력을 어필했다. 입학사정관은 그를 합격시켜줬다.

하지만 입학의 기쁨도 잠시, 학교생활은 그리 녹록지 않았다. 이미 선행학습을 많이 하고 온 친구들에 비하면 그의 실력은 턱없이 부족했다. 성적이 30명 중 20등대로 나오면서 자신감이 떨어졌다. 점차 공부에 흥미를 잃었고, 갑갑한 학교생활에 싫증이 났다. 기숙사 생활을 하며 방학 때도 학교에서 자습을 해야 했지만, 그는 매일같이 선생님 몰래 학교를 빠져나와 시내 길거리를 배회하거나 PC방을 전전했다.

그러던 어느 날 아침 기상 점호 시간, 운동장에 익숙한 차 한 대가 세워져 있는 게 눈에 띄었다. 부모님이 학교에 오신 것이다. 날마다 학교를 몰래 빠져나가 놀다 들어오는 모습을 본 담임 선생님이 참다 못해 부모님께 연락한 것이었다. 집에서 학교까지는 차로 5~6시간이 걸린다. 밤잠도 주무시지 못한 채, 자기 때문에 새벽같이 달려오신 부모님을 생각하니 죄책감이 밀려왔다. 자신을 헤아려주지 못한 담임 선생님이 원망스럽기도 했지만, 결국 모든 것이 자기 때문에 발생한 일이었다.

그날 이후, 다시 마음을 다잡고 공부를 시작했다. 하지만 도저히 학교생활에 집중할 수가 없었다. 고민 끝에 그는 전학을 결심했다.

"한 학기 동안 방황하며 내가 어떤 사람인지에 대해 많은 고민을 했습니다. 그러면서 저는 비교적 자유로운 생활 속에서 자신을 통제하면서 얻는 성취감이 가장 큰 동기부여가 되는 사람이라는 걸 깨달았습니다. 나 스스로 시간을 관리하고, 쉴지 말지를 결정할 수 있을 때 더 잘할 수 있다는 걸 알게 됐어요. 하지만 단체 생활을 하는 기숙사 학교에서는 그것이 불가능했습니다. 성과를 내기 위해서는 내가 어떤 사람인지, 그래서 내가 성과를 더 잘 낼 수 있는 환경이 어떤 것인지를 아는 것이 매우 중요합니다."

물론 치열한 경쟁을 견디지 못하고 학교를 자퇴하거나 전학을 하는 학생들이 모두 성공하는 것은 아니다. 하지만 목표에 대한 간절함만 있다면, 스스로 어떤 성향의 사람인지를 알고 그 성향에 맞춰 성과를 더 잘 낼 수 있는 환경으로 바꿔나가는 용기 또한 때론 필요하다.

_ 미래를 걱정하는 대신 오늘 할 일에 집중하라

그는 고등학교 1학년을 마칠 때쯤 집 근처 일반고로 전학했다. 일반고로 왔더니 마음이 한결 편해지며 자연스럽게 공부에서 성과가 나오기 시작했다. 전교 1등은 물론, 모의고사 성적이 지속적으로 올라 3학년 때는 3월 모의고사에서 부산시 전체 1등을 했다.

나는 그에게 그토록 압축된 성적 향상을 이룬 본질이 무엇이냐고 물었다. 그는 공부에 온전히 몰입하는 것이었다고 말한다. 하지만 몰입은 '하는 행동'이 아니라 '되는 상태'다. '몰입하자, 집중하자'라고 생각한다고 해서 몰입하고 집중할 수 있는 것이 아니다. 그래서 그는 스스로 '몰입할 수 있는 조건'을 만들기 위해 최선을 다했다고 말한다.

몰입하기 위해선 가장 먼저 환경을 바꾸어야 하고, 그중에서도 첫 번째가 방해 요소를 제거하는 일이다. 전학을 하자마자 그는 휴대폰을 없애고, 집 거실에서 TV를 치워버렸다. 그리고 자기 방 흰색 벽지에 이루고자 하는 꿈을 모두 적었다. 이루고자 하는 바를 늘 눈에 보이는 곳에 적어두고, 자신을 '세뇌'한 것이다. 목표로 하는 대학은 물론 심지어는 커서 살고 싶은 집의 도면까지 그려놓고, 꿈을 최대한 '생생하게' 그려볼 수 있도록 노력했다. 누가 보면 그야말로 '난장판'이라고 할 수도 있는 방 안 풍경이었다.

두 번째로는 사소할지라도 최대한 몰입할 수 있는 공부 방법을 찾았다. 예를 들면 그는 노트 정리를 잘 하지 않았다. 노트에 정리하면, 깔끔하긴 하지만 들고 다니기가 어려워서다. 그에게는 학교를 오갈 때나 식사를 할 때 공부한 내용을 복습하는 방법이 큰 효과가 있었는데, 그러려면 들고 다니기가 더 쉬운 곳에 복습할 내용을 적어두어야 했다. 그래서 A4 용지를 반으로 잘라서 공부한 내용을 적고, 이동하는 시간에 수시로 들여다보면서 복습했다.

또한 그는 다른 학생들처럼 스터디 플래너를 써보고자 노력했지만, 매번 실패했다. 그래서 플래너를 매일 쓰지 않고 가장 간단하게 일주일 단위로 계획을 세우는 방법을 택했다. 무엇을 할지 큰 틀을 짜고, 그 안에서는 그때그때 하고 싶은 공부를 하는 방법이다. 꼭 남들이 말하는 정석이 아닐지라도, 자신을 관찰하고 다양한 방법을 시도해보면서 자신에게 최적화된 방법을 찾아낸 것이다.

그러고 나서는 오로지 매일매일 자신이 해야 할 것을 다 했느냐, 최선을 다했느냐에만 초점을 두고 공부해나갔다. 우선 매일 공부할 때, 스톱워치를 활용해 순수하게 공부만 한 시간을 측정했다. 잠깐 화장실을 가더라도 스톱워치를 누르고, 온전히 공부한 시간만 쟀다.

"수험생 시절에 제가 공부하며 목표로 한 것은 공부와 공부 외의 것을 나누고, 공부 외의 것을 최대한 0으로 만드는 것이었습니다. 매일 그 목표를 얼마큼 이뤘는지 확인하기 위해 스톱워치를 활용했습니다. (……) 매번 '1등을 해야지, 성적을 올려야지'라고 생각만 하면 크게 달라지는 건 없습니다. 1등을 하고, 성적이 오르는 건 자연스럽게 '되는' 겁니다. 내가 질문해야 하는 건 그것이 '되게' 하기 위해 오늘 무엇을 해야 하는가이고, 오늘 할 일을 제대로 해냈다면 결과는 자연스럽게 따라옵니다."

그는 진정으로 결과를 변화시키고 싶다면 이런저런 거창한 계획보다 오늘 세운 자신과의 약속을 어떻게든 지켜내는 것이 중요하다고 조언한다.

"오늘 몇 시까지 공부하기로 했으면, 어떻게든 그때까지 버티고자 노력해야 합니다. 공부하는 중간중간에 여러 가지 유혹이나 부정적인 감정이 들더라도, 어떻게든 버텨내야 해요. 그러고 나면 끝나는 순간 '결국 내가 해냈다'라는 성취감을 느낄 수 있습니다. 그 성취감이 긍정적인 선순환을 만들고 공부 페이스를 잡아주어 결국 습관으로 자리 잡게 합니다."

서두르지 않고, 묵묵하고 꾸준하게

그의 공부 모토는 '서두르지 않고, 묵묵하고 꾸준하게'였다. 성적 급상승을 원하는 학생들이 범하는 실수 중 하나가 당장 뭔가를 하면 결과가 바뀔 거라고 너무 조급하게 생각하는 것이다. 그러다 보니 제풀에 지쳐 결국 포기하게 된다.

다시 한번 말하지만, 성적은 '올리는 게' 아니라 자연스레 '오르는 것'이다. 목표를 이루기 위해 내가 '오늘' 해야 하는 것이 무엇인지 질문하고, 매일매일 그것을 해내는 데 모든 에너지를 쏟아부어야 한다. 제대로 채워진 오늘이 쌓이고 쌓여서 달라진 내일이 됨을 잊지 말아야 한다.

그는 말한다.

"목표를 세우고 나면, 더는 목표에 매달리지 마세요. '되기 위해' 애쓰지 마세요. 그냥 '하면' 되는 겁니다. 하다 보면 되는 겁니다. 결과보다 과정에 집중하세요. 결과에 너무 집착하면 지치기 마련이고, 고꾸라지는 걸 참아낼 수 없습니다. 과정, 즉 내가 해야 할 것을 다 했느냐, 최선을 다했느냐에 초점을 두세요. 과정이 재미있어야 실패해도 다시 일어날 수 있습니다."

도달해야 할 결과만 바라보고 가면, 거기까지 도달하지 못한 하루하루는 늘 실패 상태다. 하지만 오늘 해야 할 일을 다 해낸 것에 초점을 둔다면, 하루하루가 모두 성공 상태다. 성공이 더 강한 의지를 만들어내고, 그 과정에서 결과는 따라오게 되어 있다. '하는 것'과 '되는 것'을 구분하고, '하는 것'을 제대로 해내는 것에만 오롯이 집중하라.

Check List

- ☐ 상황을 바꾸기 위해서 '지금 무엇을 해야 하는가'를 질문한다.
- ☐ 몰입을 방해하는 요소를 제거한다.
- ☐ 순수하게 공부만 한 시간을 측정한다.

02

압축 공부를 시작하기 위한 필수 마인드

김인우 멘토는 서울대 체육교육과를 졸업하고, 영국에서 석사 과정을 마쳤다. 축구의 본고장인 영국의 축구협회에서 축구 지도자 수업도 받았다. 이후 서울대에서 스포츠심리학 박사 학위를 받고 서울대에서 학생들을 가르치고 있다(나도 그의 축구 수업 수강생이었다).

그는 고등학생 때 K리그 프로 팀에 입단할 만큼 촉망받는 축구 선수였다. 대학에 입학해서도 축구부에서 활약하며 풋살 국가대표 팀에 선발되는 등 탁월한 기량을 뽐냈다. 서울대에서 축구 좀 한다는 사람 중에서 그의 이름을 모르는 사람은 없다. 하지만 그는 줄곧 선수 생활을 했기에 축구를 그만둔 스무 살 때까지 공부를 제대로 해본 적이 없었다. 혼자만의 힘으로 검정고시에 합격한 뒤, 공익근무를 하는 2년 동안 주경야독한 끝에 정시전형으로 서울대 체육교육과에 합격했다.

현재 스포츠심리학 박사로서 유소년, 청소년 운동선수들의 정신적 성장과 동기부여 등에 대해 연구하는 그는 공부에서나 운동에서나 눈부신 성장을 이루는 이들의 공통점을 이렇게 말한다.

"그들은 모두 '성장형 마인드growth mindset'를 가지고 있습니다. 성장형 마인드는 무엇보다 성장 자체를 목표이자 성취로 여기는 태도입니다. 저 또한 성장형 마인드를 가지고 있었기 때문에 뒤늦게 시작한 공부에서 목표를 이룰 수 있었습니다."

_ 공부를 해본 적이 없던 축구 선수

김인우 멘토는 초등학교 4학년 때 처음 축구를 시작했다. 어릴 때부터 두각을 나타내며 축구 명문으로 불리는 중학교에 진학했다. 다양한 포지션을 소화할 수 있었던 만큼 그를 탐내는 학교가 많았다. 그러던 중 중학교 2학년 때, 초등학교 은사님의 부름으로 전학을 갔다. 하지만 그때부터 그의 축구 이력이 조금씩 꼬였다. 전학하고 몇 달 되지 않아 지도자가 바뀌었다. 그는 원하지 않는 팀, 원치 않는 지도자 밑에서 중학교 3학년 때까지 선수 생활을 해야 했다. 그러다 보니 점차 축구에 흥미를 잃게 됐다.

중학교 졸업을 앞두고 여러 고등학교의 스카우트 제의가 있었지만, 그는 축구를 그만두고 싶었다. 그래서 축구부가 없는 인문계 고등학교에 진학해 처음으로 평범한 학교생활을 시작했다. 하지만 마음 한구석에는 여전히 축구에 대한 열정이 자리 잡고 있었다.

그러던 중 좋은 기회가 찾아왔다. 당시 K리그를 확장하기 위해 2군 리그가 생긴 것이다. 2군에서 활동하다가 기회가 되면 1군 팀에서 활약할 수 있었다. 축구를 관둔 김인우 멘토의 모습을 안타까워하던 은사님의 도움으로 테스트를 치를 수 있었고, 그는 부천SK(현 제주 유나이티드) 팀에 선발됐다. 그렇게 뜻하지 않은 기회로 프로 선수로 데뷔했고, 그와 함께 열여덟 살에 고등학교를 중퇴하게 됐다.

프로 팀 입단의 기쁨도 잠시, 2년이 채 되지 않은 시기에 팀의 감독이 바뀌면서 그는 팀에서 방출됐다. 사실 남들이 고등학교 선수로 활약할 때 이미 프로 팀 경력이 있다는 건 남들보다 앞서나가고 있다는 뜻이긴 했다. 하지만 그는 방출 사실을 도저히 받아들일 수 없었고, 극복하기 어려울 만큼 정신적으로 큰 충격을 받았다. 운동선수로서 여기까지가 자신의 한계라는 생각이 든 그는 축구를 그만두었다.

_ 공부를 못하는 게 아니라 안 한 것뿐이다

새로운 길을 찾아야 했다. 하지만 10년 가까이 해왔던 축구를 한순간에 그만둔 그로서는 현실을 받아들이기가 어려웠다. 하필이면 그가 운동을 그만둔 해는 한일월드컵이 개최되어 우리나라가 월드컵 4강 신화를 이룬, 바로 그 2002년이었다. 온 국민이 축구에 빠져 있던 시기, 그는 더욱 소외감을 느낄 수밖에 없었다. 막연히 공부를 해야겠다고 생각은 했지만, 시작조차 할 수 없었다. 1년을 아무것도 하지 못한 채 방황을 거듭했다.

그러다 스물한 살이 되자, 조금씩 위기감이 찾아왔다. 좌절에 빠져 1년을 아무것도 하지 못한 채 방황했다는 사실과 함께 '앞으로 뭘 해서 먹고살지?' 하는 두려움이 찾아왔다. 검정고시를 보고, 대학에 가야겠다는 생각이 들었다. 프로 팀에 입단하느라 고등학교를 중퇴했기에 우선 검정고시를 준비했다. 중학교 1학년 과정부터 영어와 수학을 독학했다. 그렇게 3개월간 검정고시 준비에 매진해 고등학교 졸업장을 땄다.

졸업장을 땄으니 이제 본격적으로 수능을 준비해야겠다고 결심했다. 재수학원 단과반에 등록하고 본격적으로 수능 준비를 시작했다. 그런데 학원에 다닌 지 두 달이 채 되지 않아 입대 영장이 날라왔다. 당시 고등학교 중퇴자는 현역 입대 대신 공익근무 판정을 받았다. 검정고시를 치르기 전 신체검사를 받았던 터라 그는 규정에 따라 공익근무 판정을 받았고, 그해 8월부터 훈련소를 다녀온 뒤 공익근무를 시작했다. 그때부터 반년 동안은 공익근무에 적응하느라 공부를 전혀 하지 못했다. 또 한 해를 공부를 시작도 못 한 채 흘려보냈다.

스물두 살이 되던 해 이제는 반드시 공부해야겠다고 굳게 다짐하며, 뚜렷한 한 가지 목표를 세웠다. 스물세 살이 되는 해 12월에 공익근무 소집해제가 예정돼 있었기에, 스물네 살에는 반드시 대학생이 되겠다고 결심했다.

계획을 세우고 차근차근 준비해나갔다. 오랫동안 축구만 해왔기에 제대로 된 공부법을 알지 못했을뿐더러 지도해줄 멘토조차 없었다. 그래서 우선 무작정 공부법을 수집했다. 공부법 책과 인터넷을 뒤져가며 공부법을 모조리 찾아냈다. 한 달 동안 공부 방법을 찾는 데만 시간을 쏟았다. 그런 다음 공부를 직접 해보며 나름의 계획을 세우는 데 몇 달을 매달렸다. 여러 방법을 찾으면서 그는 수능을 어떻게 준비할 것인가에 대한 2년짜리 장기 계획을 세웠다.

"저 같은 사례는 하나도 없었고, 저에게 기대를 거는 사람도 없었습니다. 목표도, 계획도, 방법도 모두 혼자 찾고 세워야 했습니다. 제 실력을 평가하기도 어려운 상황이었기 때문에 저에게 맞는 방법이나 계획을 세우는 데 오랜 시간이 걸렸습니다."

스탠퍼드 심리학과 교수이자 성장형 마인드 연구의 권위자인 캐럴 드웩 교수는 『마인드셋』에서 이렇게 말한다.

"성장형 마인드를 가진 사람들은 자신의 재능과 능력이 발전될 수 있다고 믿습니다. 부단한 노력, 훌륭한 전략 그리고 다른 사람들의 지원과 도움을 통해서 자신의 능력 수준을 높일 수 있다고 생각합니다."

드웩 교수의 말처럼 뒤늦게 공부를 시작해 성과를 거둔 이들은 하나같이 성장형 마인드를 가지고 있었다. 그들은 모르는 것이 있어도 좌절하지 않고 바깥으로 나가서 묻고 또 물었다. 김인우 멘토도 마찬가지였다. 모르는 것이 있으면 활용할 수 있는 모든 자원을 동원해서 답을 찾고자 노력했다.

그는 특히 이 점에서 처음 공부하는 사람들에게는 관점의 전환이 필요하다고 조언한다.

"저는 공부를 제대로 해본 적이 없었지만, 내가 공부를 못하는 게 아니라 그저 하지 않았을 뿐이니 언제든 시작하면 따라잡을 수 있다는 자신감을 가지고 있었습니다. 유소년 운동선수들에게 조언할 때도 공부를 지금 쉬고 있을 뿐이지, 해도 안 되는 건 아니라는 관점을 가지라는 얘길 꼭 해줍니다. 그래야만 선수 생활이 끝나도 다른 삶의 길을 찾을 수 있고, 지금의 상태에서 더 성장할 수 있습니다."

_ 내가 지금 어디에 있는지 알아야 한다

장기 계획을 수립한 뒤, 본격적으로 공부를 시작했다. 하지만 낮에는 주민센터에서 근무를 해야 했기에 학원에 다닐 수가 없었다. 그래서 아침 6시에 일어나 출근 전까지 공부하고, 근무가 끝나면 독서실에 가서 12시까지 공부했다. 말 그대로 주경야독이었다. 개념 공부는 인터넷 강의(인강)로 보충하며 기본기를 채워나갔다.

김인우 멘토는 처음 계획을 세울 때, 구체적인 목표를 잡기가 어려웠다고 말한다. 자신의 실력이 어느 수준이고, 구체적으로 어떤 것들을 보완해야 할지가 막막했기 때문이다. 그는 6월 평가원 모의고사를 치르고 나서 구체적인 목표를 세우기로 하고, 그때까지는 가장 중요한 국어 · 영어 · 수학의 기본기를 다지는 데 주력했다.

4개월 정도 기본기를 공부한 뒤 6월 모의고사를 치렀는데, 평균 4~5등급이 나왔다. 4개월 정도를 공부해서 이런 등급이 나왔으니 2년간 이렇게 공부하면 2등급대까지는 올릴 수 있지 않을까 하는 생각이 들었다. 그때부터 그 등급대로 진학할 수 있는 학교를 찾았다.

또한 모의고사를 보기 전부터 전공을 고민하면서 그래도 운동 경험을 살릴 수 있는 체육 관련 학과에 진학해야겠다는 생각을 하고 있었다. 그런 생각으로 세운 첫 번째 목표가 연세대학교 체육교육과였다. 당시 체육교육과는 수학을 평가에 반영하지 않는 곳이 많아 체육교육과를 준비하는 수험생들은 대부분 수학 공부를 하지 않았다. 하지만 일부 상위권 대학에서는 수학도 평가에 반영하고 있었기에, 수학을 2등급까지만 올리면 상위권 학교에 합격할 수 있겠다는 생각이 들었다.

김인우 멘토는 공부를 처음 시작하는 학생이라면 현실적이고 달성 가능한 목표를 세워야 한다고 조언한다.

"자신의 현재 수준과 능력을 객관적으로 진단하지 않으면, 현실적인 목표를 수립하기가 어렵습니다. 자기객관화가 되지 않으면 자기 능력을 착각하게 되기 때문에 실패할 수밖에 없습니다."

그의 말처럼 지나치게 높은 목표를 잡고 공부를 시작하면, 늘 '실패' 상태에 머무를 수밖에 없다. 그보다는 실현 가능한 목표 또는 그보다 다소 낮은 기준을 목표로 잡는 것이 좋다. 그리고 이후 과정에서 목표를 점차 높여가면 된다.

"운동선수 중에도 자기객관화가 되지 않아서 실패하는 경우가 많습니다. 특정 계기 덕에 실력 이상의 좋은 평가를 받고 주목받는 선수들이 있는데, 이를 기준으로 자기를 바라보면 실패할 가능성이 큽니다. 거기에 안주해서 노력을 하지 않을 수도 있고, 반대로 그에 미치지 못하는 자신을 보면서 좌절할 수도 있기 때문입니다."

캐럴 드웩 교수는 "성장형 마인드를 가진 사람은 자신의 능력과 성과를 정확하게 파악한다"라고 말한다. 달리 말하면, 자신의 능력과 성과를 객관적으로 파악할 수 있을 때만 제대로 된 목표와 계획을 수립할 수 있다. 자신의 현재 수준을 알게 되는 것을 두려워하거나 부끄러워할 필요가 없다. 오히려 현 위치를 인정하고, 여기서부터 출발한다고 생각해야만 진짜 성장이 이루어질 수 있다.

슬럼프에 빠지지 않는 비결

목표와 계획을 수립한 뒤에는 매일매일 해내야 하는 것에 집중했다. 그런 하루하루가 쌓여갈수록 성적은 날개가 돋친 듯 올라갔다. 그 결과 1년 차에 치른 수능에서 평균 4등급, 그 1년 뒤 치른 수능에서 평균 2등급을 받아 서울대 체육교육과에 최종 합격했다.

그는 2년간 압축적인 성적 상승을 이루고, 동시에 슬럼프에 빠지지 않을 수 있었던 비결로 지속적인 '성장률 피드백'을 꼽는다.

"성장형 마인드를 가진 사람들은 성장 자체를 목적이자 성취로 받아들입니다. 그러므로 성장하고 있다는 사실을 확인하는 것만으로도 성취감을 느낄 수 있고, 내가 더 나아질 수 있다는 믿음과 기대를 가질 수 있습니다. 어떤 관점을 택하느냐가 자신이 되고 싶은 사람이 될 수 있느냐 아니냐를 결정합니다."

그는 이런 성취감을 지속적으로 경험하기 위해서는 성장의 정도를 의식적으로 확인하는 노력이 필요하다고 조언한다.

"스스로 성장하는 것을 주기적으로 확인해야만 지속 가능한 성장을 이룰 수 있습니다. 게임을 할 때 경험치나 레벨이 오르지 않으면 금방 싫증이 나는 것처럼, 공부를 할 때도 내가 나아지고 있다는 사실을 확인하지 않으면 동기를 오랫동안 유지하기 어렵습니다."

그는 성장하고 있음을 확인할 때는 단계별로 다른 기준을 설정해야 한다고 조언한다.

먼저 첫 단계, 즉 공부를 처음 시작한 단계에서는 시험 점수 같은 객관적 지표보다는 노력의 양 자체에 기준을 두라고 조언한다. 그는 첫 번째 모의고사를 치르기 전 자신의 실력이 어느 정도인지 파악하기가 어려웠기에, 성장의 기준을 점수에 둔다면 낮게 나올 수밖에 없는 점수에 실망할 거라 생각했다. 그래서 목표를 '공부 습관을 만드는 것'으로 잡고, 매일 공부에 집중한 시간의 양을 기준으로 목표 달성 여부를 체크했다.

우선 자신에게 주어진 공부 시간을 모두 계산했다. 일어나서 출근 전까지의 시간, 근무 중 자투리 시간, 퇴근 후 자기 전까지의 시간을 파악하니 7시간 정도가 됐다. 즉, 집중해서 공부할 수 있는 시간이 총 7시간인 셈이었다. 그 뒤 그는 매일 스톱워치를 들고 다니며 하루에 몇 시간을 집중했는지 측정하고 기록했다. 처음엔 2~3시간도 집중하기 어려웠지만, 날이 갈수록 늘어났다. 기록장에 늘어나는 시간의 양을 보며 스스로 공부 습관을 들이고 있다는 사실을 확인했다.

그는 공부 습관이 어느 정도 든 후부터는 성장의 기준을 객관적인 지표로 설정하는 것이 좋다고 조언한다. 그 역시 3개월간 공부 습관을 몸에 익힌 후부터는 객관적 지표를 기준으로 성장을 확인했다. 이때도 시험 점수보다는 맞힌 문제의 개수 또는 시간 내에 외운 단어의 개수 등과 같이 공부하면서 측정할 수 있는 지표를 최대한 활용했다. 이 단계에서는 여전히 높은 점수가 나오기 어려웠기 때문에 조금씩 나아지고 있다는 사실을 직접적으로 확인할 수 있는 지표들을 활용하는 것이 동기부여에 도움이 됐다.

이 과정을 거치면서 진짜 어느 정도의 실력이 갖춰졌다면, 이제는 마지막으로 모의고사 점수 등 공신력 있는 지표를 기준으로 성장을 확인하면 된다고 말한다. 다만, 점수를 기준으로 할 때 유의해야 할 점은 막연히 점수가 올랐다거나 떨어졌다는 사실에 너무 큰 의미를 부여하지 말아야 한다는 것이다. 대신 어떤 과목이 취약하고 어떤 점이 부족한지, 이를 보완하려면 어떤 해결책이 필요한지 등에 집중해야 한다. 즉, 성장할 방법을 고민하는 데 초점을 두는 것이 중요하다. 이렇게 파악된 내용을 기준으로 과목별로 공부 시간을 분배하고, 과목 내에서도 항목별로 시간 분배를 달리해야 한다고 그는 조언한다.

_ 배우려는 마음만 있다면 승자가 될 수 있다

김인우 멘토는 말한다.

"공부를 처음 시작하는 사람의 장점은 마지노선을 정해놓지 않아도 된다는 것입니다. 현재가 바닥이라면 이것보다 더 성장하는 데 의미를 두고, 거기에서 힘을 얻을 수 있습니다. 남들과 비교하기보다는 과거의 자신과 비교하는 거지요. 그 결과 성장을 확인할 수 있다면,

스스로 잘하고 있다고 칭찬해도 됩니다."

남들을 기준으로 삼지 말고 자신이 계속 나아가고 있는지를 확인하라는 조언이다.

"그렇게 계속 성장하다 보면 공부에 자신감이 생기고 습관이 잡히면서 '최종적으로 이 정도 목표까지는 갈 수 있겠다' 하고 가늠할 수 있습니다. 핵심은 공부 습관이나 태도가 갖춰지기 전까지는 조금씩 성장하는 것 자체에 목표를 두어야 한다는 것입니다. 그러면 성장을 지속할 수 있습니다."

한편, 그는 자신이 성적 급상승과 입시 성공을 이룰 수 있었던 또 다른 비결이 '주변의 지나친 기대나 압박'이 없었기 때문이라고 말한다.

"공부를 처음 시작할 때 누구도 제게 기대하지 않았고, 성실히 공부하는 것만으로도 칭찬을 받았습니다. 그러다 보니 주변의 기대나 압박에 스트레스를 받지 않고 매일매일 성장하는 즐거움을 느낄 수 있었습니다."

그의 말처럼 수험생들이 많은 스트레스를 받는 이유 중 하나가 주변 사람들의 지나친 기대와 압박이다. 그 기대에 부응해야 한다는 사실 때문에 오히려 자신이 성장하고 있다는 사실에 주목하지 못하고, 따라서 지속적으로 노력할 힘을 얻지 못하게 된다. 수험생을 응원하는 많은 부모님과 선생님들이 한 번쯤 되새겨봐야 할 대목이다.

영국의 저명한 사회학자 벤저민 바버는 이렇게 말했다.

"세상은 강자와 약자 또는 승자와 패자로 구분되지 않는다. 다만 배우려는 자와 배우지 않으려는 자로 나뉠 뿐이다."

아직 성과를 내지 못했다고 해서 그것이 곧 당신이 패자임을 의미하지 않는다. 배우려는 마음, 성장하고자 하는 열망만 있다면 당신도 언제든 승자가 될 수 있다.

Check List

- ☐ 다른 사람의 이야기나 경험담을 접하면 '이로부터 내가 무엇을 배울 수 있지?'라는 질문을 반드시 던져본다(자신의 부족한 점에 대해 선생님, 친구 등에게 조언을 구하거나 책, 인터넷 자료 등을 활용해 보완할 방법을 찾는다).
- ☐ '공부한 시간, 맞힌 문제의 개수' 등과 같은 기준을 토대로 매일 자신의 성장률을 체크한다.
- ☐ 과거(작년, 지난달, 어제)에 비해 나아진 점을 구체적으로 고민해보고, 기록한다.

03

성적 상승의 속력을 높이는 세 가지 덕목

김승우 멘토는 서울대 중어중문학과를 졸업하고, 현재 수조 원의 자금을 굴리는 잘나가는 펀드매니저다. 어릴 적부터 모범생이었을 것 같은 그이지만, 한때는 인문계 고등학교도 겨우 진학한 '공알못(공부를 알지 못하는 사람)'이었다.

그는 공부는 그다지 좋아하지 않았지만, 어릴 적부터 좋아한 것이 한 가지 있었다. 바로 『삼국지』였다. 어린이용 만화 삼국지부터 정사까지, 다양한 판본으로 수십 번 읽을 만큼 『삼국지』 '덕후'였다. 『삼국지』에 빠지다 보니 그 주인공들이 종종 인용하는 손무의 『손자병법』, 노자의 『도덕경』 같은 책들도 찾아 읽었다. 그 외에도 『수호지』나 일본판 『삼국지』라 불리는 『대망』 등의 내용을 줄줄이 꿰고 있을 만큼 대하소설 마니아다.

특이하게도 그는 자신의 성적 급상승 비결이 바로 이 책에서 얻은 교훈이라고 말한다. 특히 3권의 책, 3명의 소설 속 인물을 통해 얻은 덕목들이 지금의 성과를 거두는 데 핵심이었다는 것이다. 그는 '정직함, 파격, 여유'라는 세 가지 덕목을 하나씩 깨달아가다 보니 성적 급상승을 이룰 수 있었다고 말한다.

_ 요행이나 꼼수를 부리지 마라

전주에서 태어난 김승우 멘토는 중학교 때까지만 해도 여느 학생들과 다를 바 없었다. 중학교 2학년 때 사춘기가 시작됐고, 안 그래도 큰 흥미가 없던 공부에 더욱 담을 쌓고 살았다. 한때 농구에 빠졌는데 하루에 12시간이나 농구만 한 날도 있을 정도였다. 컴퓨터 게임에도 빠져 스타크래프트로 전교 1등을 석권하기도 했다. 그렇게 평범한 중학교 시절을 보냈다.

당시 전주 지역은 서울이나 여타 대도시들과 달리 고등학교 진학을 위해서는 연합고사를 치러야 했다. 그 성적에 따라 인문계 고등학교 합격 여부가 결정됐다. 김승우 멘토의 연합고사 성적은 120점대 후반으로, 겨우 다섯 문제 차이로 간신히 합격했다.

합격은 했지만 그는 큰 충격을 받았다. 인문계 고등학교 정도야 당연히 진학할 수 있으리라고 생각해왔기 때문이다. 고등학생이 되어 치른 첫 번째 모의고사에서도 500점 만점에 200점대 후반의 점수가 나왔다. 모의고사 성적표에 지망 가능한 대학 리스트가 나왔는데, 평소 생각하던 것과는 너무나도 다른 현실이었다. 그때부터 제대로 공부를 시작했다. 그 결과 고등학교 1학년 1학기, 처음으로 전교 100등대에 진입했다.

그는 성적이 본격적으로 오르기 시작한 것이 1학년 여름방학 때부터였다고 말한다.

"제가 평소 뭔가에 꽂히면 끝을 보는 성격이라, 공부를 시작한 후 하루에 순수하게 15시간씩 공부했습니다. 하루도 빠지지 않고요. 방학 때는 점심과 저녁 먹을 때 두 번을 빼고는 자리에서 일어나지 않았고, 쉬는 시간도 거의 없이 공부만 했습니다."

그는 처음 공부를 시작하면서 한 가지 원칙을 세웠다. 바로, 요행이나 꼼수를 바라지 않고 정직하게 공부한다는 것이었다.

"소설 『노인과 바다』를 읽으면서 노인이 큰 청새치를 잡겠다는 목표를 이루기 위해 몇 달이나 고군분투하는 모습을 봤습니다. 몇 달을 고생해서 결국 잡았지만, 그마저도 상어에게 물어뜯겨 뼈만 남았죠. 하지만 저는 그 모습이 너무나 존경스러웠습니다. 꿈을 이루기 위해 정직하게 헌신하는 노인의 모습이 어떤 위인 못지않게 멋있다고 생각했습니다."

그는 고난을 정면으로 받아들이고 묵묵히 시련을 견디는 모습, 그

'정직함'이 목표를 이루는 데 가장 중요한 덕목이라는 것을 깨달았다.

"대학교 때 과외를 했는데 성적이 잘 나오는 학생이 있는가 하면 그렇지 않은 학생도 있었어요. 성적이 나오지 않는 대부분의 학생이 가진 공통된 원인은 공부의 절대량이 적다는 것이었습니다. 목표는 저 위에 있는데 정작 노력하는 현실은 그에 미치지 못하는 거죠. 그렇게 해서는 결코 원하는 결과를 얻을 수 없습니다."

그는 목표를 달성하기 위해서는 그 목표에 걸맞은 노력이 '정직하게' 투자되어야 한다고 조언한다. 절대적으로 충분한 양이 확보되지 않는다면, 어떤 비법을 갖다 붙여도 성적은 오르지 않는다고 말한다.

그는 정직함의 힘을 믿고, 방학 동안 학원이나 과외 같은 도움조차 받지 않은 채 혼자 공부해나갔다. 그렇게 방학을 보낸 후 치른 첫 번째 모의고사에서 500점 만점에 430점을 받았다. 지난 모의고사에 비해 반년 만에 무려 150점이 넘게 오른 것이다.

"자본주의 사회에서는 결국 희소성이 가치를 결정합니다. 희소하다는 건 욕망에 비해 자원이 부족하다는 거겠죠. 누구나 잘되고 싶어하고, 성공하고 싶어 합니다. 하지만 정작 본인이 그만큼 노력하고 있느냐고 물었을 때 자신 있게 그렇다고 얘기할 수 있는 사람은 많지 않습니다. 자신이 가진 욕망의 크기만큼 노력해야 합니다. 많이 가지고 싶다면 그만큼의 노력이 필요합니다."

_ 기존 방식을 과감히 깨부순다

정직함이라는 덕목의 힘을 깨닫고 온전히 실천한 덕분에 상위권 진입을 이룰 수 있었다. 하지만 날개 달린 듯 오르던 성적에 정체기가 찾아왔다. 1학년 2학기 중간고사 때 전교 4등까지 올랐던 내신 성적은 기말고사에서 큰 폭으로 떨어졌다. 모의고사 점수도 430점이라는 이전 기록을 넘어서지 못했을뿐더러 오히려 더 떨어졌다.

김승우 멘토는 뭔가 변화가 필요하다고 생각했다. 머리를 밀기도 하고, 절실한 각오를 되새기기 위해 자신의 다짐을 책상에 칼로 새겨 넣기도 했다. 하지만 노력의 양을 더 늘릴 수는 없었다. 이미 자신이 할 수 있는 거의 한계치의 노력을 하고 있었기 때문이다. 양적인 것 이상의 변화가 필요했다.

그는 학원에 다니거나 과외를 받지 못했기 때문에 자신의 공부 방법에 어떤 문제가 있는지 알 수가 없었다.

"처음에는 공부 방법을 잘 몰라서 무식하게 공부 시간을 늘렸습니다. 노력의 양을 늘리니 성적이 어느 정도까지는 올라갔지만, 그 이상 치고 올라가지는 못했습니다."

이전에 그랬던 것처럼 그는 책에서 해답을 찾기로 했다. 몇 번이나 읽은 『삼국지』와 『손자병법』을 다시 손에 들었다.

"『손자병법』에서는 싸우지 않고 이기는 것이 가장 좋은 전략이라고 말합니다. 그러면서 싸우지 않고 이길 수 있는 여러 방법을 서술하고 있죠. 『손자병법』을 다시 읽고 나니 무작정 노력만 쏟아붓는 것이 아니라 한 수 한 수 효율적인 방법으로 공부해야 한다는 생각이 들었습니다."

그는 자신의 공부 방법을 변화시켜야겠다고 결심했다. 1학년 겨울방학이 시작되던 때쯤이었다. 방학 동안 자신의 공부 방법을 하나씩 하나씩 되돌아봤다. 가장 큰 문제점은 수학이었다. 다른 과목들에서는 압축적인 성장이 급속도로 이루어졌지만, 유독 수학은 속도가 더뎠다.

"여름방학 동안 온종일 EBS 강의를 보고 복습하는 방식으로 공부했습니다. 다른 과목들은 그렇게 지식을 이해하고 암기하면 성적이 오르는데, 수학은 그것만으로는 부족했습니다."

자신의 상태를 점검한 뒤, 개념이나 지식적인 측면만이 아니라 다양한 문제 유형에 대한 접근이 필요하다고 결론 내렸다. 그때부터 수학 문제집을 단계별로 1권당 다섯 번씩 풀겠다는 목표를 세웠다. 문제집을 여러 번 풀면서 틀린 문제를 다시 풀고, 또 틀리는 문제가 있으면 또다시 풀었다. 다른 과목도 같은 문제집을 반드시 두 번 이상 봤다. 맞힌 문제도 지문 중 하나라도 모르는 게 있으면 표시를 해두고, 그에 대한 설명이 가능할 때까지 다시 공부했다. 모의고사 공부를 하면서도 개념서만큼이나 기출문제의 공부량을 늘렸다. 다양한 문제 유형을 접하고, 이를 토대로 자신만의 문제 데이터베이스를 쌓아나가는 것이 더 효율적임을 깨달았기 때문이다.

지난 여름방학과는 다른 방법으로 공부하며 겨울방학을 보냈다. 정체됐던 성적이 다시금 오르기 시작했다. 2학년 1학기 중간고사에서 전교 3등을 차지했고, 모의고사 성적은 20점 이상 더 올랐다.

그는 노력의 절대량이 갖춰진 상태라면 한 단계 더 치고 올라가기 위해 '파격'이라는 덕목이 필요하다고 말한다.

"『삼국지』를 보면 조조는 굉장히 혁신적이고 파격적인 인물입니다. 필요하다면 기존의 방식이나 격식을 뛰어넘어 자신의 목적을 더 효율적으로 달성할 수 있는 방식을 사용합니다. 공부할 때도 그렇게 해야 합니다. 기존에 해오던 방식으로 한계에 부딪혔다면, 그 방식을 깨뜨리고 더 효율적인 방식을 찾아야 하죠."

실제로 조조는 집안과 신분이 인재 등용의 중요한 기준이었던 당대의 분위기에서 오직 실력만으로 인재를 쓰는 파격적인 인재 등용으로 널리 알려져 있다. 그 외에도 다양한 제도 개혁을 이루는 등 기존 군주들과는 다른 모습을 보여 역사상 매우 파격적인 인물로 일컬어진다.

파격은 순간순간의 과감한 선택으로 보일 수 있지만, 장기적으로 '최적화optimization'에 대한 고민이 담겨 있을 때만 가능하다. 지속적으로 기존 방식을 깨뜨리고, 더 최적화된 방식을 찾아나가야만 자신에게 가장 잘 맞는 공부 방법을 깨우칠 수 있다.

김승우 멘토는 2학년 1학기 때 드디어 자신에게 최적화된 공부 방법을 찾았다고 말한다. 그때부터 성적은 전교를 넘어 전국 최상위권으로 진입했다.

마지막으로, 그는 100점을 목표로 하는 관점에도 파격이 필요하다고 조언한다.

"100점 맞을 생각으로 시험장에 들어가면 못 푸는 문제가 생기기 마련입니다. 저는 2학년 때부터 150점, 200점을 맞겠다고 생각하고 시험공부를 했습니다. 그때부터 내신 시험은 거의 15~20분 만에 다 풀 수 있었습니다."

여기까지 보면, 독자 입장에서 한 가지 의문이 생길지도 모른다. 정직함과 파격이라는 두 가지 덕목 중에서 무엇이 더 중요하냐, 즉 '열심히 하는 것'과 '잘하는 것' 중에서 무엇이 먼저냐 하는 의문이다. 김승우 멘토는 이에 대해 이렇게 답한다.

"열심히 해야만 잘하는 방법에 대한 고민이 동반될 수 있습니다. 더 정확히 말하자면, 열심히 하다 보면 잘하는 것에 대한 고민이 따라옵니다."

_ 인내와 유연함을 기른다

3학년이 되자 모의고사 점수가 전국 상위 1퍼센트 이내까지 올랐다.

하지만 김승우 멘토가 대학 입시를 치르던 2008학년도는 입시가 일명 '죽음의 트라이앵글'로 불리던 시기였다. 수능 성적과 내신 성적을 합산하고, 거기에 논술 시험까지 잘 치러야 합격할 수 있었다. 학생부종합전형처럼 내신을 정성적으로 평가하는 게 아니라 점수가 일괄적으로 계산됐기 때문에 1학년 때의 내신 성적이 그의 발목을 붙잡았다.

수능 날짜가 다가올수록 마음이 조급해졌다. 목표하는 학교에 합격하기에는 여전히 점수가 부족했다. 그러다 보니 생각 이상으로 많은 스트레스를 받았다. 3학년 봄에는 모의고사를 치르고 난 뒤 기절해서 응급실에 실려 가기도 했다. 압박감과 스트레스 탓에 정신적, 신체적으로 많이 약해져 있었다.

그리고 끝내 수능 시험장에서도 같은 상황이 전개됐다.

"고3 때 1년 동안 저 스스로 압박감을 견디지 못했습니다. 시험을 못 보면 안 된다는 강박에 사로잡히다 보니, 결국 시험장에서도 제 컨디션을 발휘하기가 어려웠습니다."

수능을 망친 그는 곧바로 재수를 결심했했다.

그는 12월이 되자마자 한 재수종합학원에 등록했다. 절치부심하는 마음으로 다른 재수생들이 보통 휴식을 취하는 12월, 1월에도 고3 때처럼 매일 12시간씩 치열하게 공부했다. 그렇게 3월이 되어 치른 첫 번째 모의고사에서 총 두 문제를 틀려 등급 기준 '전국 1등'이라는 성적표를 받았다. 그 과정을 거쳐 재수 수능에서 탐구 한 과목을 제외한 모든 과목에서 1등급을 받았고, 결국 서울대 중어중문학과에 최종 합격했다.

그는 현역 수능의 실패를 극복하고 재수 수능에서 목표를 이룰 수 있었던 비결이 '여유와 인내'의 덕목을 얻게 된 것이라고 말한다. 그가 『삼국지』만큼이나 좋아하는 소설이 있는데 바로 일본 전국시대의 이야기를 다룬 소설 『대망』이다. 이 책의 주인공이 도쿠가와 이에야스인데 전국시대 일본을 통일한 오다 노부나가, 임진왜란을 일으켜 우리나라에서는 악명이 높은 도요토미 히데요시와 함께 일본의 3대 '천하인'으로 불리는 인물이다. 이 세 인물이 '울지 않는 두견새'를 두고 각기 다르게 반응했다는 이야기는 널리 알려져 있다. 오다 노부나가는 울지 않는 두견새는 죽인다고 했고 도요토미 히데요시는 울게 만들어야 한다고 말한 반면, 도쿠가와 이에야스는 울 때까지 기다린다고 했다. 그만큼 인내의 아이콘으로 평가받는 도쿠가와 이에야스는 결국 히데요시 가문을 무너뜨리고 에도 막부 시대를 열었다.

김승우 멘토는 효율적인 방법을 찾았고 모든 노력을 기울였다면, 이제는 자신을 믿고 기다릴 줄 아는 인내와 여유가 필요하다고 말한다. 그는 고3 시절에도 도쿠가와 이에야스의 유훈을 되새기며 인내심을 기르고자 노력했다. 특히 '사람의 일생은 무거운 짐을 지고 먼 길을 가는 것과 같다. 그러니 서두르지 마라'라는 유훈을 필사하면서 조급함을 느끼는 자신을 다잡고자 노력했다. 이 유훈을 마음 깊이 되새긴 덕에 수능 실패를 겪으면서도 좌절하지 않고 새롭게 도전할 용기를 얻을 수 있었다. 재수 생활을 할 때 역시 모의고사 성적이 낮게 나오더라도 일희일비하지 않고 묵묵히 인내하며 오늘의 노력에 집중할 수 있었다.

"목표를 이루기 위해서는 주어진 상황을 파악하고, 그 안에서 최선을 다하는 게 중요합니다. 무조건 절실하다고 해서 되는 게 아닙니다. 절실하되 여유가 있어야 합니다. 현실을 받아들이고 스스로 개선해 나갈 수 있는 유연함을 갖출 때, 진짜 목표에 도달할 수 있습니다. 저는『대망』에 나오는 도쿠가와 이에야스라는 인물을 통해 이런 덕목을 배웠습니다."

시험공부는 때때로 엄청난 스트레스와 좌절을 안긴다. 하지만 공부를 잘하고 싶은 사람이라면, 뚜렷한 목표가 있는 사람이라면 그 과정은 피할 수 없다. 피할 수 없으면 즐기라는 말이 있는데, 즐기는 것도 목적이 있을 때 가능하다. 시험공부를 단순히 시험을 잘 보고 입시를 잘 치르기 위한 것으로 여길 게 아니라, 자신의 한계를 확장하고 내적 · 외적 성장을 추구하는 훈련이자 수양의 과정으로 바라본다면 좀더 가치 있는 의미를 부여할 수 있다.

『도덕경』에는 이런 구절이 있다.

"배움은 날마다 채우는 것이다. 도를 닦는 것은 날마다 비우는 것이다."

공부를 통해 날마다 머리를 채우되 동시에 그 과정이 도를 닦는 것임을, 그래서 자신을 비우고 단련하는 과정임을 되새기자. 그러다 보면 어느 날 피할 수 없는 그 과정을 즐기고 있는 자신을 발견하게 될 것이다.

Check List

- ☐ 자신의 목표를 적고, 목표를 이루기 위해 필요한 노력의 절대량을 월·주 단위로 기록한다.
- ☐ 자신의 공부 방법을 과목별로 점검하고, 변화가 필요한 부분이 없는지 살펴본다.
- ☐ 책을 읽고 가장 인상 깊었던 구절이나 글귀를 일주일에 한 번씩 필사한다.

04

게임 만렙과 수학 마스터의 공통점

연세대 산업공학과에 재학 중인 왕경업 멘토는 주변 사람들에게 '바른 청년'의 아이콘으로 불린다. 공익근무 판정을 받았지만 해병대에 자원입대한 그는 희귀 난치병 판정을 받고도 의병전역을 거부하고 복무 기간을 모두 채운 뒤 전역했다. 어려운 가정환경에 매일 막노동 아르바이트를 했지만, 마음속으로는 세상을 아름답게 바꿀 수 있는 사람이 되기를 꿈꿨다.

그리고 실제로 시각 · 청각 장애인들의 공연 감상을 돕기 위해 배리어 프리barrier free 서비스를 제공하는 스타트업을 창업해 장애인들의 '즐길 권리'를 위해 힘쓰고 있다. 그가 동료들과 함께 만든 서비스는 평창 문화올림픽에서 장애인들이 공연을 관람하는 데 활용되기도 했다. 현재는 또 다른 사업을 구상하면서 사회에 선한 영향력을 발휘하고자 노력 중이다.

이토록 '아름다운 청년'인 그에게도 한때 게임 중독에 빠져 방황하던 시기가 있었다. 게임 중독 탓에 중학교 시절 400명 중 300등 정도의 성적에 머물렀던 그는 고등학교 입학 후 1년이라는 압축적인 기간에 최상위권의 성적으로 발돋움했다. 특히 수학에서 성적 급상승이 두드러졌는데 모의고사 6~7등급에서 일약 1등급으로 올라섰다.

"게임 중독에 빠져본 학생들이라면, 한편으론 압축 공부를 할 수 있는 좋은 조건을 갖췄다고 할 수 있습니다. 게임을 잘하기 위해서는 고도의 몰입력과 같은 걸 계속 반복할 수 있는 끈기가 필요한데, 공부에서도 이 두 가지는 성과를 내는 데 가장 핵심적인 요소거든요."

그는 게임과 수학 공부에 공통점이 있다고 말한다.

"게임 초보자 단계 때는 고수의 플레이를 보고 배워야 합니다. 이후 스스로 연마하는 시간을 가져야만 고수가 될 수 있습니다. 그리고 마침내 게임 내의 모든 요소를 이해하고 활용할 수 있는 단계에 이르면 '만렙'에 도달하게 됩니다. 수학 공부를 할 때도 이 3단계를 거치면 만렙에 이를 수 있습니다."

_ 첫사랑의 실패로 공부를 시작하다

왕경업 멘토가 초등학교 2학년이 되던 해, 평범했던 가정의 모든 것이 바뀌었다. 아버지가 도박을 하신 탓에 살던 집을 잃고, 태어날 때부터 살았던 대구를 떠나 어머니와 동생과 함께 상경했다. 어머니는 생계를 위해 밤늦게까지 일하시고, 그는 동생과 함께 할머니 손에 자랐다. 이런 형편이었기에 그 흔한 학원 한 군데 다니지 못했다.

갑작스럽게 바뀐 가정환경과 서울이라는 낯선 도시에서 그는 방황하기 시작했다. 매일같이 학교 친구들과 PC방에 다니고, 밤늦게까지 동네를 배회하며 어린 시절을 보냈다.

중학교 때부터는 아예 학교 수업에 관심을 끈 채 게임에만 열중했다. '서든어택'부터 '메이플스토리', '피파온라인', '스타크래프트' 등 당시 유행하던 모든 게임을 섭렵했다. 날마다 학교가 끝나면 저녁 10시까지 PC방에서 시간을 보냈다. '수우미양가'로 나오던 당시의 성적표에는 대부분 과목이 '가'였다. 음악 · 미술 · 체육 등에서 '우'를 받았지만, 나머지 과목에서는 '수'나 '우'를 거의 찾아볼 수 없었다. 등수로는 400명 중 300등대의 성적이었다.

고등학교 진학을 앞두고 그는 가수가 되고 싶었다. 실용음악과에 진학하고자 했지만, 중학교 내신 성적 때문에 가고 싶었던 실업계 고등학교(현 특성화고등학교)의 실용음악과에 떨어졌다. 성적 때문에 실용음악과마저 진학할 수 없게 된 현실에 그는 처음으로 충격을 받았다.

그러던 중 공부를 시작하게 된 결정적인 계기가 찾아왔다. 중학교를 졸업할 때쯤, 그에게는 첫사랑으로 '썸'을 타던 여학생이 있었다. 그녀는 전교 1등으로 모 자립형사립고등학교 진학이 예정되어 있었다. 졸업을 하기 전만 해도 서로 다른 고등학교에 가서도 연락을 하며 지내기로 약속한 터였다. 그런데 어느 날부턴가 그 여학생에게 연락이 되지 않았다. 그녀가 기숙사에 들어가는 바람에 휴대폰을 쓰지 못하게 된 탓이었다. 고등학교 입학을 하기도 전에 연락이 끊겨버린 것이다.

원하던 고등학교 진학에도 실패하고 썸 타던 여학생과도 연락이 끊겨버린 겨울, 자신의 모습이 한없이 초라하게 느껴졌다. 지금까지 난 무얼 했던가 하는 자괴감이 절로 들었다. 그렇게 그는 첫사랑에 대한 간절함(?) 때문에 공부를 시작했다. 그 여학생이 꼭 가겠다고 했던 서울대학교에, 나도 가겠다고 결심했다. 그렇게 그의 공부가 시작됐다.

"지금 와서 돌이켜보니, 저는 크게 세 단계를 거치면서 성적 향상을 이뤘습니다. 게임을 할 때 초보자, 고수, 만렙자가 해야 하는 것들이 조금씩 다른 것처럼 공부를 할 때도 단계별로 방식이 조금씩 달라야 합니다."

그는 자신의 압축 공부 과정을 수학 과목에 초점을 맞춰 '초보자, 고수, 만렙'의 3단계로 나눠 설명해주었다.

_ 초보자 단계:
고수의 플레이를 따라 한다

집 근처 인문계 고등학교에 진학한 그는 공부를 잘하려면 뭘 해야 할까를 고민했다. 중학교 때 성적이 높았던 친구들의 모습을 따라 교실 맨 앞자리에 자리를 잡고, 앉자마자 공부를 시작했다. 하지만 중학교 때 공부를 제대로 해본 적이 없었던 터라 첫 번째 모의고사에서 평균 6~7등급의 성적을 받았다. 학교 '야자실'에 들어가고 싶었지만, 성적순으로 100명만 들어갈 수 있었기 때문에 그는 들어갈 수 없었다.

이를 악물고 공부했지만, 어려운 가정환경 탓에 학원 수업이나 과외를 받을 수 없었던 그로서는 오직 학교 수업을 듣는 것 말고는 할 수 있는 것이 없었다. 수업을 집중해서 듣고, 모르는 것은 선생님들을 쫓아다니며 묻고 또 물었다. 다행히 노력하는 모습을 기특하게 봐준 여러 선생님 덕분에 거의 전무했던 자신의 공부 시스템을 하나씩 다져나갈 수 있었다. 이를 토대로 매일 혼자 공부해나갔다.

그런데 혼자 공부하다 보니 한 가지 문제점이 있었다. 선생님들이 말씀하시길, 수학 공부를 할 때는 모르는 문제가 나와도 '답지'를 보지 말라고 하셨기에 그대로 따랐다. 하지만 답지를 보지 않으면 문제에 아예 손을 댈 수가 없었다. 수업을 들어도 전혀 이해가 되지 않았다. 어쩔 수 없이 그는 답지를 보고 공부하는 방식을 택했다.

"답지를 보면서 '이 유형은 이렇게 푸는 거구나. 이렇게 접근하는 거구나' 하고 풀이 방식을 정리했습니다. 그렇게 하고 나니 모든 유형에 대한 기초적인 접근법이 정리가 됐습니다. 그때 제가 보고 있던 『개념원리』 문제집의 모든 풀이 과정을 외웠습니다. 문제만 봐도 풀이 과정이 떠오르게끔 몇 번이고 보면서 외운 거예요."

당시 가장 기본적인 교재였던 『개념원리』부터 그보다는 좀더 난도가 높은 『쎈』 문제집까지, 모르는 문제는 과감히 답지를 보고 풀이 과정을 외우는 방식으로 공부해나갔다. 신기하게도, 문제 풀이 과정과 접근법을 모두 외웠더니 새로운 문제집을 펼쳤을 때도 풀리는 문제들이 점점 많아졌다. 원래는 한 페이지에서 문제 2~3개를 겨우 풀까 말까 했는데 6~7개로 늘어났다. 그런 변화를 겪으면서 수학 공부에 점차 흥미가 더해졌다. 그 덕에 1학년 1학기 내신 성적이 평균 3~4등급대가 나왔다. 국어 · 영어 등에서는 여전히 5~6등급이 나왔는데, 가장 많은 시간을 투자한 수학에서 2등급을 기록했다.

그는 대학 시절 인기 게임 '리그 오브 레전드(롤)'에 빠진 적이 있다. 게임에 재미를 붙인 뒤 한 시즌 동안 무려 1,000판이 넘는 게임을 했다. 시간으로 치면 반년 동안 무려 500시간에 달한다. 하지만 이때는 아무리 해도 게임 등급이 오르지 않았다. 중간 정도 등급인 '실버' 등급에 머물렀다. 게임을 너무 잘하고 싶은 마음에 유튜브에서 게임 잘하는 방법을 찾아봤다. 같은 캐릭터로 게임을 하는 사람의 영상을 몇 번이고 돌려봤다. 그렇게 하고 나니, 다음 시즌에는 게임을 하는 시간이 줄었는데도 상위 10퍼센트인 플래티넘 등급까지 올라갈 수 있었다.

"게임을 처음 시작할 때, 가장 기본적인 전술이나 원리를 모르면 아무리 해도 잘할 수가 없습니다. 일단 남들이 하는 걸 보면서 기본적인 전술을 배우면 훨씬 빠른 속도로 실력을 키울 수 있습니다. 제가 고등학교 때 수학 공부를 한 방식이 딱 그랬습니다. 답지를 활용해 유형별로 가장 기본적인 문제풀이 접근법을 암기하고 나면, 실력을 키우는 속도를 높일 수 있습니다."

선생님들이 수학 공부를 하면서 답지를 보지 말라고 하는 것은 답만 맞춰보고 풀이 과정은 공부하지 않을 걸 우려해서다. 하지만 가장 기본적인 원리나 접근법을 모르는 수학 초보자에게는 길을 돌아서 갈 줄 아는 지혜가 필요하다.

"문제를 푸는 기본적인 접근법을 알려면 어느 정도 암기를 해야 합니다. 수학 초보자라면 과감히 답지를 보고 기본적인 문제 유형의 풀이 과정을 외워야 해요. 그렇게 머릿속에서 꺼내서 쓸 수 있는 재료들을 쌓아나가는 과정이 필요합니다."

게임을 잘하기 위해 고수의 플레이를 보고 배운다면, 수학에서는 답지가 고수의 플레이다. 답지에 담긴 고수의 플레이를 보면서 자신의 플레이를 만들 수 있도록 재료를 쌓아가자.

_ 고수 단계: 스스로 연마하는 시간을 확보한다

1학년 1학기 동안 내신 성적은 비교적 많이 끌어올렸지만, 여전히 모의고사에서는 4~5등급 정도의 성적을 받았다. 기본적인 유형과 문제별 접근법을 암기한 덕분에 그런 방식으로 출제되는 내신에서는 좋은 성과를 거뒀지만, 좀더 고차원적인 사고력과 응용력이 필요한 모의고사에서는 한계가 있었다. 그때부터 공부의 '스펙트럼'과 '깊이'를 동시에 확장해나갔다.

우선 수학 공부의 스펙트럼이라 할 수 있는 문제집의 범위를 3단계로 확장했다. 첫 번째는 인강을 통해 개념을 좀더 쌓고 어려운 문제를 깊이 이해했다.

"모의고사는 내신과 비교했을 때 난이도나 유형이 많이 달랐습니다. 혼자서 하기에는 한계가 있다고 느꼈습니다. 그때부터 인강을 들으면서 선행학습을 하고, 같은 내용도 좀더 깊고 넓게 보려고 노력했습니다."

두 번째는 기본서와 기초 문제집 수준에 머물렀던 문제풀이의 범위를 중난도, 고난도, 나아가 최고난도 문제가 담긴 기출문제집으로까지 확장했다.

"수학을 공부하는 프로세스가 있었습니다. 처음에는 인강을 듣고, 기본서로 복습을 했습니다. 그다음에는 『개념원리』 같은 기본적인 문제집을 풀고, 그 뒤에는 다양한 유형의 문제가 담긴 『쎈』 같은 문제집을 풀었습니다. 여기까지 마치고 나면, 그때부터는 『모의고사 기출문제집』 공부를 시작했습니다."

사실 대부분의 학생이 문제집 푸는 순서를 이처럼 할 것이다. 그러나 왕경업 멘토는 『모의고사 기출문제집』 공부에 들어가기 전까지 공부의 기준을 훨씬 더 엄격하게 적용했다.

"저는 기본서와 기본 문제집들이 완벽하게 학습될 때까지 몇 번이고 보고 또 보면서 공부했습니다. 그렇게 기본기를 단단하게 다져놓은 다음에야 『기출문제집』 공부를 시작했습니다."

모의고사에는 다양한 문제 유형이 존재하기에 사고력과 응용력이 요구된다. 그래서 그는 『기출문제집』, 그중에서도 21번과 30번 같은 고난도의 문제를 풀 때는 모르는 문제가 나와도 바로 답지를 찾지 않았다. 1시간 이상 고민하면서 머릿속에 있는 재료들을 충분히 활용하며 문제풀이 접근법을 최대한 찾아나갔다. 그렇게 했음에도 문제를 풀지 못했다면 초보자 단계에서 했던 것처럼 답지에 있는 풀이 과정을 전부 외웠다.

"초보자 단계에서는 게임에서 이기기 위해 사용할 수 있는 전술이 몇 가지 없습니다. 그렇기에 고수의 플레이를 보고 따라 하면 충분히 이길 수 있죠. 하지만 게임의 난도가 높아질수록 다양한 상황과 변수가 존재합니다. 이때는 그 상황과 변수에 맞춰서 전략을 유연하게 사용할 수 있어야 합니다. 이를 위해서는 그 상황 속에서 스스로 고민하고 시행착오를 겪어가며 더 나은 방법을 찾는 훈련이 필요합니다.”

그는 수학도 마찬가지라고 말한다.

“처음에는 답지의 풀이 과정을 외우는 방식이 효율적입니다. 하지만 고난도 문제로 갈수록 스스로 고민하는 힘이 반드시 필요합니다. 문제당 최소한 30분 이상은 고민하는 시간을 확보하되, 그럼에도 풀리지 않는 문제는 과감히 답지를 보고 풀이 과정을 외우는 방식이 효과적입니다. 이런 과정을 거쳐 풀이 과정을 외워두면, 다음번 비슷한 문제가 나왔을 때 문제풀이의 재료로 사용할 수 있습니다.”

이처럼 효율적인 ‘암기’ 방식의 공부와 깊이 있는 ‘고민’ 중심의 공부가 균형을 이루자, 수학 성적이 수직 상승했다. 2학년 때부터는 대부분 수학 시험에서 만점에 가까운 성적을 받았다. 평균이 20~30점대인 시험에서도 유일하게 90점대의 성적을 받으며 학교에서 압도적인 ‘수학 일인자’가 됐다. 4~5등급에 머물렀던 모의고사 수학 성적도 1~2등급을 오가게 됐다.

_ 만렙 단계: 기존의 고수를 뛰어넘는다

이상의 과정을 거쳐 모의고사에서 수학 1~2등급이 나오긴 했지만, 여전히 안정적인 1등급을 받지는 못했다.

"모의고사를 치르다 보면, 한 문제에 막혀 뒤의 문제들을 풀 시간이 부족한 적이 종종 있었습니다. 오래 고민해도 풀이법을 찾지 못하거나 접근법이 기억나지 않아서 끝내 못 푸는 문제들도 생기곤 했습니다."

안정적인 1등급을 받기 위해서는 한 단계 더 높은 공부법이 필요했다. 그때부터 그는 답지를 뛰어넘어 답지보다 똑똑해질 수 있는 수준까지 공부해야겠다고 결심했다. 그는 '답지보다 더 똑똑해진' 상태란 답지에 있는 모든 지식을 완벽하게 숙지했을 뿐 아니라 답지에 나와 있지 않은 또 다른 풀이법도 찾을 수 있게 된 상태를 의미한다고 말한다.

"게임에서 새로운 고수가 기존의 고수를 이기기 위해서는 기존 고수가 예측할 수 없는 새롭고 다양한 방식의 전략을 갖춰야 합니다. 수학에서도 만렙자가 되기 위해서는 기존 답지를 뛰어넘어 답지보다 똑똑해져야 합니다."

그때부터 그는 문제를 스스로 푼 다음에도 다른 방법으로 풀 수는 없는지를 30분 이상 고민했다. 또한 끝내 풀지 못해 기존처럼 답지를 보더라도, 또 다른 풀이법은 없는지를 반드시 고민하면서 적게는 한두 가지, 많게는 열 가지 이상의 다양한 풀이법을 찾아냈다. 그리고 그렇게 찾아낸 다양한 접근법을 개념별, 유형별로 정리하여 다음에도 기억할 수 있게 했다.

"롤 게임을 하면서 저는 고수 수준인 플래티넘 등급이지만, 제 동생은 상위 0.01퍼센트에 속하는 초고수 만렙의 단계를 찍었습니다. 저는 게임을 잘하기 위해서 제 캐릭터만 연구했는데, 제 동생은 게임 내에 존재하는 모든 캐릭터의 전략과 스킬을 다 외우고 직접 연습했습니다. 게임에서 나올 수 있는 모든 전략과 스킬을 알고 있으니, 상대방의 전략이나 행동을 예측하는 수준에 이르게 된 거지요."

그의 말처럼 게임 판도 내에 존재하는 모든 것을 완벽하게 이해하고, 기억하고, 예측할 수 있다면 그 게임 내에서 가장 강력한 존재가 될 수 있다.

"하나의 문제에서도 풀이법은 여러 가지가 있는데, 한 가지 방식만 고집해서는 문제를 풀다가 막힐 수도 있습니다. 풀이법이 기억나지 않을 수도 있지요. 평소에 공부하면서 존재하는 모든 풀이법을 찾고 기억하겠다는 목표를 가지고 임하면, 어떤 난제가 나오더라도 스스로 풀어내는 힘을 기를 수 있습니다."

이런 방식을 통해 그는 수학이라는 과목에서 출제될 수 있는 거의 모든 유형과 풀이법을 익혔다고 한다. 이 과정을 거치고 나자, 모의고사에서 그가 풀 수 없는 문제는 거의 존재하지 않았다. 시험을 볼 때 문제를 가장 쉽게 풀 수 있는 '정공법'에서 막히면, 그간 축적한 데이터를 활용해 '우회'해서 풀 수 있는 또 다른 방법을 찾아내 결국 풀어냈다. 그런 노력 끝에 모의고사에서도 안정적인 1등급의 성적이 나왔고, 마침내 수능에서도 1등급을 받았다.

그는 수학 만렙이 되기 위해서는 끊임없이 의심하고 고민해야 한다고 조언한다. 문제를 풀고 나서도 단순히 '풀었다, 맞혔다'가 아니라 '비슷한 문제가 다시 나오면 또 풀 수 있을까?', '더 쉽게 푸는 방법, 새로운 풀이법은 없을까?'라며 끊임없이 의심하고 질문을 던지라고 조언한다.

마지막으로 그는 게임을 좋아하는 학생이라면 충분히 수학을 잘할 수 있는 기반을 가지고 있다고 말한다.

"저는 총 게임을 하면서 같은 맵을 온종일 10시간이 넘게 돌렸습니다. 남들이 볼 때 똑같은 짓을 몇 시간이나 하고 있는 거죠. 하지만 게임을 하는 사람은 이게 똑같은 행동의 반복이라는 생각조차 하지 못한 채 무아지경으로 집중합니다. (……) 게임에 중독될 정도라면, 뒤집어 얘기했을 때 그 사람은 10시간 이상 똑같은 걸 반복할 수 있는 집중력과 끈기를 가지고 있다는 뜻입니다. 수학도 마찬가지입니다. 처음엔 어려울 수 있지만, 게임처럼 똑같은 걸 반복하면서도 하나하나 미션을 클리어하고 레벨을 올려가는 쾌감을 느낄 수 있습니다. 공부를 한다기보다는 마치 게임처럼 눈앞에 주어진 단계를 하나하나 깨나간다고 생각하면 수학에 훨씬 더 흥미를 느낄 수 있습니다."

그의 말처럼 게임, 스포츠 등 우리가 좋아하는 모든 분야에서 훌륭한 성과를 거두는 방법은 공부에도 그대로 적용할 수 있다. 배우고, 열심히 연습하고, 더 나은 방법을 연구하는 것. 이것이 성과를 내고 성장하는 아주 간단하고 명료한 방법이다. 만약 공부에서 성과를 내기가 어렵다면, 게임이든 운동이든 자신이 좋아하고 잘하는 분야에서 어떻게 좋은 성과를 냈는지 되돌아보자. 지금껏 알지 못했던 놀라운 잠재력을 발견하게 될지도 모른다.

Check List

- □ 수학 모의고사 성적이 5등급 이하라면, 답지를 활용해 문제의 풀이 과정을 공부하고, 모두 기억한다.
- □ 수학 모의고사 성적이 3~4등급이라면, 스스로 고민하는 시간을 문제별로 30분 이상 가진다.
- □ 수학 모의고사 성적이 2등급 이상이라면, 기존의 풀이 방식 외에 다른 풀이법은 없는지를 찾아보면서 공부한다.

05

1등급을 유지하는 프로세스를 만드는 법

나는 이 책 『압축 공부』를 쓰기 위해 성적 급상승을 이뤄낸 많은 사례를 찾아 그 주인공들을 인터뷰했다. 전작 『공부 마스터 플랜』을 쓸 때도 서울대생 100여 명을 인터뷰했다. 이 과정에서 탁월한 성과를 거둔 모든 이들이 공부를 대하는 태도에서 보여준 한 가지 공통점을 발견했다.

아이러니하게도, 그들은 공부를 시험 성적을 끌어올리는 단순한 수단으로 여기지 않았다. 또한 시험에서 좋은 성적을 거두는 것 자체만을 공부의 목적으로 삼지 않았다. 공부를 통해 자신의 역량이 성장하는 것, 동시에 자신이 더 나은 사람으로 발전해나가는 것을 목적이자 중요한 성취로 바라봤다. 그들은 공부해나가는 과정 자체가 스스로 성장하는 과정임과 동시에 자신이 갇힌 '알'이라는 세계를 하나씩 깨고 나가는 과정으로 여기고 있었다.

앞서 언급한 스탠퍼드 심리학과의 캐럴 드웩 교수는 바로 이런 관점과 태도를 '성장형 마인드'라고 부른다. 그에 반해 '인간의 자질은 불변하고, 자신은 더 나은 상태로 발전할 수 없다'라고 생각하는 태도를 '고정형 마인드fixed mindest'라고 부른다. 드웩 교수는 고정형 마인드를 가진 사람들은 성장 자체를 목적으로 삼기보다는 오직 결과를 통해 자신을 증명하는 데에만 집착한다고 말한다.

단언컨대 압축 공부로 성적 급상승을 이룬 모든 이들은 성장형 마인드를 가지고 있었다. 그들은 성장 자체가 목표이면서 곧 성취라고 여겼고, 늘 자신이 발전하고 변화할 수 있다는 믿음을 가지고 있었다. 동시에 그들은 늘 스스로 부족한 점이 있다는 사실을 받아들이고 새로운 것을 배우기 위해서 다양한 노력을 기울였다.

그들은 성장형 마인드를 가진 덕분에 좌절과 실패가 닥치는 상황에서도 꾸준히 노력해나갈 수 있었고, 자신의 부족한 점을 지속적으로 보완해나갈 수 있었다. 뒤에서 얘기할 '의식적인 노력deliberate practice'이 성적 급상승을 가져오는 전략에 해당한다면, 성장형 마인드는 압축 공부를 하기 위해서 가져야 할 기본 태도이자 관점이다.

변화 자체에 초점을 맞춘다

'전교 1등'처럼 공부 잘하는 학생들은 오로지 시험 결과만을 바라보고 공부할 것이라고 흔히 생각한다. 하지만 많은 사례를 인터뷰한 결과, 그렇지 않았다. 그들은 시험 성적 자체가 아니라 공부하는 과정을 통해 잠재력을 발휘하고 역량을 더 발전시키는 '성장'에 초점을 두고 있었다. 좋은 성적은 그 성장에 따라오는 부수적인 산물에 가까웠다. 이런 점에서 성적 급상승을 부르는 성장형 마인드의 첫 번째 요소는 성장 자체를 목표이자 성취로 바라보는 관점이라고 할 수 있다.

내 이야기를 해보겠다. 나는 3년 전, 군대를 제대한 지 1년도 채 되지 않아 학부생 신분으로 회사를 창업했다. 창업을 위해 중국의 대학에 교환학생으로 가기로 돼 있던 예정도 취소했다. 제대할 때까지 모아둔 용돈, 첫 번째 책의 인세로 번 돈, 강연이나 멘토링 활동을 통해 번 돈을 모두 모아 자본금을 마련했다. 시작할 때만 해도 '대박'이 날 것만 같았다.

하지만 3년이 지난 뒤, 결국 사업은 실패했다. 자본금만이 아니라 2~3년간 집필과 강연 등을 통해 벌어들인 모든 수익까지 날리고 말았다. 금액을 다 더하면 웬만한 외제차 한두 대 값은 된다. 적지 않은 빚도 생겼다. 이래저래 스물여섯 살의 대학생이 감당하기에는 쉽지 않은 고난이었다. 그로 인해 나는 이후 한동안 경제적으로 여러 가지

고통스러운 상황을 겪었다.

사업을 접은 후, 어떤 모임에서 이 실패담을 별로 '슬프지 않게' 이야기한 적이 있다. 한 분이 내게 대학생이 그 큰 금액을 날리고도 어떻게 그리 담담할 수 있느냐고 물었다. 사실 결과만 보면 완전한 실패이고, 날린 금액만 보면 적지 않은 고통이었다. 그럼에도 내가 담담할 수 있었던 이유는 그 과정을 통해 내가 이전보다 훨씬 더 성장했기 때문이다. 시간을 되돌린다고 해도 아마 똑같은 선택을 할 것이다. 그 경험을 통해 지금의 나는 3년 전의 나와 많은 것이 달라졌다. 세상을 보는 관점부터 사람을 대하는 태도, 전략을 수립하는 역량까지. 지금도 뛰어나다고 할 수는 없지만, 최소한 3년 전의 나보다는 아주 많은 부분에서 성장하고 발전했다.

내가 그 실패를 담담히 인정하고, 오히려 감사하게 여길 수 있었던 가장 큰 이유는 '사업 성공'이라는 목표를 넘어 나라는 사람이 성장하는 것 자체가 목표이자 성취라고 생각했기 때문이다. 만약 그렇지 않았다면, 빚을 갚는 동안 스스로 낙담하고 주저앉아 훨씬 나쁜 상황에 처하게 됐을지도 모른다.

나는 공부를 하면서도 이와 같은 실패를 적지 않게 겪었다. 오르지 않는 성적에 며칠 밤을 울기도 했고, 때론 좌절하기도 했다. 그럼에도 포기하지 않을 수 있었던 이유는 도전하고 노력해가는 과정을 통해 스스로 성장하고 발전하는 것이 가장 중요하다고 생각했기 때문이다. 공부하면서 늘 '해야 할 것이 모두 정해져 있는 시험공부조차 이겨내지 못한다면, 훗날 어른이 됐을 때 어떤 일을 해낼 수 있겠는가'라는 생각을 되새겼다. 결과가 기대한 대로 나오지 않더라도, 성장하고 발전하는 자신의 모습을 보면서 적어도 내가 '마이너스의 삶'은 살고 있지 않다는 걸 확인했다.

내가 인터뷰한 이들도 마찬가지였다. 성적 급상승을 이룬 이들이나 공부에서 탁월한 성과를 거둔 서울대생 중 많은 이가 결과에 치중하기보다는 하루하루 성장하는 데 초점을 뒀다고 한목소리로 말했다. 그들에게 공부와 입시는 최종적인 목적이 아니라 목표를 이루는 수단이었다. 그런 관점을 가졌기에 공부에 수동적으로 얽매이지 않고 좀더 넓은 관점에서 공부라는 영역을 스스로 통제하고 관리할 수 있었다.

캐럴 드웩 교수는 말한다.

"성장형 마인드를 가진 사람들은 최선을 다하고 배우고 발전하는 데서 성공을 찾습니다. 우월성을 증명하는 것(결과)에서 찾지 않습니다."

실패에도 무너지지 않는 노하우

그런데 여기까지 읽고 다소 의아하다고 생각하는 독자들도 있을지 모르겠다. '성적 급상승이라는 결과를 만들기 위해 이 책을 읽고 있는

데 결과보다 성장이 중요하다니, 그게 무슨 소리인가?' 하고 말이다. 충분히 가능한 의문이다. 내가 하고 싶은 이야기는 결과가 나오지 않아도 성장했으니 만족한다는 '정신승리' 차원에 머무르자는 것이 아니다.

여기서 다시 나의 실패담으로 돌아가 보자. 나 역시 당시의 사업 실패를 단순히 더 나은 사람으로 성장할 수 있었던 기회로만 바라보기에는 꽤 큰 금액을 잃었다. 그럼에도 내가 그 실패를 담담히, 나아가 감사하게 받아들일 수 있었던 데에는 또 다른 이유가 있었다. 바로 아직 더 많은 기회와 시간이 남아 있다는 것이다. 게임은 아직 끝나지 않았고, 실패가 다음의 성공을 위한 발판이 되리라는 확신이 있었다. 실패를 겪지 않았으면 전혀 알지 못했을 것들을 새롭게 배웠고, 그 덕에 나는 더 똑똑하고 현명한 사람이 됐다. 게임으로 치면 여러 면에서 레벨과 능력치가 올랐다. 언젠가 이 능력치가 더 오른다면, 분명 내가 원하는 결과에 도달할 수 있으리라고 생각하게 됐다. 그런 관점에서 실패를 더욱 담담히 받아들일 수 있었던 것이다.

분명 시험에서 만족스럽지 못한 결과를 얻는다면, 마음이 쓰리고 좌절감에 몸부림칠 수밖에 없다. 하지만 이미 끝난 결과는 되돌릴 수 없다. 더 중요한 것은 기회는 다시 오기 마련이라는 것이다. 지나간 결과에 자존감을 무너뜨리지 않고, 다음번에 더 나은 결과를 만들면 된다. 끝날 때까지 끝난 게 아닌 만큼, 결과와 상관없이 그간 거쳐온 과정을 되돌아보며 자신이 이뤄낸 성장을 가장 중요한 성취라고 바라보는 관점이 필요하다.

탈북민 출신으로 서울대학교 사회학과에 합격한 이광명 멘토의 이야기를 들어보자. 평균 6~7등급이었던 성적을 2년 만에 최상위권으로 끌어올린 압축 공부의 주인공 중 하나다.

"토끼와 거북이 이야기에서 중요한 교훈을 얻을 수 있습니다. 누군가는 토끼처럼 빠르게 가고, 누군가는 거북이처럼 느리게 갈 수 있습니다. 중간중간 '실패'처럼 보이는 과정 때문에 조금 돌아서 갈 수도 있겠지요. 하지만 이 이야기에서 중요한 것은 조금 느리든 빠르든 간에 거북이도 마침내 목표 지점에 도달했다는 사실입니다."

_ 자신의 유능함을 되새겨라

이처럼 성장 자체가 목표이자 성취라고 믿는 사람들은 하나의 결과로 모든 게임이 끝나는 것이 아니라 그것이 더 나은 결과로 가는 과정이라는 관점을 가지고 있다. 이 실패로 모든 게임이 끝난 게 아니기 때문에 실패처럼 보이는 결과는 사실 '아직' 목표를 이루지 못한 과정의 일부일 뿐이다.

이것이 성장형 마인드를 가진 이들의 또 다른 공통점이다. 그들은 현재 상태가 '아직' 목표에 도달하지 못한 것일 뿐이며, 언제든 자신이 더 발전할 수 있다는 믿음을 가지고 있다. 그들은 언제든 자신의 능력이 변할 수 있다고 믿었고, 자신의 잠재력에 한계를 두지 않았다.

캐럴 드웩 교수는 TED 강연에서 시카고의 한 고등학교 사례를 소개했다. 시험을 통과하지 못한 학생들에게 '낙제Fail'가 아니라 '아직Not yet'이라는 점수를 주는데, 그러면 학생들은 목표에 도달하지 못한 상태를 '실패'가 아니라 그저 '아직' 목표에 도달하지 못한 것으로 바라본다는 것이다.

드웩 교수는 말한다.

"성장형 마인드는 당신이 현재 가진 자질이 단지 성장을 위한 출발점일 뿐이며, 노력이나 전략 또는 타인의 도움을 통해 얼마든지 길러낼 수 있다는 믿음에 바탕을 둡니다."

이처럼 성장형 마인드를 가진 이들은 자신의 능력이 변할 수 있다고 믿기에 치열하게 노력할 수 있고 더 나은 방법을 고민할 수 있다. 자신의 능력이 변하지 않는다고 믿는 사람은 결코 지속적으로 노력할 수 없다.

그렇다면 어떻게 해야 스스로 더 나은 사람이 될 수 있다는 믿음을 가질 수 있을까? 많은 멘토가 '자신이 이뤄온 작은 성취와 성장을 의식하고 상기시키는 습관'이 중요하다고 말한다.

미혼모의 아들로 태어나 어려운 가정 형편 속에서도 마침내 서울대에 합격하고, 사회과학대학을 수석으로 졸업한 박성태 멘토는 『공부 마스터 플랜』에서 이렇게 말했다.

"저는 어릴 적부터 부정적인 생각이 들 때가 많았습니다. 현실의 안 좋은 면들이 나를 가로막을 때가 있는데, 그때마다 내가 성취하고 이뤄왔던 것들을 생각했습니다. 그런 다음에는 앞으로 이룰 수 있는 것에 대해서 생각했습니다. 이뤘던 것으로부터는 성취감과 '할 수 있다'는 자신감을 얻고, 이루고 싶은 것으로부터는 의지와 목표 의식을 다졌습니다."

그가 떠올린 성취들은 결코 거창한 것이 아니었다. 못 그리던 그림을 열심히 그려서 선생님께 칭찬받은 일, 수학 경시대회에 반 대표로 출전한 일 등이 그가 가장 자주 상기한 성취 경험이었다고 한다.

전국 최상위권의 성적을 거두고 서울대 자유전공학부에 합격한 뒤, 2019년 서울대학교 의학과 학사편입 전형에 합격한 오석 멘토는 이렇게 말한다.

"공부를 잘하고 싶다면 결과에 너무 치중하기보다는 과정에서 내적인 성취감을 찾는 것으로 학습의 포커스를 옮겨보시기 바랍니다. 하루하루 성장하는 자신을 의식적으로 확인해나가다 보면, 지속적으로 발전할 수 있다는 믿음을 강화할 수 있습니다. 그 믿음을 바탕으로 노력하면 결과는 저절로 따라오게 되어 있습니다. 이 말을 믿으셔도 좋습니다."

_ 잠재력을 최대한으로 끌어올리는 방법

성장형 마인드를 가진 이들의 태도는 어떤 행동으로 나타날까? 압축 공부로 성적 급상승을 이룬 멘토들이 성장을 위해 가장 많이 사용한 전략은 바로 '배움'이었다. 이것이 성장형 마인드를 가진 이들의 또 다른 공통점이다.

그들은 자기보다 뛰어난 이들을 보면서 자신의 부족한 점을 보완하고 새로운 것을 배우는 데 한 치의 주저함도 없었다. 선생님이든 공부 잘하는 친구든 간에, 대상과 장소를 가리지 않고 배움을 통해 자신의 부족한 점을 보완하기 위해 노력했다. 그들은 단순히 모르는 것을 질문하는 데 그치지 않고, 자신의 공부 시스템 자체를 보완하기 위해 적극적으로 배우려는 태도를 지녔다. 단언컨대, 배우려고 하지 않는 사람 중에서 성적 급상승을 이룬 이는 단 한 사람도 없었다. 그들은 자신의 부족한 점을 인정하고, 이를 채우는 데 적극적이었다.

유럽 리그에 진출할 만큼 촉망받던 축구 선수에서 뒤늦게 공부를 시작해, 4개월 만에 수능 백분위를 무려 60퍼센트 이상 끌어올려 서울대 체육교육과에 합격한 임윤택 멘토. 그는 쉬는 시간마다 화장실까지 선생님을 쫓아가서 이해가 되지 않는 부분을 묻고, 자신의 부족한 점을 보완했다.

전교 120등의 성적을 1년 만에 전교 1등으로 끌어올린 박기훈 멘토는 매일같이 교무실에 가서 선생님께 자신의 공부 상태를 점검받고 보완할 점을 질문했다고 한다. 변리사 시험에 전국 상위 1퍼센트의 성적으로 합격한 조규형 멘토는 함께 스터디하는 친구들에게 자신의 공부 방법을 얘기하며, 부족한 점을 피드백받고 조언을 구했다. 서울대 정치외교학부에 재학 중인 유도혁 멘토는 한 TV 프로그램에서 본 '10회독 공부법'을 따라 해 성적을 급상승시켰다고 말했다. 전교 꼴찌였던 윤찬혁 멘토는 처음 공부를 시작할 때 공부법 책을 하루에 1권씩 읽었다. 그리고 책에서 본 공부 방법을 토대로 자신만의 공부법을 완성해 단국대 치의학과와 서울대 공학 계열에 합격했다.

이처럼 성적 급상승을 이룬 많은 멘토가 자신의 부족한 점을 있는 그대로 받아들이고, 이를 보완하기 위해 새로운 배움을 적극적으로 찾아나갔다. 고정형 마인드를 가진 이들은 책이나 강의를 접할 때 '그저 뻔한 얘기'로 치부한다. 그렇지만 성장형 마인드를 가진 이들은 '하나라도 더 배울 게 없을까?', '나에게 적용할 만한 새로운 지식이나 방법은 없을까?'라는 자세로 대한다. 성장형 마인드를 가진 이들은 일상에서 새롭게 배운 모든 것을 자신을 성장시키는 수단으로 삼는다.

캐럴 드웩 교수는 이렇게 말한다.

"성장형 마인드를 가진 사람들은 성공을 부르고 유지하는 프로세스를 관리할 줄 압니다."

성공을 부르고 유지하는 프로세스는 결코 혼자서 만들 수 없다. 새로운 배움을 통해 나라는 알을 깨고 나가야만 만들어낼 수 있다. 성장하기 위해서는 누구보다 겸손해야 한다. 자신이 부족하다는 사실을 겸허히 인정하고, 그것을 보완하기 위해 적극적으로 노력해야 한다.

Check List

- ☐ 만족스럽지 않은 시험 결과를 받더라도 스스로 칭찬할 만한 점, 성취한 것부터 기록한다.
- ☐ 매일 자신이 성장하고 발전한 점, 이뤄낸 작은 성취를 찾고 기록한다.
- ☐ 자신의 부족한 점을 찾기 위해 주변 사람들에게 적극적으로 질문한다.

"순간을 지배하는 사람이 인생을 지배한다."

_ 크리스토프 에센바흐

압축 공부의 두 번째 스텝

#시스템적_사고

멀리 있는 목표를 가깝게 만든다

CHAPTER

2

"눈앞의 실패에 좌절하지 않을 수 있는
장기 목표를 반드시 가지고 있어야 한다."

_ 찰스 C. 노블

01

목표를 달성하기 위한 세분화 전략

나는 전작 『공부 마스터 플랜』을 쓰면서 만났던 멘토들과 이 책 『압축 공부』를 위해 만났던 멘토들 사이에서 한 가지 놀라운 공통점을 발견했다. 그들은 의식적으로든 무의식적으로든, '거꾸로 생각하기'와 '나누어 생각하기'라는 사고방식을 적극적으로 활용하고 있었다.

'거꾸로 생각하기'는 무언가를 이루기 위해 현재 시점에서 출발하는 게 아니라 반대쪽 끝에 있는 최종 목표, 즉 '최종적으로 내가 이루고자 하는 상태'에서 생각을 시작하는 것이다. 따라서 오늘 무엇을 할지는 최종적인 목표로부터 이미 정해져 있게 된다.

그리고 '나누어 생각하기'는 코끼리를 냉장고에 넣으려면 (마음이 아프지만) 코끼리를 잘게 나눠야 하듯이, 목표를 이루는 데 필요한 요소들을 잘게 쪼개는 것을 말한다.

전교 114등에서 1년 만에 전교 1등이 된 박기훈 멘토는 자신의 성적 급상승 비결이 바로 이 두 가지 사고방식을 잘 활용한 것이라고 말한다. 인천의 일반고를 졸업한 그는 고등학교 1학년 첫 번째 시험에서 전교 114등의 성적을 받았다. 모의고사에서도 평균 3등급대의 성적을 받았다. 하지만 1년 만에 내신 전교 1등으로 압축 공부의 성과를 이뤄냈다. 그리고 수능에서는 전 과목에 걸쳐 단 두 문제를 틀려 국내 통·번역 관련 학과 중 커트라인과 경쟁률이 가장 높다고 알려진 한국외대 EICC학과(구 영어통번역학과)에 합격했다.

그는 말한다.

"목표와 목표를 이루기 위한 전략을 세분화해서 더 가까운 목표와 작은 계획으로 만들어야만 최종적인 목적지에 도달할 수 있습니다. 목표에서부터 생각을 시작하되, 그것을 잘게 나누고 또 나누어서 구체적으로 오늘 해야 할 일을 찾아내야 합니다."

_ 가까운 목표에만 집중한다

박기훈 멘토는 중학교 때 공부를 잘하는 편이었다. 지역에서 신흥 명문으로 불리던 일반고로 진학한 그는 중학교 때 공부를 꽤 했던 만큼

고등학교에서도 별 어려움 없이 좋은 성적을 받을 수 있을 거라 생각했다. 첫 시험을 잘 치르고 싶은 마음에 중학교 때보다 더 열심히 준비했다. 그러나 기대에 부풀어 치른 첫 번째 중간고사에서 중학교 때보다 한참 떨어진 전교 114등이라는 성적을 받았고, 이는 그에게 엄청난 충격을 안겼다. 이어진 모의고사에서도 기대한 것보다 훨씬 낮은 점수를 받았다.

충격이 컸던 그는 독기를 품고 주변 친구들에게 "2학년 안에 반드시 전교 1등을 하겠다"라고 선언했다. 하지만 친구들은 누구도 그 말을 믿지 않았다. 100등도 안 되는 애가 1년 만에 1등이 되겠다고 하니 말이다. 그저 시험 성적에 충격을 받은 이의 '정신승리' 정도로만 여겼다.

하지만 그에게는 그것이 어떻게든 이뤄내야 할 자신과의 약속이자 확고한 목표였다. 그렇게 1년 안에 전교 1등이 된다는 명확한 목표를 품게 됐다. 전교 1등이 되겠다는 목표를 단숨에 이루는 것은 불가능했기에, 중간중간 거쳐 가야 할 작은 목표를 세웠다.

"2학년 1학기에 전교 1등에 도달하겠다는 최종 목표를 세우고, 1학년 1학기 기말고사에서 전교 30등, 2학기 기말고사에서 전교 20등을 하겠다는 중간 목표들을 세웠습니다. 그렇게 중간 목표를 세우고 나서는 전교 1등이라는 목표가 아니라 가장 가까운 목표를 이루는 데에만 집중했습니다."

중간 목표마다 조금씩 다른 전략이 필요했다.

"100등 밖에서 30등으로 오르는 데에는 기본적인 실력을 끌어올리고 중 · 상 난도의 문제를 최대한 맞히기 위한 전략이 필요했습니다. 이어 30등에서 20등이 되기 위해서는 최고난도 문제에 대비한 전략이 가장 중요했습니다. 그리고 20등에서 10등이 되기 위해서는 앞의 두 전략을 기본으로 하되, 시험에서 발생할 수 있는 '디테일'한 실수와 서술형 문제를 철저히 대비해야 했습니다."

그렇게 최종 목표를 작은 목표로 나누고 작은 목표별로 집중할 전략을 세부적으로 수립한 뒤, 눈앞에 놓인 작은 목표를 이루는 데 집중했다. 대부분의 작은 목표를 하나씩 달성해나갔고, 그와 함께 성적이 점점 올랐다. 중간고사 이후 세 번의 시험 모두에서 성적을 올려 1학년이 끝날 때쯤 내신을 전교 20등대로 끌어올렸고, 2학년 1학기 기말고사부터는 지속적으로 전교 1등을 기록했다. 압축 공부를 통해 1년 만에 목표를 이뤄낸 것이다. 학원이나 과외 없이 온전히 혼자 힘으로 만들어낸 결과였다.

내신 성적은 단계별로 급상승했지만, 모의고사 성적은 크게 오르지 않았다. 내신 성적을 올리는 데 집중해서 공부하다 보니 공부의 초점이 내신 시험 스타일에 맞춰져 있었기 때문이다. 평균 3등급대였던 모의고사 성적은 1학년이 끝날 때까지도 크게 오르지 않았다. 특히 국어와 수학이 늘 3~4등급을 오갔다.

1학년이 끝날 때쯤, 박기훈 멘토는 본격적으로 모의고사 성적을 올리기로 마음먹었다. 내신 성적을 올리던 때와 마찬가지로 최종적인 목표부터 설정했다. 수능에서 국어 1등급, 나머지 모든 과목에서 만점을 받는 것을 최종 목표로 정했다. 그런 뒤 최종 목표를 중간 목표들로 나누었다.

"1~2학년 때는 수능에서 얼마를 맞아야겠다고 목표를 세워도 너무 멀게 느껴질 수밖에 없습니다. 그래서 저는 1년, 6개월, 3개월 단위로 목표를 세워서 '올해 6월 모의고사까지는 이 정도 등급을 받고, 9월에는 이 정도를 받고, 내년 3월에는 이 등급을 받겠다' 하는 식으로 구체적인 중간 목표를 세웠습니다. 그래야만 멀리 있는 목표를 당장 눈앞으로 가져올 수 있습니다."

그가 다른 과목들에서는 만점을 최종 목표로 했지만, 국어에서는 1등급을 목표로 한 이유가 있었다. 상대적으로 국어가 취약했는데, 모두 만점을 받을 수 있다면 좋겠지만 현실적으로 국어에서 1등급만 받아도 원하는 대학에 충분히 갈 수 있으리라고 판단해서다.

"목표를 세울 때는 잘하는 과목과 상대적으로 취약한 과목을 구분해서 과목별로 달성 가능한 수준으로 정해야 합니다. 그냥 뭉뚱그려서 '수능 대박' 또는 '수능 올 1등급'처럼 추상적이거나 세밀하지 않은 목표를 세우면 그저 소원에 그칠 수 있습니다."

계획은 최대한 잘게 나눈다

박기훈 멘토는 이렇게 목표를 세운 뒤에는 그것을 더 작은 계획으로 만드는 과정이 꼭 필요하다고 조언한다.

"3개월, 6개월 목표도 사실 하루나 한 주를 기준으로 봤을 때는 다소 막연합니다. 아주 먼 목표처럼 느껴질 수 있죠. 그래서 저는 일주일 단위로 나눠서 일주일마다 해야 할 계획을 다시 수립했습니다."

3개월, 6개월 목표의 기준이 모의고사 등급 또는 점수인 만큼 이를 달성하기 위해 해야 하는 것들을 1개월 단위로 나누고, 이를 다시 주 단위로 나누었다.

예를 들어 수학에서 3개월간 20점을 올리는 게 목표라고 했을 때, '첫째 달에는 개념 인강을 듣고 철저히 복습한다. 둘째 달에는 중 · 상 난도의 문제집 1권을 세 번 푼다. 마지막 달에는 고난도 문제만 모아 놓은 문제집 1권을 세 번 푼다' 하는 식으로 계획을 단계별로 수립했다. 그런 다음 해당 달에는 다른 것을 생각하지 않고 오직 계획을 달성하는 데에만 집중했다.

그는 월간 계획을 다시 4주 또는 5주 단위로 나눠서 주별로 어디까지 공부를 완료해야 하는지도 설정해두었다고 말한다.

"제가 최종적으로 가장 집중한 계획은 일주일 단위였습니다. 매주 일요일 밤이면 월간 계획을 바탕으로 다음 한 주 동안 해야 할 것이 무엇인지 계획하고, 그걸 토대로 다시 요일별로 얼마큼 해야 끝낼 수 있는지를 계산해서 매일의 계획을 세웠습니다."

그는 일주일 단위의 계획을 설정하면서 예컨대 영어는 외운 단어 수나 분석한 지문의 개수, 수학은 공부하기로 한 교재의 진도 등을 기준으로 삼았다. 3학년 때는 난이도별로 푼 문제의 개수를 계획의 단위 기준으로 삼기도 했다.

_ 내게 주어진 시간을 파악한다

그런데 여기서 한 가지 문제점이 있다. 실제로 자신이 한 주 동안 순수하게 공부할 수 있는 시간은 얼마인지, 그 시간 동안 공부할 수 있는 양이 얼마인지를 대부분 잘 모른다는 것이다. 그런 상황이라면 계획은 현실과 동떨어진, 보기만 좋은 청사진에 불과하다. 이런 사실을 잘 알았던 박기훈 멘토는 일주일 동안 또는 하루에 할 수 있는 양이 얼마인지를 정확히 파악한 후 계획을 세워야 한다고 강조한다.

"사실 1개월, 1주 단위로 무엇을 할지 정하고 나면 계획은 다 세운 거나 다름없습니다. 일주일 동안 할 수 있는 양은 대부분 정해져 있기 때문입니다. 내가 집중해서 공부할 수 있는 시간과 그 시간 동안 공부할 수 있는 분량은 이미 정해져 있다는 얘기입니다. 따라서 중요한 건, 그 시간과 분량이 얼마인지를 정확히 아는 것입니다."

그의 말처럼 일주일 동안 집중해서 공부할 수 있는 시간, 그리고 그 시간 동안 공부할 수 있는 분량은 대부분 정해져 있기 마련이다. 그러므로 새롭게 계획을 세우는 게 아니라 내게 주어진 시간과 내 능력을 정확히 파악해서 현실에 맞는 계획을 '발견'하는 게 중요하다.

"주어진 시간이나 그 시간 동안 공부할 수 있는 분량은 사실 누구도 모릅니다. 자신을 제외하고는 말이죠. 그러므로 나에게 주어진 시간이 얼마인지를 자신이 직접 확인해봐야 합니다. 특정 분량을 공부하는 데 걸리는 시간을 예측하고, 실제 걸리는 시간이 얼마인지를 측정해봐야 자신의 역량을 알 수 있습니다."

그는 자신의 가용 시간과 능력을 몇 달간 체크한 결과 '특별한 일이 없을 때 그리고 내가 집중했을 때, 이만큼의 시간 동안 이만큼의 분량을 공부할 수 있구나'라는 사실을 확인할 수 있었다고 말한다. 이때 욕심만 앞서서 무리한 계획을 세워서는 안 된다고 박기훈 멘토는 조언한다.

"최선의 집중을 한 상태를 100퍼센트라고 했을 때, 80퍼센트 정도를 기준으로 계획을 세워야 합니다. 매번 최선의 집중을 하기가 어렵기 때문에 너무 무리하게 세우면 달성에 실패할 가능성이 큽니다. 오히려 80퍼센트 정도를 기준으로 계획을 세운 뒤에 90~100퍼센트를 달성하면 더 큰 성취감을 얻을 수 있습니다. 같은 양을 해도 다른 느낌을 받을 수 있죠."

이런 점을 토대로 그는 일주일, 하루 단위의 계획을 현실성 있게 세웠다. 실제 이런 식으로 목표와 계획을 세분화한 결과 작은 목표들을 하나씩 이뤄갈 수 있었다. 목표했던 대로 2학년 9월 모의고사에서 성적이 급상승해 국어에서 2등급, 수학과 영어에서 1등급을 받았다. 이를 토대로 3학년 3월 모의고사에서는 국어 1등급, 영어와 수학은 만점을 받겠다는 목표를 세웠다.

_ 공부의 우선순위를 짜는 법

그런데 3월 모의고사에서 수학 · 영어는 목표대로 만점을 받았지만, 국어가 3등급으로 다시 미끄러졌다. 그는 당시의 결과가 자신의 과목별 공부 밸런스가 무너졌기 때문이라고 말한다. 국어 · 영어 · 수학 과목에서 각각의 목표를 이루려고 노력하다 보니 우선순위의 개념이 흐려졌다. 당시 그에게 무엇보다 중요한 과목은 가장 취약한 국어였음에도 이 과목에 상대적으로 충분한 시간을 쏟지 못했다.

"못하는 과목을 공부하면 아무래도 재미가 없습니다. 그래서 자연스레 좋아하거나 성적이 잘 나오는 과목을 더 공부하게 되죠. 그러다 보면 잘하는 과목은 계속 잘하지만, 취약한 과목은 계속 못하게 되는 악순환을 겪을 수 있습니다."

그는 과목별로 격차가 심한 상태를 극복하기 위해서는 과목별 밸런스를 고려해야 하며, 취약한 과목에 우선순위를 두고 반드시 그것부터 공부해야 한다고 조언한다.

"과목별 밸런스를 맞추려면 무엇보다 우선순위를 잘 짜야 합니다. 공부를 하다 보면 계획한 대로 못 하게 되는 상황이 수시로 생깁니다. 그런데 우선순위가 명확하지 않으면 그 '못 하게 되는' 공부가 주로 취약한 과목, 하기 싫은 과목이 됩니다. 어떤 일이 있어도 취약한 과목부터 해야 합니다. 그래야 계획한 시간만큼 공부를 못 하더라도 취약 과목이 계속 떨어지는 상황은 막을 수 있습니다."

이렇게 우선순위를 명확히 한 결과 6월 모의고사에서 국어가 다시 2등급으로 올라섰다. 그리고 9월 모의고사에서는 마침내 1등급을 받았다.

성공을 거둔 많은 사람이 '중요한 일은 아침에 하라'고 조언하는 이유가 바로 이 때문이다. 그러면 덜 중요한 일을 하느라 정작 중요한 일은 하지 못하는 상황을 막을 수 있기 때문이다. 수험생에게 가장 중요한 공부는 바로 취약한 과목이다.

마지막으로 박기훈 멘토는 그럼에도 목표를 이루고 싶다면 오늘 하기로 한 공부를 어떻게든 오늘 내로 완료하고자 노력해야 한다고 말한다.

"공부를 하다 보면, 예상했던 것보다 시간이 더 오래 걸리거나 다른 일이 생겨서 공부를 못 하게 되는 상황이 생길 수 있습니다. 그렇게 하루 이틀 공부가 밀리다 보면 어렵게 세운 1개월, 3개월, 6개월 단위의 계획이 모두 틀어집니다. 만약 오늘 계획대로 하지 못했다면, 자투리 시간을 활용해서라도 하루 이틀 내로 계획한 바를 모두 끝내려고 노력해야 합니다."

그는 계획대로 공부를 하지 못했을 때는 쉬는 시간이나 점심시간, 심지어는 화장실 가는 시간마저 활용해 최대한 계획을 완료하고자 노력했다.

"자투리 시간을 다 합쳐보면 하루에 적어도 1시간, 많게는 2시간 정도가 나옵니다. 그렇게 100일이 쌓이면 100시간에서 200시간이라는 엄청난 시간이 되죠. 자투리 시간을 어떻게 활용할지 고민해보고, 그 시간에 가장 높은 효율을 낼 수 있는 방식을 계획하는 것도 도움이 됩니다."

그는 수능 때까지 자신이 계획한 바를 90퍼센트 이상 달성했다. 수능 시험에서 아쉽게도 국어에서는 한 문제 차이로 2등급을 받았지만, 나머지 과목에서는 모두 만점을 받아 원하던 학교에 합격했다.

마지막으로 그는 압축 공부에 성공하기 위해서는 단기간의 불타는 의지보다 냉정함과 꾸준함이 더 중요하다고 말한다. 막대한 돈을 한 번에 벌려고 하기보다 비교적 적은 돈이라도 단계별로 벌어가야 부자가 될 확률이 커지는 것처럼 말이다.

'내가 오늘 무엇을 공부해야 하는지'는 오늘을 기준으로 정하는 것이 아니다. 최종적으로 이루고자 하는 상태, 즉 최종 목표에서 생각을 시작해 그것을 나누고 나누어서 오늘 해야 할 공부를 발견하는 것이다. 거꾸로 생각하기와 나누어 생각하기, 이 두 가지 사고방식이 압축 공부 시스템의 가장 근본적인 원리라는 사실을 기억하자.

Check List

- ☐ 이루고자 하는 최종적인 상태, 즉 최종 목표를 구체적인 수치로 정한다.
- ☐ 최종 목표를 이루기 위해 필요한 작은 목표들을 5개 내외로 정한다.
- ☐ 각각의 작은 목표를 이루기 위한 계획을 월간, 주간 단위로 수립한다.

02

감정이 아니라 목표에 집중하라

이제호 멘토는 서울대 산업인력개발학과를 수석으로 졸업한 뒤, 성균관대학교 법학전문대학원(로스쿨)을 거쳐 2019년 변호사 시험에 합격했다. 일반적으로 로펌이나 대기업에 입사하는 로스쿨 졸업생들과 달리, 그는 이주민들의 인권을 위한 공익 변호사로 활동하고 있다. 이주민지원센터 '친구'에서 이주민들을 위한 무료 법률 상담, 소송을 통한 권리 구제 활동, 이주민 교육 프로그램 등을 도맡아 하고 있다.

탄탄대로의 엘리트 코스만 걸었을 것 같은 그이지만, 수능을 치르기 두 달 전까지만 해도 낮은 모의고사 성적 때문에 '대학에 갈 수 있을까?' 하며 불안에 떨던 학생이었다. 수능 직전에 치른 9월 모의고사에서 평균 3~4등급대의 성적표를 받았다. 하지만 두 달간의 치열한 압축 공부 끝에 수능에서 평균 1.5등급의 성적표를 받아 서울대학교 산업인력개발학과, 고려대학교 식품공학과에 동시 합격했다.

"시험을 준비하는 수험생에게는 공부를 어떻게 잘하느냐가 아니라 점수를 어떻게 올리느냐가 더 중요합니다. 주어진 시간이 짧을수록 막연히 공부를 잘하게 되는 상태를 꿈꿀 게 아니라 정확히 몇 점을 올릴 것인지 그리고 그 점수를 어떻게 올릴 것인지, 목표와 전략이 명확해야 합니다."

그의 경험에서 우러나온 조언이 이어진다.

"목표를 이루고 싶다면 그저 열심히 하고 있다는 만족감, 남들이 하는 건 다 해야 한다는 불안감 그리고 모든 것을 완벽히 해야 한다는 욕심을 버려야 합니다. 이 세 가지 감정은 오히려 목표와 전략에 집중하지 못하게 하는 심각한 방해 요소입니다."

_ 입시와는 거리가 멀었던 대안학교 생활

이제호 멘토는 이른바 '강남 8학군'이라 불리는 서초구의 중학교를 졸업했다. 어릴 때부터 입시 경쟁이 치열한 동네였다. 대부분의 친구가 학원을 몇 개씩이나 다니고 어릴 때부터 입시를 준비하는, 드라마 「SKY 캐슬」의 현실 버전 같은 곳이었다. 그런 동네 분위기에서 이제호 멘토 또한 중학교에 올라갈 때까지만 해도 평범하게 학교와 학원을 오가며 부모님 말씀 잘 듣는 '범생이'에 가까운 학생이었다.

하지만 중학교에 올라가면서 그런 학교 분위기, 동네 분위기에 신물이 났다. 매일 기계처럼 숙제하고 답 맞히는 데만 몰두해야 하는 공부에 흥미를 잃었다. 특히 당시 관행처럼 이루어지던 체벌과 두발규제에 부당함을 느꼈다.

"왜 굳이 두발규제를 해야 하느냐는 질문에 친한 선생님께서 '그래야 너희를 통제하는 게 쉬워'라고 답하시는 걸 듣고 충격을 받았습니다. 학교도, 선생님도 학생들 간의 관계나 인격적인 성장에 관심이 없는 것처럼 보였습니다."

학교 제도에 반감과 싫증이 쌓여가면서 학교생활과 공부에도 점차 흥미를 잃었다. 그러던 중 대안학교에 진학한 사촌 누나의 이야기를 듣게 됐다. 당시 처음 생긴 '이우학교'라는 곳이었는데, 내신이나 수능 위주가 아니라 발표나 토론 수업 등 '대안' 교육을 지향한다는 점이 마음에 들었다. 하지만 당시는 대안학교라는 개념조차 잘 잡혀 있지 않던 시기였다. 그는 반신반의하는 마음으로 입학했다.

다행히 학교는 기대했던 것 이상으로 학생의 자율성과 주체성을 보장해주었다. 야간 자율학습이 없는 것은 물론, 수능이나 내신 시험을 위주로 수업하는 일반 학교와 달리 대부분 수업이 토론, 발표, 보고서 같은 글쓰기 등으로 이루어져 있었다. 그는 중학교 때와 다른 환경과 수업 방식이 너무나도 마음에 들었고, 학교생활에 빠르게 적응해나갔다. 학교가 끝나면 대부분의 시간을 학생회 활동이나 동아리 활동을 하는 데 썼다. 학교에서 전국연합모의고사를 실시하긴 했지만, 모의고사 성적에 전혀 관심이 없었다. 그렇게 그는 2학년 때까지 수능 공부와는 전혀 관련 없는 학창 시절을 보냈다.

_ 두 번의 성적 하락으로 깨달은 교훈

고등학교 3학년이 되어 처음 치른 3월 모의고사. 평소 꾸준히 해왔던 글쓰기와 독서, 영어 수업 등을 통해 국어와 영어에서는 2등급, 1등급을 받을 수 있었다. 하지만 이과생으로서 수능에서 가장 중요한 수학과 과학탐구에서 모두 4등급을 받았다. 처음으로 '이러다가 대학을 못 갈 수도 있겠다'라는 위기감이 들었다. 어찌 됐든 서울의 4년제 대학교에 들어가고 싶었던 그는 고3 1년만큼은 수능 공부에 매진해야겠다고 결심했다.

하지만 2년간 입시 공부를 제대로 해본 적이 없었던 만큼 공부 습관을 들이는 게 너무나도 어려웠다. 3월의 단호한 결심이 무색할 만큼 이런저런 핑계로 4월과 5월을 허송세월로 보냈다. 6월에 평가원 모의고사를 치렀는데, 3월 모의고사 때보다 성적이 더 떨어졌다. 국어 3등급, 수학 4등급, 과학탐구 4과목에서 평균 4등급이 나왔다(당시에는 탐구 과목을 4개 응시해야 했다). 시험 결과를 받고 나니, 차라리 지금부터 아예 재수를 준비하는 게 낫지 않을까 하는 생각마저 들었다.

하지만 마음을 진정시킨 뒤 다시 성적표를 보니 그래도 희망이 보였다. 이과생으로서 국어와 영어에서는 나쁘지 않은 성적을 받은 만큼, 수학과 과학탐구 영역에서 등급을 어느 정도 올리면 최소한 서울에 있는 대학에는 진학할 수 있겠다는 생각이 들었다.

그때부터 수능 때까지 수학, 과학 성적을 두 등급 이상 올리겠다는 명확한 목표를 세웠다. 목표가 뚜렷해지자 공부에 더 매진할 수 있었다. 하루에 7~8시간씩 공부하면서 부족한 수학과 과학 과목의 개념들을 채워나갔다. 단 한 번도 이렇게 열심히 공부해본 적이 없었기에 당연히 성적이 크게 오를 거라고 생각했다. 그러나 기대와 달리 9월 모의고사 결과 성적이 전혀 오르지 않았다. 오히려 일부 과목은 6월 모의고사 때보다 더 떨어졌다. 수능이 두 달 남짓 남은 시점이었다. 뭔가 심각한 문제가 있었고, 근본적인 해결책이 필요했다.

_ 열심히 공부하고 있다는 착각

우선 6월 모의고사 이후부터 9월 모의고사를 치르기 전까지 자신의 공부를 되돌아보며 한 가지 문제점을 발견했다.

"석 달 동안 눈을 뜨고 잘 때까지 거의 인강만 들었던 것 같습니다.

인강만 10시간씩 들은 거죠. 그러다 보니 공부하는 척은 하고 있었지만, 실질적으로 공부를 하진 않았던 겁니다."

6월 모의고사를 치르고 공부를 제대로 해야겠다고 결심했을 때, 새로 익혀야 할 내용과 개념이 너무 많다고 느껴졌다. 그럴 만도 한 것이 다른 학생들이 2년 동안 공부해온 걸 3개월 만에 하려고 했기 때문이다. 그는 막대한 공부량에 질리고 말았다. 그러다 보니 빨리 진도를 나가고 개념을 익혀야겠다고 생각해 미친 듯이 인강만 듣는 오류를 범한 것이다.

"인강을 아무리 많이 들어도, 최소한 인강만큼의 시간을 복습에 투자하지 않으면 강의 내용은 절대로 내 것이 되지 않습니다. 저도 수학이 부족하다 보니 인강을 많이 들었는데, 결국 수학은 설명을 듣는 게 중요한 게 아니라 직접 문제를 풀어야 실력이 느는 과목이었습니다. 인강을 몇백 시간이나 들으며 공부했지만 정작 점수는 하나도 오르지 않았던 이유가 여기에 있습니다."

이후 이제호 멘토는 인강 듣는 시간을 크게 줄이고, 문제를 풀고 부족한 개념을 직접 정리하는 데 대부분의 공부 시간을 할애했다. 인강은 문제를 풀거나 개념을 공부하면서 끝내 이해가 되지 않는 부분만 골라 듣는 식으로 활용했다. 방식을 바꾸자 공부 효율이 점점 높아졌고, 4등급이었던 수학 성적이 한 달 만인 10월 모의고사에서 2등급까지 상승했다.

"공부 의지가 조금이라도 있는 학생이라면, 본능적으로 공부를 많이 했다는 만족감을 느끼고 싶어 합니다. 강의를 들은 건 실제로는 내가 공부를 한 것이 아님에도 공부를 많이 했다는 만족감을 안겨줍니다. '몇 시간이나 강의를 들었으니, 오늘도 공부 열심히 했네'라는 착각이 들죠. 하지만 가장 중요한 것은 공부를 많이 했다는 만족감을 느끼는 것이 아니라 목표에 도달할 수 있게 진짜 실력을 키우는 것입니다."

실제로 멘토링을 하다 보면 비슷한 오류를 범하는 학생들을 종종 볼 수 있다. '시간이 부족하니까 인강을 쭉 한 번 돌리는 식으로 공부해야겠다'라는 식이다. 특히 주어진 시간은 짧고 공부해야 할 것은 많은 마음 급한 수험생들이 주로 이런 경향을 보인다.

물론 인강을 듣지 말라는 것이 아니다. 중요한 것은 인강을 듣는 행위 자체가 곧 '내가 공부하고 있는 것'이라고 착각하지 말라는 것이다. 인강으로 전체 진도 한 바퀴를 돌려서 진도를 모두 나갔을 때의 쾌감과 만족감을 나 또한 누구보다 잘 안다. 하지만 정작 그렇게 인강만 보고 있으면, 진짜 공부를 잘하게 되는 사람은 보고 있는 나 자신이 아니라 강의를 하는 인강 강사다.

공부한 내용을 스스로 정리하고 복습하고 직접 문제를 풀어보는 시간이 최소한 인강 시간의 2배는 필요한데, 마음이 급하다 보니 인강만 듣고서 공부 열심히 했다는 착각에 빠지게 된다. 학원 수업이나 인강을 듣고 나서 '공부 다 했다'라고 생각해선 절대 안 된다. 반드시 '혼자 공부하는 시간'을 확보하고, 강의 내용을 정리하고 복습하고 직접 문제를 풀어봐야 한다.

인터넷으로든 학원에서든, 강의를 듣는 건 매우 수동적인 행위다. 인간은 본능적으로 쉽고 편안하면서도 만족감을 느낄 수 있는 방식을 택한다. 그러다 보니 그저 강의를 들으면서 '나는 열심히 공부하고 있어', '나는 오랫동안 공부하고 있어'라며 만족감에 빠진다. 하지만 이런 환상에 빠질수록 목표와는 점점 멀어질 수밖에 없다.

불안감에 휘둘리지 않는 방법

이제호 멘토는 왜 인강에 그토록 집착했을까를 되돌아보면서 남들이 하는 걸 자신도 해야 한다는 불안감이 바탕에 깔려 있었다고 말한다.

"성적이 만족스러운 편이 아니다 보니까 다른 애들처럼 인강도 듣고, 친구들이 보는 문제집도 보고, 공부 잘하는 친구처럼 노트 정리도 해야 할 것 같다는 불안감이 마음속에 늘 있었습니다. 하지만 사람마다 현재 공부 상태, 즉 출발선이 다르잖아요. 역량도 다르고, 성격도 다 다릅니다. 그러니 남들이 하는 것만 좇다 보면, 불안감은 해소될지 몰라도 정작 내 실력은 나아지지 않을 수도 있습니다."

그는 불안감을 해소하려 하기보다는 자신의 목표가 무엇인지, 그에 따라 내가 해야 할 것이 무엇인지를 매우 전략적이고 신중하게 결정해야 한다고 말한다.

수능을 앞둔 당시, 그는 수학만큼이나 국어에서도 불안감을 느꼈다. 모의고사 때마다 등급이 1등급에서 3등급을 오가며 불안정했기 때문이다. 막판 '파이널' 강의를 들어야 할지, 아니면 다른 친구들이 보는 새로운 문제집을 풀어야 할지 불안감을 느꼈다.

하지만 그는 남들이 하는 방식을 따르기보다는 자신의 약점과 주어진 시간을 고려하여 '반복하는 오답'을 최소화하는 걸 목표로 삼고 그에 최적화된 전략을 세웠다. 주로 틀리는 문제들의 유형을 선택해서 집중적으로 풀고, 오답을 도출하기까지의 사고 과정을 직접 적어보며 역추적해 오답의 원인을 찾아냈다. 막연히 다른 사람들이 하는 방법을 따르기보다는 자신의 취약점을 명확히 분석한 뒤 그 취약점을 메우는 데 대부분의 시간과 에너지를 투자한 것이다.

그는 로스쿨에서 공부하던 시절에도 비슷한 일이 있었다고 말한다. 변호사 시험을 반년 남긴 6월, 시험 대비 모의고사에서 매우 낮은 점수를 받았다. 특히 객관식 문제들이 '문제'였다. 급한 마음에 다른 학생들이 보통 하는 것처럼 내용이 요약된 핸드북을 여러 번 속독했다. '눈에 바르면 어떻게든 되겠지' 하는 생각이었다.

하지만 그렇게 치른 8월 모의고사에서는 6월 모의고사 때보다 객관식 문제 20개 이상을 더 틀려 '반타작'에 가까운 점수가 나왔다. 3년 동안의 로스쿨 생활이 객관식 문제 때문에 물거품이 될 수도 있었다. 이때도 처음엔 다른 친구들처럼 인강을 들을지, 아니면 교재를 다시 정독해서 노트 정리를 할지 등의 방법을 고민했다. 하지만 남들이 하는 방식을 따라 했다가 시험 성적이 더 떨어진 경험을 이미 해본 터라, 고민 끝에 세 가지 기준으로 남은 기간의 공부 전략을 수립했다. 세 가지 기준이란 바로 자신의 현재 공부 상태, 성향, 최종 목표였다.

변호사 시험에서는 목표가 만점이 아니라 '합격'이었고, 시험까지 남은 시간이 객관식 문제를 모두 맞힐 정도로 공부하기에는 턱없이 부족했다. 그래서 못 푸는 문제 몇 개를 포기하되, 맞힐 수 있는 걸 확실히 풀자는 목표를 세웠다. 그렇게만 해도 충분히 합격권에 들 수 있었다. 또한 평소 자신의 읽는 속도와 푸는 속도가 비교적 느리다는 사실을 발견한 뒤, 새로운 걸 많이 보기보다는 하나를 여러 번 보는 방식을 취해야겠다는 결론을 내렸다. 그리고 직전 몇 개 연도의 기출문제를 깊이 있게 공부했다.

그의 전략은 적중했다. 10월 모의고사에서는 8월보다 30개 정도의 객관식 문제를 더 맞혔고, 실제 변호사 시험에서는 40개 이상을 더 맞혔다.

"성적 상승을 원하는 학생들이 흔히 범하는 또 다른 오류 중 하나가 이미 성적이 좋은 학생들이 하는 모든 것을 따라 하려고 한다는 것입니다. 하지만 그 친구와는 채워진 공부량도 다르고, 기본 실력도 다릅니다. 그 친구들이 하는 걸 무조건 다 해야 한다는 불안감을 버리고, 진짜 나에게 필요한 것에 집중해야 합니다."

_ 완벽에 대한 집착을 버린다

마지막으로, 그는 불안감이라는 감정의 연장선에 모든 것을 완벽하게 하고 싶다는 지나친 욕심의 감정이 있다면서 그것을 버려야 진짜 목표를 이룰 수 있다고 조언한다.

"시간이 부족할수록 '무엇을 더 할지'가 아니라 '무엇을 하지 않을지'를 고민해야 합니다. 투입한 노력과 시간 대비 성적 상승의 정도를 따져 선택과 집중 전략을 써야 합니다."

실제로 그는 고3 9월 모의고사를 치른 뒤, 목표를 다시 설정했다. 우선, 자신의 목표는 수능 만점이나 '올 1등급'이 아니라는 점을 분명히 했다. 그 정도 성적을 받지 않아도 자신이 가고 싶은 학과에 합격할 수 있었기 때문이다. 현실적으로도 남은 두 달 동안 평균 3~4등급인 성적을 모두 1등급으로 올리기는 쉽지 않은 일이었다. 그래서 기존에 강점이었던 국어와 영어에서 반드시 1등급을 받고 수학에서 3등급, 나머지 탐구 과목에서 1~2등급을 받겠다는 목표를 세웠다.

이런 목표를 바탕으로 그는 철저히 전략적으로 공부해나갔다. 수학에서는 21번과 30번 같은 고난도 문제는 포기하고, 나머지 중난도 이하의 모든 문제를 맞히겠다는 목표를 세웠다. 국어와 영어, 탐구도 각각 목표에 맞는 전략을 수립했다. 그렇게 두 달을 공부한 끝에 수능에서 자신의 목표에 정확히 들어맞는 등급을 받았고, 서울대 산업인력개발학과와 고려대 식품공학과에 정시전형으로 합격했다.

"로스쿨을 다니면서 포기를 못 해서 시험을 못 본 사례를 많이 봤습니다. 이 강의도 들어야 할 것 같고, 이 교재도 봐야 할 것 같고, 저 문제집도 풀어야 할 것 같고. 그러다 보니 정작 아무것도 제대로 못하게 되죠. 이것저것 다 해야 할 것 같다는 불안감, 거기에 욕심이 더해져 목표를 이루는 데 장애물이 된 겁니다."

그는 불안감과 욕심을 버리기 위해서는 목표를 분명히 해야 한다고 강조한다.

"제가 만점이나 올 1등급을 목표로 했다면, 수능을 오히려 더 못 봤을 겁니다. 하지만 저는 제가 세운 목표에 만족했고, 그랬기에 주어진 시간 동안 포기할 것은 포기하고 해야 할 것에만 집중했습니다."

그의 말처럼 내신이든 수능이든 만점을 받는 게 목표라면 모든 것을 완벽히 해야 한다. 하지만 현재 3등급인 학생이 1등급을 받는 게 목표라면, 목표가 만점일 때와는 다른 전략이 필요하다. 시험까지 남은 시간이 부족하다면 더더욱 그렇다. 남은 시간을 고려치 않고 비현실적인 목표를 세워 실패하는 것보다 최대한 현실적인 목표를 세워 달성하는 것이 더 현명하다. 또한 과목별로도 1등급, 2등급을 노리는 과목을 나누는 등 상황에 맞는 목표를 세워야 한다.

최적화된 공부 전략은 무엇을 더 할지가 아니라 무엇을 하지 않을지 고민할 때 나온다.

마지막으로 그는 한 가지를 강조한다.

"책을 통해 누군가가 5등급에서 한두 달 만에 1등급을 찍는 걸 봤다고 해서 그 방법을 맹목적으로 따라 해서는 결코 안 됩니다. 그 사람의 현재 공부 수준, 성격, 심지어는 잠재력조차 자신과 다를 수 있습니다. 책 내용을 참고하되, 자신을 객관적으로 관찰하고 철저히 분석한 뒤 자신에게 맞는 방법을 찾기 위해 노력하세요. 자신의 수준에 맞는 방법을 찾아야만 성적이 오를 수 있습니다."

다시 한번 말하지만 목표를 이루기 위해서는 과도한 욕심이나 불안감, 껍데기뿐인 만족감 같은 '감정'을 채우는 것이 아니라 진짜 '목표'에 집중해야 한다.

Check List

- ☐ 학원 수업이나 인강을 듣고 나면, 반드시 그 정도의 시간만큼은 혼자서 복습한다.
- ☐ 과목별로 각각의 목표를 세우고, 그에 최적화된 전략 1~2개를 수립한다.
- ☐ 현재 하고 있는 공부 중에서 필수적이지 않은 것은 없는지 되돌아보고, 중요한 것에 집중한다.

03

초고속 상승을 부르는 압축 공부 로드맵

많은 학생이 공부를 하는 순간에도 '이렇게 하는 게 맞는 걸까? 이렇게 하면 원하는 점수를 받을 수 있을까?' 하는 의심에 빠진다. 특히 시간이 얼마 없는데 해야 할 건 많은 상황이라면 더더욱 그렇다. 그럴수록 길을 우회하지 않고 최대한 빠르게 갈 수 있는 방법을 찾아야 한다. 그러려면 어떤 상황에도 흔들리지 않고 정면만 보고 뛰어갈 수 있는 나만의 트랙이 필요하다. 그리고 그 트랙은 출발지와 목적지를 잇는 가장 빠른 길, 즉 직선이어야 한다.

이영진 멘토는 고등학교 2학년 때까지만 해도 입시 미술을 준비하던 예비 미대생이었다. 그런데 고등학교 2학년 때 모의고사 6등급이었던 수학 성적을 1년 만에 1등급으로 끌어올려 연세대 간호학과에 합격했다.

그녀는 지도 위에 자기만의 최단 압축 공부 로드맵road map(어떤 일을 추진하기 위해 필요한 목표, 기준 등을 담아 만든 종합적인 계획)을 그리고, 시간 내에 트랙을 완주할 수 있다면 성적 급상승은 가능하다고 말한다.

"시간이 부족하다 보니까, 시행착오를 겪거나 중요하지 않은 것에 시간을 낭비할 여유조차 없었습니다. 시간을 아끼기 위해 나에게 가장 필요한 것들로 구성된 1년, 6개월, 3개월 단위의 공부 로드맵이 필요했어요."

_ 플래너를 쓰기 시작하다

어릴 적부터 이영진 멘토는 수학에 자신이 없었다. 그래서 수학 대신 사회 과목을 선택할 수 있는 미술 입시를 준비했고, 그러다 보니 수학과 담을 쌓고 살았다. 내신 성적은 말할 것도 없고, 모의고사에서도 수학은 늘 6~7등급대의 성적을 받았다.

그러던 어느 날, 미술 입시를 함께 준비하던 한 친구가 "컵라면만 먹고 살아도, 미술만 할 수 있으면 행복할 것 같아"라고 했다. 친구의 말을 듣고, 문득 의문이 들었다. '나도 그런가?' 고민 끝에 자신은 그렇지 않다는 생각이 들었다. 대학에 가서 다른 공부를 하고 싶다는 생각이 들었다. 이 일을 계기로 그녀는 처음으로 수학 공부를 해야겠다고 마음먹었다.

고등학교 2학년 후반부, 중학교 과정부터 수학 공부를 시작했다. 두 달 동안 교과서와 기본 참고서로 중학교 과정을 마치고, 인강을 들으면서 고등학교 과정으로 진입했다. 그런데 처음엔 문제집을 풀면 70퍼센트 이상을 틀렸다. 수학 문제집을 풀면서 하루에도 몇 번씩 마음에 상처를 입었다. '수학 공부를 처음 시작할 때는 다들 많이 틀린다'라는 인강 강사의 위로를 들으며 하루에도 몇 번이고 멘탈을 다잡으며 공부해나갔다.

그러던 중 우연히 어머니의 소개로 한 대학생 멘토 선생님을 만났다. 한 달 정도 과외를 받았는데, 그 선생님은 공부를 처음 시작하는 그녀에게 플래너를 써볼 것을 권했다. 그때까지만 해도 그녀는 급한 마음에 그저 눈에 잡히는 대로 공부해왔다.

"플래너를 쓰기 전에는 공부를 하면서도 기분이 왔다 갔다 했습니다. 기분이 좋을 때는 수학 공부를 했지만, 기분이 나쁠 때는 수학 대신 제가 좋아하고 잘하는 과목만 공부했어요. 하지만 성적이 낮으니까 기분이 좋지 않은 날이 더 많았죠. 그러다 보니 수학 공부의 절대량이 부족했습니다."

선생님은 그녀에게 시간이 급할수록 최대한 효율적인 전략과 계획을 세워야만 더 빠르게 목표를 이룰 수 있다고 조언해주었다. 4주에 걸쳐 그는 이영진 멘토에게 플래너를 활용해 효율적인 전략과 계획을 세우는 법을 알려주었다.

선생님이 조언해준 플래너 활용 방법은 간단했다. 처음 일주일 동안은 실제로 공부한 시간을 쓰고, 시간대별로 무엇을 했는지 기록한다. 스톱워치로 오늘 어떤 과목을 얼마나 공부했는지 정확히 재고, 어떤 교재를 얼마만큼 공부했는지 분량을 기록하는 것이다. 그녀는 반신반의하는 마음으로 일주일 동안 플래너를 작성했다.

"쓰다 보니까 꽤 재미있더라고요. 하루 이틀 써나가면서 내가 뭘 했는지를 파악하는 것만으로도 즐거웠습니다. 생각보다 열심히 했을 때, 공부한 시간과 양을 보면서 보람을 느낄 수 있었습니다."

하지만 지금 와서 돌이켜보면, 그 멘토 선생님의 목표는 따로 있었다. 그는 제자가 자신의 능력, 예를 들어 어떤 교재를 얼마큼 공부하는 데 시간이 얼마나 소요되는지, 하루에 보통 어느 정도를 공부할 수 있는지 등을 스스로 파악할 수 있게 한 것이었다.

_ 1년 만에 다섯 등급이 오르다

두 번째 주가 시작되자, 멘토 선생님은 하루 공부를 시작하기 전에 무슨 공부를 할지 계획을 써보라고 조언했다. 그는 계획을 세울 때 한 가지 조건을 꼭 지키라고 말했다. 바로 전체 공부 시간의 절반 이상을 그녀의 취약 과목인 수학에 쓰는 것이었다.

썩 좋아하지도 않고 자신도 없는 수학 공부에 많은 시간을 쏟는다는 게 처음엔 쉽지 않았다. 공부를 시작한 지 20~30분도 안 지났는데 문제집을 몇 번이나 덮곤 했다. 하지만 일주일만 버티자는 마음으로 수학 공부에 적응해나갔다. 그렇게 나흘쯤 지나고 나니, 첫날에 비해 수학을 멀리하는 마음이 점점 작아졌다. 그리고 이 순간을 헤쳐나가지 않으면 대학에 갈 수 없다는 절실함이 들었다. 처음엔 20퍼센트도 안 되던 수학 공부 시간이 일주일이 지나자 절반 이상으로 늘어났다.

그런데 어느 정도 공부하다 보니 나름의 성취감은 느껴졌지만, 오히려 불안감이 커졌다.

"1년밖에 남지 않았는데 올려야 할 등급은 너무 높았어요. 시간이 부족했습니다. 공부를 하면 할수록 내가 모르는 것, 해야 할 것이 많다는 걸 알게 됐습니다. 그 생각이 들 때마다 무서웠고, '이렇게 공부하다가 수능 날이 되면 어떡하지?' 하는 두려움이 들었습니다."

멘토 선생님은 그런 두려움과 의심을 해소하기 위해서는 남은 수험 기간 전체를 아우르는 장기 로드맵이 필요하다고 조언했다. 남은 1년의 시간 동안 어떤 인강을 듣고, 어떻게 복습하고, 어떤 문제집을 풀고, 틀린 문제는 어떻게 할 것인지 등과 같은 장기적인 전략을 수립해야 한다고 말했다.

그녀는 로드맵의 필요성에 대해 이렇게 말한다.

"시간이 없으니까 나에게 더 잘 맞는 강의와 문제집을 찾아야 했습니다. 그렇게 해야만 주어진 시간 동안 최소한 봐야 할 걸 다 볼 수 있었습니다. 시간이 부족할수록 나에게 우선순위가 높은 것들부터 철저하게 해나가야 합니다. 장기적인 로드맵을 세워서 가장 빠른 길을 찾아야 합니다."

_ 압축 공부의 큰 그림을 그리는 법

그렇게 2주간 멘토 선생님에게 조언을 구하고, 학교 선생님과 수학 잘하는 친구들의 조언을 얻어 이후 1년간의 큰 그림, 즉 로드맵을 그리는 데 몰두했다.

멘토 선생님은 그녀에게 장기 로드맵을 만들 때 다음과 같은 4단계 프로세스를 따르라고 안내해주었다.

1. 전체 기간에 해야 할 총량을 파악한다.
2. 파악한 총량을 바탕으로 장기 로드맵을 1년, 6개월, 3개월, 1개월 단위로 세분화한 계획을 세운다.
3. 계획의 실천 여부를 지속적으로 점검한다.
4. 필요하다면 로드맵과 계획을 과감히 수정한다.

먼저 그녀는 멘토 선생님의 조언을 따라 전체 기간에 공부해야 할 총량을 파악했다. 총량이란, 예컨대 시험 기간이 1년 남았다고 할 때 1년 동안 볼 강의, 교재, 문제집 등의 종류와 양을 말한다.

먼저, 어떤 강의를 듣고 어떤 교재를 볼 것인가? 그녀는 강의나 교재, 문제집을 고를 때 크게 '필수교재, 기본교재, 보완교재'라는 세 가지의 기준이 있다고 조언한다.

- 필수교재: 내 의지와 무관하게 제도적 · 정책적으로 반드시 봐야 하는 교재. 예를 들면 EBS 『수능특강』과 『수능완성』, 평가원 『기출문제집』 등(내신 시험이라면 교과서, 선생님이 주신 프린트물, 학교에서 사용하는 부교재 등이 있다).
- 기본교재: 기본역량을 키우기 위해 대다수의 학생이 보는 교재. 예를 들면 『수학의 정석』, 『개념원리』, 인강 등이 있다.
- 보완교재: 나의 약점을 보완하기 위해 따로 선택하여 보는 교재. 필수교재, 기본교재 외에 추가로 보는 참고서나 문제집이 여기에 해당한다. 기본교재와 어느 정도 겹칠 수 있다.

그녀는 전체 시험 기간에 '필수교재, 기본교재, 보완교재'를 적절히 배분하여 봐야 한다고 말한다. 그녀는 크게 1:1:1의 비율로 각 교재에 시간을 투자했다. 내 의지와 무관하게 교재 자체가 일종의 시험 범위가 되는 교재인 '필수교재', 기본기를 키우는 데 필요한 '기본교재', 나의 취약한 부분을 보완하는 데 필요한 '보완교재'를 각각 1권씩 선택해 전체 수학 공부 시간의 3분의 1 정도씩을 투자하여 공부했다. 그중 인강은 기본교재와 보완교재에 투자하기로 한 시간에 적절히 배정해 활용했다.

이런 방식으로 그녀는 수능 때까지 볼 교재의 권수와 종류를 정하고, 총량을 파악했다. 그렇게 해보니 교재와 문제집이 10여 권임을 알 수 있었다. 봐야 할 교재의 양과 종류가 정해진 뒤에는 세부적인 총량을 파악했다. 교재별로 총 몇 단원이 있고, 문제집마다 얼마큼의 문제가 있는지를 파악한 뒤 각각의 교재를 공부하는 데 걸리는 시간을 파악했다. 그런 다음에는 전체 기간에 어떤 교재부터 공부해나갈지 순서를 정했다.

그녀는 순서의 기준에 대해 다음과 같이 조언한다.

"로드맵을 세운 직후에는 기본 실력을 기를 수 있는 교재부터 봐야 합니다. 그리고 시간이 오래 걸리는 교재부터 먼저 공부해야 합니다. 이후 시간이 지나면서 교재의 난도를 높여가는 것이 좋습니다. 특히 처음에는 자신의 취약점을 파악하기 어렵기 때문에 최대한 빨리 전체적인 진도를 끝내고, 그 과정에서 취약점을 파악해 이를 보완할 수 있는 교재를 보는 것이 효율적입니다."

마지막으로, 앞서 파악한 교재별 소요 시간을 바탕으로 6개월, 3개월, 1개월 단위로 끝내야 할 교재의 범위를 정하고 나면 전체적인 장기 로드맵이 완성된다. 특히 분기별로 끝낼 범위를 정할 때는 실제로 특정 시간 동안 얼마만큼의 분량을 공부할 수 있는지 측정한 뒤, 파악된 현실적인 능력에 기반을 두어야 한다.

"실력이 부족할수록 욕심이 앞서서 현실적으로 공부할 수 없는 분량을 계획에 끼워 넣기 쉽습니다. 하지만 달성할 수 없는 로드맵은 있으나 마나 한 것입니다. 어차피 실천이 되지 않으니까요. 반드시 자신의 현실적인 능력을 파악한 뒤에, 이를 바탕으로 계획을 수립해야 합니다."

이와 같은 과정을 거쳐 그녀는 고등학교 3학년 3월에 수학을 비롯한 모든 과목의 최종적인 공부 로드맵을 완성했다. 일테면 '3~4월에는 A · B · C 교재를 어디까지 공부하고, 4~5월에는 D · E · F 교재를 어디까지 공부한다' 하는 식으로 6개월, 3개월, 1개월 단위로 봐야 할 교재와 끝내야 할 범위가 정해졌다.

_ 로드맵이 가져다준 두 가지 마인드 변화

그녀는 로드맵을 짜는 과정이 생각보다 재미있었다고 말한다.

"처음에는 어려웠지만, 로드맵을 짜다 보니 상상력이 시험 기간에서 끝나는 게 아니라 이미 목표를 이루고 난 뒤의 결과로까지 이어졌습니다. 로드맵을 짜면 짤수록 목표를 생생하게 그려볼 수 있었고, 목표한 대학에 가 있는 상상을 할 수 있었습니다."

그녀는 시험 기간에 공부해야 할 총량을 파악하고 장기 로드맵을 세우자, 마음가짐 자체가 달라졌다고 말한다.

"예전에는 뭘 공부할지를 그날그날 정하는 식이었다면, 로드맵을 세우고 난 뒤에는 이미 내가 해야 할 것들이 모두 정해져 있었습니다. 우선, '공부해야 하는 게 아주 많구나'라는 절박함이 느껴졌어요. 그리고 로드맵을 통해 오늘, 이번 주 분량의 공부를 끝내야만 전체적인 목표를 달성할 수 있다는 걸 직접 눈으로 확인하게 됐습니다."

해야 할 것을 모두 파악하는 것만으로도 공부하는 시간이 크게 늘었다. 예전에는 하루에 3시간 미만이었던 자습시간이 6~7시간으로 늘었다. 거시적인 관점에서 총량을 파악한 결과였다. 잠은 포기할 수 없었기에 아예 아침과 저녁을 거르고 그 시간에도 공부했다.

"당시 기숙사에 살았는데, 아침 점호를 한 후 애들이 씻으러 갈 때 저는 씻지 않고 그 시간에 인강을 들었습니다. 애들이 아침을 먹으러 가면 빈 샤워실에서 얼른 씻고 돌아와 다시 공부했습니다. 로드맵에 따라 정한 분량을 어떻게든 해내야 한다는 마음을 가지니, 억지로 노력하지 않아도 그렇게 하게 되더라고요."

로드맵을 세우고 난 뒤, 또 한 가지 변화가 있었다. 예전에는 공부를 하면서 '이렇게 해도 성적이 오를까?' 하는 의심을 떨칠 수가 없었다. 그런데 로드맵을 짠 뒤에는 해야 할 것이 많다는 절박함은 컸지만, 이것만 어떻게든 해내면 원하는 만큼 성적 상승을 이룰 수 있다는 확신을 갖게 됐다.

분량에 대한 욕심을 버려라

앞서 말한 것처럼 그녀는 장기 로드맵을 토대로 6개월, 3개월, 1개월 그리고 주 단위의 계획을 세웠다. 그녀는 계획의 지속 가능성을 높이기 위해서는 적절한 유연함이 필요하다고 말한다. 계획을 세울 때 시간을 기준으로 한 계획과 분량을 기준으로 한 계획을 적절히 혼합해야 한다는 조언이다.

"로드맵을 짜다 보면, 기간 내에 끝내야 하는 교재와 범위가 생기게 됩니다. 하지만 분량을 끝내는 것에만 너무 집중하다 보면 오히려 수박 겉핥기식의 공부가 될 가능성이 있습니다. 분량을 끝내는 것보다 '제대로' 이해하고 공부하는 것이 더 중요한 교재라면, 분량보다는 시간을 기준으로 계획을 세우는 것이 좋습니다."

예를 들어 그녀는 1학기에 치른 몇 번의 모의고사에서 다른 부분에서는 점수를 많이 높였지만, 이른바 '킬러 문제(고난도 문항)'라 불리는 21번, 29번, 30번 문제에서는 어김없이 쓴맛을 봐야 했다. 그래서 킬러 문제에 대비하는 교재를 공부할 때만큼은 분량을 끝내는 것보다 제대로 공부하는 것에 더 우선순위를 뒀다.

"처음에는 분량을 끝내는 것에만 집착하면서 고난도 문제들을 답지만 보고 제대로 이해하지도 못한 채 넘어간 적이 많았습니다. 그래서 여름방학 때부터는 고난도 문항을 공부할 때만큼은 몇 쪽부터 몇 쪽이 아니라 '100분을 채우자'라는 식으로 시간을 기준으로 계획을 세웠습니다."

그렇게 시간을 기준으로 계획을 세우자, 한 문제를 풀 때 1~2시간을 들이더라도 고민 끝에 마침내 답을 찾아내는 문제들이 생겨났다. 분량에 대한 집착을 버리자 최소한 그때만큼은 시간에 쫓기지 않고 마음껏 고민하면서 사고력을 길러나갈 수 있었다.

그렇게 공부해나가자 성적이 날개 돋친 듯 오르기 시작했다. 한때 6~7등급이었던 수학 성적이 3학년이 되자 2~3등급대까지 올랐다. 6월 모의고사에서도 수학은 3등급을 받았다. 2~3등급대를 오가던 다른 과목들도 점점 1~2등급대로 올랐다.

_ 계획 변경을 주저하지 마라

모의고사를 치르면서 그녀는 자신의 취약점을 발견했다. 그리고 공부를 해나가면서 '좋은 문제'와 '나쁜 문제'를 구분하는 안목도 생겼다. 이에 따라 장기 로드맵을 상황에 맞춰 조금씩 수정해나갔다.

"저는 문제집을 되게 잘 버렸어요. 좋은 문제집은 문제를 풀다 보면 풀기 전에 비해 무엇이 나아졌는지 느껴집니다. 그런데 나쁜 문제집은 그게 느껴지지 않아요. 그러면 그 문제집을 과감히 버리고, 더 나은 문제집으로 대체했습니다."

인강도 마찬가지였다. 시간이 부족했기 때문에 크게 도움이 되지 않는 강의를 들으며 시간을 낭비할 여유가 없었다. 도움이 되지 않는 강의와 필요 없는 교재를 '버리는' 과정을 통해 로드맵을 새로 수정하고 또 수정했다.

"중간중간에 새로운 취약점이 나오면 필요한 교재를 추가하고, 아니다 싶으면 과감히 버릴 줄 아는 지혜가 필요합니다. 그래야만 주어진 시간 내에 최상의 성과를 낼 수 있습니다."

그녀는 수험생 후배들에게 계획을 세울 때 수정하는 것을 주저하지 말라고 조언한다. 계획은 언제든 수정할 수 있고, 또 그래야만 한다는 것이다.

마지막으로 그녀는 스스로 세운 계획이 좋은 로드맵인지 파악하기 위해서 실제 성적 상승 그래프를 그려보라고 조언한다. 공부를 제대로 시작하고 나서 성적이 전반적으로 상승 그래프를 그리고 있다면 좋은 로드맵이다. 그녀는 고3을 시작하면서 치른 모의고사 점수와 백분위를 매번 기록하여 그래프를 만들었다. 성적 상승률을 보면서 자신의 로드맵에 더욱 확신을 가질 수 있었다.

그 확신은 최종적인 성과로 나타났다. 9월 모의고사에서 한국지리를 제외한 모든 과목에서 1등급을 받았다. 이후 수능에서 사회문화를 제외한 모든 과목에서 1등급을 받아 연세대학교에 정시전형으로 합격했다. 한때 수학 6~7등급을 맴돌던 그녀가 압축 공부를 통해 1년 만에 거둔 성과였다.

"로드맵을 그려 확신 속에 공부할 수 없었다면 결코 이룰 수 없는 성적 상승이었습니다. 내가 가야 할 곳이 명확하고 어떻게 가야 할지가 선명해야만, 주어진 시간 내에 그곳에 도착할 수 있습니다."

조금 귀찮고 어렵더라도 반드시 중장기 로드맵을 그리고 공부를 시작하자. 확신을 줄 수 있는 로드맵만 있다면, 그리고 그것을 어떻게든 실천해낸다면 성적 급상승은 반드시 이루어진다.

Check List

- □ 1년, 6개월, 3개월, 1개월 단위로 구성된 공부 로드맵을 만든다.
- □ 시험 기간에 봐야 할 교재들을 '필수교재, 기본교재, 보완교재'로 나누어 각각 정한다.
- □ 교재 일부를 직접 공부하면서 소요 시간을 측정한 뒤, 교재별 전체 소요 시간을 예측한다.

04

심플하지만 단단한 루틴을 만들어라

전작 『공부 마스터 플랜』에 등장한 많은 마스터 중에서 김용기 멘토는 단연 독보적인 압축 공부의 산증인이다. 그는 일반 인문계 고등학교에 '턱걸이'로 합격했고, 고등학교 2학년 말에 치른 모의고사에서 400점 만점에 200점대 초반의 점수를 받았다. 하지만 2년 만에 수능 전 과목 1등급을 받아 서울대 지리학과에 합격했다. 전작에서 그의 공부 비결을 '멘토와 라이벌을 통한 성장'이라고 소개했는데, 이번에는 그의 성적 급상승 비결을 좀더 구체적으로 소개하고자 한다.

그는 성적이 잘 나오지 않는 학생들일수록 성적 상승을 이루고자 할 때 '단순한' 공부 패턴을 만들라고 조언한다.

"수험 생활을 하는 동안 저는 시간대별로 어떤 공부를 어떻게 하는지가 항상 똑같았습니다. 성적이 낮아 무엇을 어떻게 해야 할지 막막한 사람일수록 공부 시간표와 계획을 최대한 단순하게 만들어야 합니다. 처음부터 계획을 너무 복잡하게 짜면 실천을 하기가 어렵습니다. 성적 급상승을 원하는 초보자는 '심플하지만, 필요한 것은 다 들어가 있는 계획'을 세워야 합니다."

앞서 다른 멘토들은 시험 때까지 주어진 전체 기간에 무엇을, 어떻게 공부할지 전략과 계획에 대한 조언을 해주었다. 지금부터 소개할 김용기 멘토는 매일의 공부 시간을 어떤 방식으로 채울 것인지에 대해 조언한다.

_ 단순함의 미학이 필요하다

김용기 멘토는 고2 겨울방학 때 공부를 처음 시작했다. 11월에 치른 모의고사에서 7~8등급대의 성적을 받아 4년제 대학 진학이 어렵다는 선생님의 말씀을 들었다. 그에 자극받아 마음을 굳게 먹고 공부를 시작했다.

하지만 압축 공부의 여정에는 수많은 난관이 그를 기다리고 있었다. 먼저, 공부를 제대로 해본 적이 없는 터라 '무엇을, 어떻게' 해야 할지 막막했다. 선배들을 무작정 찾아다니며 무엇을 해야 하는지 알려달라고 졸랐다. 다행히 선배들이 자신의 경험을 들려주었고, 어떤 교재로 어떻게 공부해야 하는지를 하나둘씩 배웠다.

하지만 그것만으로는 충분치 않았다. 선배들이 알려준 방법을 실천으로 옮기고 싶어도, 그 교재들을 '어떤 순서로, 어떻게, 얼마만큼' 공부해야 하는지 감을 잡을 수가 없었다. 아침부터 저녁까지 책상에 앉아 있긴 했지만, 뭔가 나아지는 느낌이 들지 않았다. 벌써 3월 신학기가 다가오고 있었으나 하릴없이 시간만 흘려보내고 있었다.

근본적인 개선이 필요했다. 그래서 그는 다시 선배들을 쫓아다니며 공부 계획은 어떻게 세워야 하는지, 어떻게 실천으로 옮겨야 하는지를 조목조목 질문했다. 고려대학교에 합격한 한 선배가 그의 전체적인 상황을 듣고 나서 두 가지만 기억하라고 조언해주었다.

'단순한 계획을 만들고, 그것을 바탕으로 기본 실력 키우기에 집중할 것.'

그 선배는 그 외의 것들에는 신경을 꺼야 한다고 말했다. 수능이 1년밖에 남지 않았기 때문에 김용기 멘토의 머릿속에는 해야 할 것이 너무나도 많았다. 이것도 해야 할 것 같고, 저것도 해야 할 것 같아 불안하기만 했다. 하지만 선배는 모든 것을 한 번에 끝내려고 하지 말라고 조언했다. 그렇게 할 수도 없을뿐더러 너무 많은 것을 계획하면 결국 아무것도 실천할 수 없게 된다고 말했다.

공부를 제대로 해본 적이 없었던 그에게 가장 필요한 것은 기본 실력을 키우는 것이었다. 그러려면 '과목별로 가장 중요하고 긴급한 한두 가지의 공부'에 집중해야 했다.

"그때부터 저는 시간대별로 어떤 공부를 어떻게 하는지가 거의 매일 똑같았습니다. 공부하는 데 미숙한 사람은 고민을 많이 하게 됩니다. 내가 뭘 해야 할지가 명확하게 정해지고, '이게 끝나면 다음에는 저걸 한다'와 같이 패턴이 정해져야만 고민하지 않고 집중할 수 있습니다. 단, 계획은 헷갈리거나 복잡하지 않게 만들어야 합니다."

이처럼 그는 단순하지만 효과적인 루틴routine(판에 박은 업무나 절차)을 만들어, 그에 따라 해야 할 것을 '제대로' 하는 데 집중했다.

공부를 처음 시작하는 학생들은 대체로 의욕이 넘친 나머지 도저히 실천하기 어려운 거창한 계획을 수립하곤 한다. 게다가 계획을 짜는 데 너무 많은 에너지를 쏟는 바람에 정작 공부는 시작조차 못 하기도 한다. 성적 상승을 위해서는 치밀한 전략과 계획이 필요하지만, 자신이 실천할 수 있고 자신의 수준에 맞게 세우는 것이 가장 중요하다. 운동 초보자가 전문 트레이너의 운동 루틴을 따라 할 수 없는 것처럼, 공부 초보자가 전교 1등과 똑같이 하긴 어렵다. 이들에게 필요한 것은 세세하고 거창한 루틴이 아니라, 단순하지만 쉽게 실천할 수 있고 이를 통해 변화를 가져다줄 수 있는 루틴이다.

무엇을 해야 할지 막막하다면 요일별 · 시간대별로 어떤 과목을 공부할지 정하고, 시간대별로 기본기를 키우는 데 가장 중요한 두 가지 정도를 공부하겠다고 계획을 세워라. 단순한 루틴을 토대로 일단 공부를 해나가면서, 이를 바탕으로 전략과 계획을 점차 정교화하는 것이 더 현명하다.

공부의 가성비를 높이는 방법

김용기 멘토는 단순하지만 단단한 공부 루틴이 되기 위해서는 언제, 무엇을 할지가 명확히 정해져야 한다고 말한다. 그는 하루를 4개 단위로 나누어서 국어, 영어, 수학, 탐구 과목을 공부할 시간대를 정했다. 오전 3시간은 국어를 공부하고, 점심시간 전후로 4시간은 수학을 공부했다. 그리고 저녁을 먹기 전까지는 영어를 공부하고, 저녁을 먹고 난 후에는 탐구 과목을 공부하는 데 집중했다. 그는 이처럼 정해진 과목별 공부 시간대를 수능 시험 전날까지 지켜나갔다.

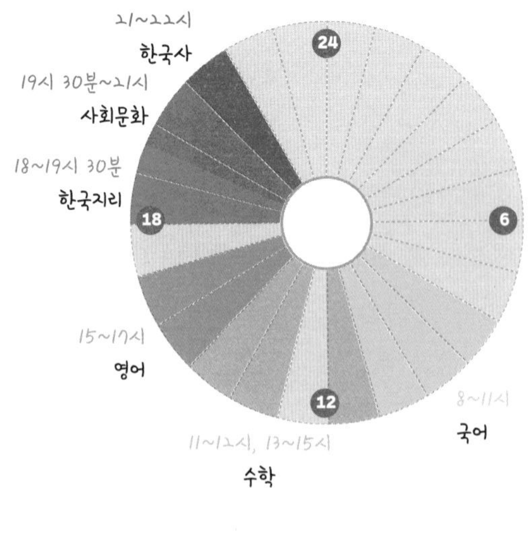

두 번째로 그는 과목별로 무엇을 할지 구체적으로 정하라고 조언한다. 시간대별로 큰 패턴이 정해졌다면, 이제는 패턴 안의 내용물을 채워야 한다. 여기서 중요한 것은 매일 하는 공부에 큰 변화가 없어야 한다는 것이다. 매번 다른 교재로 다른 내용을 공부하면 과녁을 맞히기가 힘들다. 너무 많은 것을 하려고 하기보다는 가장 도움이 되는 한두 가지만 실천하는 것이 좋다.

"예를 들어 국어 공부를 처음 시작하면서는 크게 두 가지만 하기로 했습니다. 독서 영역 독해가 많이 부족했기 때문에 『국어의 기술』이라는 책을 보고 독해 실력 키우기, 기출문제를 풀면서 국어의 전반적인 감 키우기. 한두 달 동안은 이 두 가지만 하기로 했습니다. 그래서 월 · 수 · 금요일에는 평가원의 역대 『기출문제집』을 풀고, 화 · 목 · 토요일에는 『국어의 기술』을 풀었습니다. 각각을 2시간씩 공부한 후 나머지 1시간은 풀었던 문제들을 다시 보면서 부족했던 점, 새로 깨달은 점 등을 노트에 정리하며 복습했습니다."

다른 과목도 마찬가지로 시간대별로 해야 할 일을 한두 가지 이내로 좁혔다. 단, 그 '한두 가지'를 정할 때는 매우 신중해야 한다. 자신에게 우선순위가 가장 앞서고 가성비가 높은 것, 즉 투자input 대비 성과output가 높은 것이어야 한다. 또한 자신의 약점과 문제점을 가장 잘 보완해줄 수 있는 교재, 강의 등이어야 한다.

그는 그렇게 정한 한두 가지를 다 끝내고 나면, 그다음으로 중요한 것을 다시 정해서 시간대별로 실천해나갔다.

나 또한 이 점을 힘주어 강조하고 싶다. 멘토링을 하다 보면, 공부를 처음 시작하는 학생들이 자주 빠지는 오류를 접하게 된다. 그중 한 가지가 한꺼번에 너무 많은 것을 하려고 한다는 것이다. 그러다 보니 제풀에 지쳐 결국 아무것도 이루지 못하는 예를 많이 봤다. 욕심과 조급함을 버리고 지금 나에게 가장 중요한 것, '도미노 효과'를 만들어낼 수 있는 것 한두 가지를 찾아 그것을 마스터하는 데 집중해야 한다.

게리 켈러는 베스트셀러 『원씽 THE ONE THING』에서 "탁월한 성과는 당신의 초점을 얼마나 좁힐 수 있느냐와 밀접하게 연결되어 있다"라고 말한다. 공부도 마찬가지다. 압축 공부는 자신의 초점을 얼마나 좁힐 수 있느냐가 관건이다. 아무것도 버릴 수 없다면 아무것도 가질 수 없다. 욕심과 조급함을 버리고, 가장 중요한 한두 가지에 집중하라(앞서 치밀한 전략과 계획을 강조했던 다른 멘토들 또한 마찬가지다. 그들이 구체적인 전략과 계획, 장기 로드맵 등을 만든 이유는 해야 할 것들을 잘게 쪼개서 최종적으로는 단계마다 중요한 한두 가지에 집중하기 위해서였다).

_ 고정 분량을 확실히 정한다

이렇게 했더니 계획을 달성하는 비율이 이전보다 몇 배로 올랐다. 단순한 루틴을 반복하다 보니 어느새 계획표를 보지 않아도 몸이 이미 지금 무엇을 해야 하는지를 기억했다.

하지만 또 다른 난관이 그를 가로막았다. 시간대별로 정해진 공부를 했는데, 진도가 조금씩 밀리고 있다는 사실을 발견한 것이다. 정확히 '얼마만큼' 할 것인지를 정하지 않았기 때문에 발생한 문제였다.

그때부터 그는 시간대별로 해내야 하는 고정 분량을 정했다. 엄밀히 말하면, 고정 분량을 정했다기보다는 '발견'했다는 표현이 더 맞는다고 할 수 있다. 예를 들어 내가 2시간 동안 수학 문제집을 푼다고 해보자. 나의 역량에 따라 2시간 동안 풀 수 있는 문제의 개수는 이미 대략 정해져 있다. 다른 과목을 공부할 때도 마찬가지다. 즉 과목별 · 항목별로 주어진 시간이 정해져 있다면, 그에 따라 그 시간 동안 해낼 수 있는 분량 역시 이미 정해져 있다는 얘기다.

그래서 그는 주어진 시간 동안 해낼 수 있는 분량의 평균값을 기준으로 삼아 매일의 공부를 점검했다. 만약 그 분량에 크게 못 미치는 공부를 했다면 집중을 하지 못한 것이므로, 왜 집중하지 못했는가에 대한 피드백이 필요하다. 아예 기준을 현실에 맞춰 새로 정하거나 루틴의 보완책을 마련해야 하는 것이다. 이렇게 따라가다 보면 내가 얼마만큼의 공부를 할 수 있고, 따라서 언제 이 교재를 마무리할 수 있는지가 나온다. 결과적으로 전체 시험 기간에 내가 할 수 있는 공부의 총량을 파악할 수 있으므로, 중간 분기점을 정해둘 수 있다.

이렇게 '언제, 무엇을, 얼마만큼' 할지 정해두는 것의 효과에 대해 김용기 멘토는 이렇게 말한다.

"가장 중요한 것은 이렇게 하면 무엇을 얼마나 해야 할지에 대한 고민이나 불안에 시간을 낭비하지 않아도 된다는 것입니다. 공부를 하면서 '이렇게 해도 되는 걸까?' 하고 의심할 필요 없이 지금 해내야 하는 것에 온전히 집중할 수 있으니까요."

김용기 멘토는 현역 수능에서 총점 150점 이상을 끌어올리고, 재수 수능에서 다시 50점 이상을 올려 서울대 지리학과에 합격했다.

페이스북의 창립자 마크 저커버그나 애플의 창립자 스티브 잡스는 매일 똑같은 옷을 입고 출근하는 것으로 유명하다. 마크 저커버그는 이렇게 매일 같은 옷을 입는 이유에 대해 "중요하지 않은 것에 신경 쓰는 에너지를 아껴 진짜 중요한 것에 쓰기 위해서"라고 말한다. 단순한 루틴을 만드는 이유도 마찬가지다. 매번 언제, 무엇을, 얼마나 공부할지 고민하다 보면 공부를 시작하기도 전에 지쳐버리기 십상이다. 심플하지만 단단한 루틴을 만들어두고 그것을 반복하라. 그렇게 해야 진짜 중요한 것, '제대로 공부하는 것'에만 집중할 수 있다.

Check List

- ☐ 가장 중요한 한두 가지를 정하고 시간대별 공부 루틴을 만든다.
- ☐ 요일별로 공부에 사용할 수 있는 시간을 정확히 파악한다.

05

의지가 아니라 상황을 바꿔야 한다

배우 설경구와 임시완이 주연을 맡은 영화 「불한당」에는 이런 대사가 나온다.

"사람을 믿지 마라. 상황을 믿어야지."

나는 이 대사가 성적 급상승을 바라는 학생들이 머릿속에 한 자 한 자 새겨넣어야 하는 말이라고 생각한다. 많은 학생이 공부는 '의지와 정신력'으로 하는 것이라 여긴다. 하지만 의지와 정신력을 믿고 해온 공부를 한번 되돌아보라. 얼마나 달라졌는가. 대학에 합격한 선배들의 모교 초청 강연을 듣고 유튜브에서 동기부여 영상을 보며 불탔던 의지도 일주일만 지나면 온데간데없이 사라지고 만다.

기본적으로 인간의 의지와 정신력은 그렇게 강하지 않다. 어느 순간에 불타오를 수는 있지만, 지속되기는 너무나도 어렵다. '작심삼일'

이라는 말이 괜히 생겨난 게 아니다. 불타는 의지가 대체로 3일을 넘기지 못하기 때문이다. 노력이란 '하는 것'이 아니라 '하게 되는 것'이며, 의지란 '가지는 것'이 아니라 '가지게 되는 것'이다.

그러므로 우리는 자신을 과도하게 믿어서는 안 된다. 공부를 꾸준히 해나가기 힘든 학생들에게 부족한 것은 '의지'가 아니라 지속 가능한 노력을 하게 하는 '상황'이다. 설경구의 대사처럼 우리는 의지가 아니라 상황을 믿어야 한다. 공부하게 하는 상황, 다른 곳에 한눈팔지 않고 공부에 집중할 수 있게 하는 상황을 만들어야 한다. 그런 상황을 스스로 설계하는 것이 시스템적 사고방식의 최종 단계라고 할 수 있다.

성적 급상승을 이뤄낸 멘토들은 의지보다 이처럼 상황을 만드는 데 노력을 기울였으며, 그 상황을 찾고 유지하는 데 탁월함을 보였다. 그랬기에 노력이 지속 가능했고, 그 결과로 성적 급상승이 따라왔다.

멘토들은 그 '상황'을 어떻게 찾아냈을까? 공부 장소, 사교육 활용법, 공부 방해 요소 대처법으로 나누어 살펴보자.

_ 어디서 공부해야 성적이 오를까

멘토링을 하다 보면, 의외로 많은 학생이 "공부를 어디서 하셨나요?"라는 질문을 한다. 하지만 안타깝게도, 나는 고교 시절 별다른 선택지가 없었기에 늘 학교 교실에서 공부했다. 내가 졸업한 고등학교는 기숙사 학교이면서 자율학습실이 따로 없었기 때문에 학생들이 다 같이 수업을 듣는 교실에서 '야자'를 했다. 그때는 그게 닭장에 갇힌 닭들 같아서 싫기도 했고, 여러 명의 친구들과 모여 있자니 다소 불편하기도 했다.

그런데 졸업 후, 교실에서 다 같이 공부했기 때문에 좋은 입시 성적을 거둘 수 있었다고 말하는 친구들을 어렵지 않게 볼 수 있었다. 다 같이 한곳에서 공부하다 보니 열심히 공부하는 서로의 모습에 자극을 받았고, 힘든 시험 기간에도 친구들과 함께 스트레스와 압박감을 이겨낼 수 있었다. 열린 공간에서 함께 공부하는 '상황'이 사실은 노력을 지속하게 한 중요한 요인이 된 것이다. 실제로 성적 급상승을 이뤄낸 멘토들뿐만 아니라 『공부 마스터 플랜』에서 인터뷰했던 서울대 합격자들 대부분이 그렇게 말했다. 학교 자습실이나 교실에서 공부할 때 가장 잘 집중할 수 있었다고 말이다.

하지만 교실에서 공부하는 것이 늘 좋은 것만은 아니었다. 다 함께 공부하다 보니 반 분위기가 어수선해지거나 흐트러지면 구성원 전체가 '폭주'하는 경우가 종종 있었다.

『성적 급상승의 비밀』이라는 책으로 베스트셀러 저자가 된 유상근 멘토는 한때 '문제아'로 부모님과 선생님의 속을 썩이던 학생이었다. 그러다가 뒤늦게 공부를 시작해 전교 200~300등대였던 성적을 수능 상위 0.1퍼센트까지 올려 서울대 영어영문학과에 전액 장학생으로 입학했다. 현재는 서울대에서 석사까지 마친 뒤, 미국에서 영문학 박사 과정을 밟고 있다. 그는 자신의 『성적 급상승의 비밀』에서 '어디서 공부할까? 학교 자습실 / 학원 자습실 / 독서실 / 집 선택의 알고리즘'이라는 제목으로 여러 가지 공부 공간의 장단점을 이렇게 정리했다.

먼저 학교 자습실의 장단점이다.

> 학원이나 독서실로 왔다 갔다 하는 시간을 줄일 수 있습니다. 아침부터 저녁까지 한자리에서 공부하다 보니 필요한 모든 책을 근처에 두고 필요할 때마다 찾아보기 쉽습니다. (……) 하지만 일반고의 경우 반 분위기에 따라 학교는 최고의 장소가 될 수 있는 반면 최악의 장소가 될 수도 있습니다. (……) 본인이 직접 가세해 소음의 주범이 된다면 공부는 물 건너갑니다. (……) 또 학원과 달리 자습 시간에 과목별 교사들이 상주하지 않으므로 모르는 것을 바로 질문할 수 없습니다.
>
> – 2012, 『성적 급상승의 비밀』, 유상근, 21세기북스, p. 276~277.

그의 말처럼 교실은 최고의 공간이 될 수도 있지만, 학교 분위기에 따라서는 최악의 공간이 될 수도 있다. 그런 점에서 그는 독서실이나 도서관이 가장 추천할 만한 공부 장소라고 조언한다.

독서실이나 도서관은 홀로 조용히 공부할 수 있다는 것이 가장 큰 장점입니다. 학교나 학원 자습실의 경우 늘 주위에 친구들이 존재하기 때문에 친구들과의 관계를 신경 쓰게 됩니다. (……) 반면에 독서실을 혼자 다니면 외롭긴 해도 친구 관계를 신경 쓰지 않아도 된다는 장점이 있습니다. 하지만 독서실도 친구들과 무리 지어 다니는 경우가 있는데, 이것은 최악의 선택이 되기 쉽습니다.

– 2012, 『성적 급상승의 비밀』, 유상근, 21세기북스, p. 278.

실제로 압축 공부에 성공한 많은 멘토가 학교 자습실 또는 교실만큼이나 많이 활용한 곳이 도서관 또는 독서실이었다. 많은 사람이 공부하는 모습을 볼 수 있는 도서관이나 독서실은 공부하게 하는 좋은 공간이 된다. 헬스장에서 운동할 때 더 큰 시너지를 낼 수 있는 것처럼, 다른 사람들과 함께 공부하는 상황에서 기본적으로 사람은 더 집중적으로 노력할 수 있다. 하지만 유상근 멘토의 말처럼 독서실이나 도서관이 친구들과의 '즐거운 추억'을 만드는 장소가 되어버리면, 가지 않느니만 못할 수도 있음을 늘 유의해야 한다.

유상근 멘토는 집에서 공부하는 것만큼은 별로 추천하지 않는다고 말한다.

공부라는 것은 일종의 긴장감을 요구합니다. 바로 옆에 침대나 컴퓨터가 보이는데, 긴장하고 공부하기는 쉽지 않습니다. (……) 집이

안 좋은 또 하나의 이유는 가족의 눈치를 보게 된다는 것입니다. 특히 본인 자신의 계획을 가지고 공부법을 우직하게 실천해나가는 학생들에게 부모님이 간섭하기 시작하면 공부 계획이 망가지고, 공부 의욕도 잃게 되는 최악의 경우가 발생할 수 있습니다.

– 2012, 『성적 급상승의 비밀』, 유상근, 21세기북스, p. 278.

어쩔 수 없이 집에서 공부하더라도 공부하는 공간과 쉬는 공간을 명확히 분리하라고 말한다.

집에서 공부하는 것이 편한 학생들은 자신이 늘 생활하는 방이 아니라 거실 또는 형제자매의 방에서 공부하는 것이 좋습니다.

– 2012, 『성적 급상승의 비밀』, 유상근, 21세기북스, p. 278.

실제로 여러 가지 불가피한 이유로 집에서 공부했던 많은 멘토 또한 이 원칙만큼은 반드시 지키기 위해 노력했다고 말했다.

유상근 멘토는 공부 장소를 꼭 한곳에 고정할 필요는 없다고 조언한다.

저는 고등학교 3학년 때 공부 장소를 한곳에 고정하지 않았습니다. 한 장소에서 오래 공부하게 될 경우 매너리즘에 빠져 나태해지는 것을 느꼈기 때문입니다. (……) 그렇게 저는 '학교 교실 → 학교

도서관 → 학원 자습실 → 독서실 → 도서관 → 집'의 순서로 매달 장소를 옮겨 다니며 공부를 했습니다. 여러분의 사정이 허락하는 한에서 장소를 옮기는 것을 권합니다.

– 2012, 『성적 급상승의 비밀』, 유상근, 21세기북스, p. 279.

그가 했던 것처럼 반드시 장소를 바꿀 필요는 없지만, 기존 장소에서 공부에 집중이 되지 않거나 매너리즘에 빠진다면 새로운 장소로 바꾸는 것도 한번 시도해볼 만하다.

_ 어떻게 사교육을 활용할까

공부 장소에 대한 고민만큼이나 많은 학생이 가진 또 다른 고민은 '학원, 과외, 인강, 아니면 사교육을 전혀 활용하지 않는 것'처럼 사교육과 관련된 선택의 문제다.

실제로 성적 급상승을 이룬 멘토 중 절반 정도는 6개월 이상 인강을 활용했다고 말했다. 학원에 다닌 이들도 있었고, 반대로 사교육의 도움을 전혀 받지 않은 이들도 있었다. 그러므로 어떤 선택지를 택하느냐가 압축 공부의 성패를 결정짓는 요인은 아니라고 할 수 있다. 그렇다면 결국 사교육의 도움을 받기로 결정했을 때, 그것을 어떤 방식으로 얼마큼 활용할 것인가가 핵심 질문으로 남는다.

유상근 멘토는 『성적 급상승의 비밀』에서 '어떻게 공부할까? 과외 / 인강 / 학원 / 독학 선택의 알고리즘'이라는 제목으로 앞의 선택지들이 가진 각각의 장단점과 활용법을 정리했다.

우선, 그는 고등학교 수험생 입장에서 가능하면 학원에 다니지 않는 것이 좋다고 조언한다. 그 이유는 학원에 다니려고 하는(또는 다니는) 대부분의 학생이 학원에 지나치게 의존하는 경향이 있고, 학원에 다니면서 그 경향이 지속되기 때문이다.

> 학원을 오랜 다닌 학생들이 혼자 공부하는 방법을 연습하는 것은 일종의 재활 치료입니다. 당장 몇 주간은 금방 유혹에 빠지고 잠이 올지 모릅니다. 그렇다고 학원에 다시 의존한다면 대학생이 되어서도, 직장인이 되어서도 자신의 유혹을 통제하지 못할 것입니다.
>
> – 2012, 『성적 급상승의 비밀』, 유상근, 21세기북스, p. 275.

특히 그는 학원에 다니는 이유가 '스스로 할 수 없기 때문'이라면 더더욱 학원 의존에서 벗어나 스스로 공부하는 힘을 키워야 한다고 말한다.

> 당장은 급격하게 성적을 올리지 못해 불안하더라도 자기 주도적으로 공부하는 것이 가장 좋습니다. "저는 유혹에 쉽게 빠져서 독학

을 하면 통제가 안 돼요. 학원에 다녀야 제어가 돼요"라고 말하는 학생들이 있습니다. 스스로 유혹을 통제할 수 없다고 해서 학원을 다니면 평생 자신의 유혹을 통제하지 못합니다.

– 2012, 『성적 급상승의 비밀』, 유상근, 21세기북스, p. 274.

자신이 어떤 이유로 학원에 다니는가를 돌아봐야 한다. 물론 학원의 도움이 필요한 상황이 생길 수 있다. 실제 압축 공부로 놀라운 성과를 이뤄낸 멘토 중 일부는 학원을 통해 적지 않은 도움을 받았다고 말했다.

그렇다면 학원을 통해 '도움'을 받는 학생과 학원에 무작정 의존하는 학생의 차이는 무엇일까? 여기에는 크게 세 가지 기준이 있다.

첫째는 '학원을 선택하는 주체가 나 자신인가'이고, 둘째는 '학원을 가는 목적과 필요가 분명한가'이며, 셋째는 '학원 수업시간의 1.5~2배만큼 복습을 하는가'다. 만약 이 세 가지 기준에 부합한다면 학원을 잘 활용한다고 볼 수 있다. 특히 성적 급상승을 이루기 위해서는 무엇보다 두 번째 기준, 즉 '목적과 필요'가 명확해야 한다.

학원에 다닐지 말지 또는 어떤 학원에 다닐지 고민이라면 다음 세 가지 질문을 참고하라.

첫째, 나의 어떤 점이 부족한가?

둘째, 이 학원은 나의 부족한 점을 어떻게 보완해줄 수 있는가?

셋째, 어느 정도 기간을 다니면 부족한 점을 완벽히 보완할 수 있는가?

이 세 가지 질문에 순서대로 답해보면서 자신에게 맞는 선택을 할 수 있기를 바란다.

다음으로, 유상근 멘토는 과외에는 '하이 리스크, 하이 리턴'의 구조가 있다고 말한다.

과외는 학원과 달리 학생의 실력에 따른 맞춤형 수업이 가능하다는 장점이 있습니다. 하지만 좋은 과외 선생님을 만났을 때 이득이 큰 만큼 실력이 나쁜 과외 선생님을 만났을 때 돈과 시간을 낭비할 리스크도 큽니다. (……) 특히 대학생에게 받는 과외는 더욱 추천하고 싶지 않습니다. 일반적으로 생계형 과외 선생님들에 비해 열정이나 전문성이 부족한 경우가 많습니다.

– 2012, 『성적 급상승의 비밀』, 유상근, 21세기북스, p. 272.

물론 학생들에게 열과 성을 다하는 훌륭한 대학생 과외 선생님들도 많다. 대학생 과외를 받더라도 자신에게 잘 맞는 사람인지, 자신에게 어떤 도움을 줄 수 있는 사람인지를 잘 판단하는 것이 중요하다.

마지막으로, 인강에 대해서는 이렇게 말한다.

인터넷 강의의 경우 언어영역, 수리영역, 외국어영역, 논술은 추천하고 싶지 않습니다. 이 과목들은 어떤 것을 공부해야 하는지만 알면 혼자 공부하는 것이 훨씬 빠르고 성적을 많이 올릴 수 있습니다. (……) 굳이 인터넷 강의를 듣고자 한다면 탐구 영역을 추천하고 싶습니다. 탐구 영역의 경우 강사가 깔끔하게 정리해주는 것을 한 번 듣고 나면 혼자 공부하고 외우는 데 훨씬 효율적이기 때문입니다.

– 2012, 『성적 급상승의 비밀』, 유상근, 21세기북스, p. 273.

국어, 수리, 외국어에서도 분명 인강을 통해 도움을 받을 수 있다. 그러나 주요 과목들의 인강을 들을 때 가장 중요한 것은 '어떻게 하는지'를 배운 뒤, 스스로 연습하는 시간을 충분히 확보해 그 방법을 자신의 것으로 만들어야 한다는 것이다. 학원이든 인강이든, 적어도 수업시간만큼 복습을 하지 않는다면 TV 드라마나 영화를 보는 것과 별반 다르지 않다.

_ 공부 방해 요소를 통제하는 확실한 방법

지금까지 공부를 더 잘하게 하는 요소들에 대해 이야기했다면, 이제 공부를 방해하는 요소들을 살펴보고자 한다.

『공부 마스터 플랜』에서도 밝힌 것처럼 서울대생들이나 성적 급상승을 이룬 멘토들 모두 평범한 학생들과 마찬가지로 다양한 유혹에 휘둘려 공부에 방해를 받았다. 하지만 그들은 끝내 공부 방해 요소를 통제하고, 그로부터 '자유'를 얻어 공부에 집중할 수 있는 '상황'을 만들어냈다.

> 서울대학교 공부 마스터들에게 공부를 가장 방해하는 요소가 무엇이냐고 물으면 압도적 1위로 스마트폰을 꼽았다. 그 밖에도 게임과 웹툰, 유튜브, 이성 친구, 운동, 친구 등 대다수 수험생과 별반 다르지 않았다. 하지만 그들이 스마트폰을 비롯한 공부 방해 요소에 지배당하지 않는 이유는 단 한 가지, 방해받을 수 있는 자신을 있는 그대로 인정하고 유혹에 대처하는 방법을 찾았기 때문이다.
>
> – 2019, 『공부 마스터 플랜』, 조승우, 포레스트북스, p. 207.

공부 방해 요소를 통제하기 위해 가장 필요한 것은 자신이 방해를 받고 있다는 사실을 명확히 인지하고, 적극적으로 인정하는 일이다. 방해받는다는 사실을 스스로 인지하지 못하면, 공부 방해 요소에 시간을 낭비해놓고도 정작 자신이 시간을 어디에 썼는지를 모르게 된다. 그 사실을 인지할 때까지 그런 일은 지속적으로 반복된다. 그러므로 공부를 꽤 한 것 같은데 성적이 제자리걸음인 학생이라면 자신이 공부하는 모습과 상황을 되돌아보면서 어떤 요소에 한눈을 팔고 딴

짓을 하는지 주의 깊게 살펴봐야 한다.

만약 어떤 요소로부터 공부에 방해받는 상황을 인지했다면, 주어진 선택지는 세 가지다. 'Voice, Loyal, Exit', 즉 저항하거나 순응하거나 탈출하거나.

먼저, 도저히 이 방해 요소와 함께 공부할 수 없다고 판단된다면, 과감히 저항하거나 그 상황에서 벗어나야 한다. 여기에 해당하는 가장 대표적인 요소가 스마트폰이다. 성적 급상승을 이뤄낸 멘토들뿐만 아니라 『공부 마스터 플랜』을 쓰기 위해 인터뷰한 서울대생들도 대다수가 공부 방해 요소로 스마트폰을 꼽았다. 흥미롭게도, 그들이 대응한 방식 또한 거의 비슷했다. 한 가지는 휴대폰을 아예 없애거나 유튜브 또는 카카오톡을 할 수 없는 2G폰으로 바꾸는 완전한 탈출 방식이다. 그리고 또 한 가지는 공부할 때는 휴대폰을 꺼두고 손이 닿지 않는 곳에 보관하거나 집에 두고 다니는 일시적인 탈출 방식이다. 그들은 이런 방식으로 방해 요소를 통제했다. 중요한 것은 그들이 공부하는 모습을 하나의 사진에 담는다고 할 때, 그 사진 속에는 결코 스마트폰이 없었다는 사실이다.

그럼에도 우리는 유튜브나 페이스북, 카카오톡을 하지 않고는 살 수 없다. 그 외에 게임이나 운동, 친구와의 수다 등 휴식이나 여가를 위해서도 스마트폰은 필요하다. 이때는 '지혜롭게' 순응하는 방식이 바람직하다. 가장 중요한 것은 '공부하는 시간'과 '쉬는 시간, 즐기는 시간'을 명확히 구분하고 분리하는 일이다. 또한 무엇을, 얼마만큼 즐길지에 대해 명확한 가이드라인과 계획이 있어야 한다. 미리 '밤 10시부터 11시까지만 게임을 해야지'라고 계획해두는 것만으로도 즐기는 시간이 지나치게 늘어나는 것을 막을 수 있다.

또한 멘토들은 '쉬는 시간, 즐기는 시간'을 '공부하는 시간'에 대한 보상으로 여겼다. 그래서 자신이 '해야 할 것'을 끝냈을 때 편안하게 '하고 싶은 것'을 하는 만족감과 성취감을 누렸다. 가장 나쁜 것은 '노는 것도, 공부하는 것도 아닌 상황'이라는 것을 명심해야 한다.

압축 공부에 성공한 멘토들은 공부하는 환경에 방해 요소보다 더 강력한 동기부여 요소들을 배치함으로써 다양한 유혹에서 벗어나기도 했다. 자신이 가고 싶은 학교의 사진이나 스티커, 평소 자신에게 감명을 주는 글귀, 자신의 롤모델 사진 등을 눈에 잘 띄는 곳에 두어 유혹을 이겨낼 힘을 얻기도 했다.

다시 한번 말하지만, 의지와 정신력만으로는 동기를 부여하고 공부 방해 요소를 통제하기가 쉽지 않다. 애초에 유혹을 당하지 않을 상황, 동기를 부여받을 수 있는 상황을 만드는 것이 중요하다.

Check List

- ☐ 공부가 가장 잘되는 공간을 찾고, 대부분의 시간을 그 공간에서 공부한다.
- ☐ 자신의 사교육 활용 상황을 점검하고, 문제점을 보완한다.
- ☐ 공부 방해 요소를 찾아보고, 해결책을 적극적으로 마련한다.

"성장의 열쇠는 약속하는 법을 배우고,
그 약속을 지키는 것이다."

_ 스티븐 코비

압축 공부의 세 번째 스텝

#의식적인_노력

내게 부족한 1퍼센트를 찾아라

CHAPTER 3

"꿈은 실현된다. 실현 가능성이 없으면,
세상은 우리가 꿈을 갖도록 하지 않았을 것이다."

_ 존 업다이크

01

노력에게 배신당하지 않는 세 가지 방법

서울대 체육교육과에 재학 중인 김예은 멘토는 한때 제2의 김연아를 꿈꾸던 피겨스케이팅 꿈나무였다. 그녀는 4.3점 만점에 4.05점이라는 우수한 학점으로 2020년에 서울대를 졸업할 예정이다.

일곱 살 때부터 중학교 때까지 피겨스케이팅 선수 생활을 했던 그녀는 한때 뛰어난 기량을 자랑했다. 청소년들의 피겨스케이팅 국가대표 선발전이라 불리는 '꿈나무 대회'에서 입상을 하기도 했다. 하지만 중학교 1학년 때 선수 생활을 접고, 뒤늦게 공부를 시작한 끝에 재수를 거쳐 서울대 체육교육과에 합격했다.

고등학교 1학년 때까지만 해도 전교 300등 내외에 모의고사는 평균 5~6등급 정도였지만, 2학년 첫 학기에 전교 200등 이상, 모의고사 네 등급 이상을 끌어올렸다. 그리고 재수 끝에 치른 수능에서 전 과목 통틀어 3개를 틀려, 서울대 체육교육과와 수도권의 한 의과대학에 동시 합격했다. 현재까지 그녀는 싱크로나이즈드 스케이팅 선수로서 학업과 운동을 병행하고 있다.

운동과 공부 모두에서 탁월한 성과를 거둔 그녀는 자신이 거둔 성과의 비결에 대해 이렇게 말한다.

"기계적인 노력naive practice, 다른 이들과의 비교, 지나친 완벽주의. 이 세 가지를 하나씩 깨뜨리고 나가자 성과가 나오기 시작했습니다. 성적 급상승을 거두고 싶다면, 압축 공부에 방해가 되는 이 세 가지 마인드를 하나씩 깨뜨려야 합니다."

_ 가뭄 속 단비가 되어준 담임 선생님의 지지

어릴 적부터 그녀는 주목받는 피겨스케이팅 꿈나무였다. 초등학교 때는 전국에서 15명만 뽑는 '꿈나무'로 선발될 만큼 엘리트 코스를 밟았다. 훈련 탓에 학교를 빠지는 날이 1년에 족히 100일은 됐다. 제대로 공부해볼 틈이 없었다.

매일같이 아이스링크에서 초등학교 시절을 보낸 뒤, 중학교에 입학했다. 그런데 시간이 지날수록 운동에서 거두는 성적이 만족스럽지 못했다. 대신 새롭게 입학한 중학교의 생활에 흥미가 느껴졌다. 초등학생 때 학교를 제대로 다녀본 기억이 없는 터라 학교생활 모든 것이 재미있었다. 그래서 수년간 해온 선수 생활을 접고, 평범한 중학생이 되었다. 대신 싱크로나이즈드 스케이팅 선수로 전향해 틈틈이 훈련을 하면서 공부와 운동을 병행하기로 했다.

3년간 여느 학생들처럼 학원에 다니고, 비는 시간에는 친구들과 놀며 시간을 보냈다. 중학교 성적이 생각보다 나쁘지 않았던 터라 서울에 있는 자사고인 이화여자고등학교로 진학했다. 하지만 그곳은 중학교 때와 모든 것이 달랐다. 공부 좀 한다는 친구들이 모인 곳이었다. 배치고사를 치렀는데 400여 명의 학생 중에서 300등대의 성적표를 받았다. 수준별 수업을 할 때도 상 · 중 · 하 반 중에서 그녀는 늘 하반이었다. 첫 번째 모의고사에서 400점 만점에 200점대 중반의 성적을 받았다. 특히 수학은 40점대로, 5등급이었다. 성적을 올리고자 나름대로 열심히 노력했지만, 늘 제자리걸음이었다. 똑같이 열심히 하는 친구들 사이에서 나아질 기색이 보이지 않았다. 그녀는 이대로는 안 되겠다는 생각이 들었고, 결국 2학년 진학을 앞두고 전학을 고민했다.

그런데 2학년이 되면서 롤모델이 생겼다. 바로 담임 선생님이었다. 서울대학교를 졸업한 선생님께서는 힘들어하는 그녀의 이야기를 모두 들어주셨다. 운동선수로 활동했던 이야기, 1학년 때 어려움을 겪은 이야기 등을 들어주시며 그녀의 말동무가 되어주었다. 선생님의 응원과 지지는 그녀에게 가뭄 속의 단비가 됐다. 선생님처럼 멋진 사람이 되고 싶다는 생각에 서울대학교에 진학해 선생님의 후배가 되겠다는 목표를 세웠다.

_기계적인 노력 말고 의식적인 노력이 필요하다

그렇게 2학년을 시작하면서 자신의 공부 전반에 변화를 주기로 마음먹었다. 가장 먼저 노력의 절대량을 늘려나갔다. 공부와 운동을 병행했기에 일주일에 세 번은 새벽 5시부터 7시까지 스케이팅 훈련을 해야 했지만, 자투리 시간을 아끼고 책상에 앉아 있는 시간을 늘렸더니 1학년 때보다 공부 시간은 오히려 더 늘었다. 노력의 양이 늘어나자 성적이 조금씩 오르기 시작했다.

하지만 시간이 지나도, 성적이 기대했던 만큼 오르진 않았다. 공부 효율이 높아지지 않았기 때문이다. 변화가 필요했다. 유소년 선수 시절 자신이 어떻게 기량을 끌어올렸는지 하나하나 되새겨봤다. 먼저, 자신의 실력이 언제 가장 극적으로 성장했는지를 떠올렸다. 한때 실력이 정체된 적이 있었는데, 그때 코치는 여러 가지 기술 중에서 그녀에게 가장 부족한 기술을 기본기부터 집중적으로 훈련시켰다.

"피겨스케이팅을 할 때 가장 못하는 걸 가장 많이 연습하자 실력이 극적으로 나아졌어요. 예를 들면 저는 스케이팅에서 스텝 부분이

약했어요. 자세가 좋지 않아서였는데, 아예 체조 선수들이 쓰는 도구들을 활용해서 자세를 교정했어요. 막대를 끼고 스케이트를 타기도 하면서 문제점을 해결하니까 실력이 단기간에 나아지더라고요."

예전의 기억을 되짚는 동안 부족한 점부터 채워나가야겠다는 생각이 들었다. 그때까지만 해도 그녀는 여느 학생들처럼 야간 자율학습에 참여는 했지만, 그저 앉아서 막연히 노력하는 학생이었다.

"공부 계획이나 나에게 무엇이 부족한지에 대한 의식이 별로 없었습니다. 뭐라도 해야 하니까, 마음만 급해서 그저 눈앞에 보이는 책만 열심히 파고들었어요. 그러다 보니 맨날 책의 앞부분만 공부하고 시험을 보러 가고, 맨날 틀리는 부분에서 또 틀리는 악순환을 반복했습니다."

그녀는 부족한 부분을 의식적으로 찾고, 그 부분을 집중적으로 공부하기로 마음먹었다. 우선 부족한 부분이 무엇인지, 문제점이 무엇인지를 파악해야 했다.

"과목 안에도 다양한 파트가 있습니다. 근데 그냥 막연히 이 과목을 잘하고 싶다고만 생각하면, 파트별로 각기 다른 문제점들을 파악하기가 어렵습니다."

그녀는 부족한 부분을 파악하기 위해서 한 과목을 여러 파트로 나눠 세부적으로 분류했다. 그러고는 파트별로 보완할 점을 따로 정리했다. 한 파트 내에서도 여러 문제점이 있다면, 각기 다른 해결 방안을 찾았다.

"예를 들면 영어는 가장 크게 독해, 문법, 단어, 듣기로 나눌 수 있는데 파트별로 문제점이 다르죠. 따라서 그 해결책도 달라야 합니다. 과목과 파트별 문제점을 분해해야만 구체적인 해결책을 찾을 수 있습니다."

예컨대 영어 독해 문제를 풀다 막히면, 독해 스킬이 부족해서인지 또는 문법적 지식과 이해가 충분치 않아서인지 아니면 단어를 몰라서인지 등 문제점을 명확히 진단하고자 의식적으로 노력했다. 이런 진단을 토대로 듣기 실력을 키우기 위해서 팝송을 듣고, 문법 기본서를 세 번씩 읽고(3회독), 단어는 별도의 단어장을 마련하는 등 각기 다른 해결책을 마련했다.

그녀는 수학이나 탐구 과목도 마찬가지라고 말한다. 1학년 때 모의고사에서 수학 21번과 30번을 항상 틀렸는데, 그냥 막연히 '어려운 문제를 더 풀어야지'라고 생각하니 실력이 나아지지 않았다.

"수학 21번, 30번은 대체로 한 단원의 개념이 아니라 여러 단원의 개념이 섞여서 나옵니다. 그런데 하루는 해설지를 보니 어떤 단원의 개념이 출제된 것인지 모두 표기되어 있더라고요. 그래서 2학년 때부터는 모의고사 문제를 풀고 나면, 그 문제에 포함된 여러 단원의 개념을 각각 찾아서 다시 공부했습니다."

사회탐구도 마찬가지였다. 윤리와 사상을 공부할 때 사상가의 원문 텍스트를 발췌한 문제를 늘 틀렸다. 누구의 사상인지를 포착하기가 어려웠기 때문이다. 고민 끝에 그녀는 아예 대표적인 사상가들의 원전을 사서 읽고, 중요한 문장들에 밑줄을 치고 노트에 따로 정리했다. 자신이 늘 무엇을 틀리고, 무엇이 부족한지를 세세하게 나누어 파악한 끝에 찾아낸 해법이었다.

그렇게 했더니 성적이 급격하게 올랐다. 200등대 중반이었는데 전교 20등까지, 한 학기 만에 200등이 넘게 뛰어올랐다.

"물론 2학년이 되어서 양적인 노력을 늘린 것도 있지만, 그보다 중요한 것은 '의식적인 노력'을 하는 것입니다. 그전까지는 막연히 기계적으로 공부했어요. 그러다가 2학년 때부터는 무엇이 부족한지, 부족한 점을 어떻게 채울지 스스로 진단하고 선생님과 친구들의 조언을 들으며 문제점을 수정하는 데 집중했습니다. 문제들을 하나씩 수정해나가자 성적은 자연스럽게 올랐습니다."

_ 남과 비교하는 대신 과거의 나와 비교하라

그녀는 의식적인 노력을 통해 자신의 문제점을 개선하기 위해서는 초점을 다른 사람이 아닌 자신에게 두는 것이 중요하다고 말한다.

1학년 때만 해도 친구들 사이에서 '강남에선 이런 교재가 유행한다', '○○○선생님 강의가 좋다' 같은 말이 들리면 거기에 휩쓸렸다. 2학년 때는 기숙사 생활을 했는데, 룸메이트들이 공부를 하고 있으면 자기도 따라서 막연히 밤늦게까지 공부했다. 그러느라 다음 날 정작 수업시간을 졸면서 날려 먹기 일쑤였다.

"제가 다니던 학교는 내신 경쟁도 치열하고 서로 견제도 꽤 심한 편이었어요. 다른 친구가 뭘 공부하는지 늘 신경이 쓰였고, 저보다 잘하는 친구가 어려운 수학 문제집을 풀고 있으면 그걸 따라 풀곤 했어요."

남들과 성적을 비교하고, 다른 이들이 하는 것에 초점을 두다 보니 정작 자신이 해야 하는 걸 제대로 할 수 없었다. 실력에 맞지도 않는 문제집을 붙잡고 있거나, 자기 스타일에 맞지도 않는 공부법을 따라 하기 일쑤였다. 그렇게 1년을 보냈지만, 달라지는 것은 아무것도 없었다. 초점을 자신에게 두어야만 변화가 가능했다. 문제의식을 느끼고, 다시 한번 선수 시절의 경험을 되새겼다.

초등학교 6학년 때 그녀는 전국체전에 출전한 적이 있었다. 이틀간 진행되는 대회에서 첫날 좋은 성적을 받았다. 그런데 성적이 좋은 선수들끼리 같은 조로 배정되는 둘째 날, 문제가 생겼다. 올림픽 중계를 보면 알겠지만, 피겨스케이팅 선수들은 앞 선수가 연기를 마치면 그 사람의 점수까지 본 뒤 자신의 연기를 펼치게 된다. 그날 그녀는 앞 선수의 연기와 점수를 지나치게 신경 쓴 나머지 멘탈이 무너지고 말았다(앞 선수는 그 대회에서 1등을 했다). 첫째 날 3등을 기록했던 성적이 둘째 날 10등 밖으로 떨어졌다. 그래서 다음 대회부터 그녀는 아예 밖에서 차례를 기다리다가 자신의 연기를 펼치러 들어갔다. 이날의 경험은 그녀에게 큰 깨달음을 주었다.

"공부든 운동이든, 남들과 지나치게 비교하지 않는 것이 중요하다고 생각합니다. 운동을 할 때도 다른 사람 연기를 보지 않고 내 것에만 집중하니 성적이 잘 나왔습니다. 중요한 것은 '남들보다 나은 나'가 아니라 '과거의 나보다 오늘의 내가 얼마나 더 발전했느냐'입니다."

나에게 초점을 두기 시작하니 성적이 날개 돋친 듯 올라 2학년 2학기 때는 평균 1등급대의 내신 성적을 거뒀다. 평균 2등급이었던 모의고사 성적도 모두 1등급으로 올랐다. 2학년 말, 선생님과 첫 번째 대학 입시 상담을 했는데 드디어 서울대 체육교육과에 갈 수 있겠다는 가능성이 보였다. 3학년 때도 성적이 계속 올라 대부분 모의고사에서 '올 1등급'을 받았다. 내신 성적도 전교 최상위권을 기록했다.

_ 100점을 받고 싶다는 욕심을 버려라

하지만 현역 수능에서 그녀는 좌절을 맛봐야 했다. 그녀가 치른 2015학년도 수능 국어 25번은 '슈퍼문 지문'이라 불릴 정도로 역대 최고 난도 지문으로 꼽힌다. 그녀 또한 그 지문에 발목이 붙잡혔다. 읽어도 이해가 되지 않았고, 그 문제에 지나치게 많은 시간을 써버린 나머지 그 문제도 틀렸을 뿐 아니라 뒤의 문제들에 거의 손을 대지 못했다. 국어에서만 10개가 넘게 틀렸다. 나머지 과목에서는 모두 만점을 받았지만, 국어에서 4등급을 받았다.

그러나 사실 그녀의 발목을 붙잡은 것은 고난도 국어 지문이 아니었다. 다른 과목에서 좋은 점수를 받았기에 목표하는 대학에 충분히 갈 수 있었다. 그녀의 발목을 붙잡은 것은 고난도 지문 자체가 아니라 그녀의 '지나친 완벽주의'였다.

실제로 그녀는 어릴 적부터 완벽주의에 대한 집착이 있었다고 말한다. 피겨스케이팅에서는 점프·스핀 등 하나의 작품을 구성하는 여러 요소가 있는데, 그녀는 한 가지 요소에서 실수를 범하면 뒤의 요소들에서도 늘 좋은 기술을 선보이지 못했다. 모든 것을 완벽히 해야 한다는 압박감이 있다 보니, 한 가지에서 실수를 범하면 이후 모든 연기에 영향이 갔다.

이런 성향은 공부할 때도 마찬가지였다. 1학년 때는 모의고사를 보다가 한 지문에서 막히면, 아예 뒤의 문제를 풀지 않고 자버린 적도 있었다. 100점을 받고 싶다는 욕심이 객관적인 현실을 받아들이지 못하게 했다.

결국 수능 성적표가 나온 뒤, 총점으로 치면 그녀보다 훨씬 낮은 점수를 받은 친구들이 그녀가 목표했던 대학에 합격했다. 그녀는 고려대 체육교육과에서 예비 합격번호를 받았지만, 안타깝게도 바로 앞 대기자에서 추가 합격이 마감됐다. 이런 상황을 겪으면서 그녀는

'포기'하는 법을 배웠다.

"완벽함에 지나치게 집착하면, 뭔가를 포기하기가 어렵습니다. 만약 제가 수능에서 그 한 문제를 과감하게 포기하고, 뒤의 문제들만 잘 풀었어도 목표로 하는 점수를 충분히 받을 수 있었을 겁니다. 정말 원하는 목표를 얻으려면 포기하는 법도 알아야 한다는 걸 수능에 실패하면서 깨달았습니다."

그녀는 포기의 지혜를 배운 뒤 치른 다음 해 수능에서 전 과목 통틀어 3개를 틀려 서울대 체육교육과는 물론 수도권의 한 의대에도 합격했다. 그녀는 스포츠 에이전트라는 꿈을 이루고자 서울대 체육교육과로 진학했다.

그녀는 자신의 롤모델로 김연아 선수를 꼽는다. 오랫동안 김연아 선수와 같은 훈련장을 사용했기에 훈련 모습을 옆에서 지켜볼 수 있었는데, 김연아 선수가 세계 최고가 될 수 있었던 비결이 바로 자신이 공부하며 뒤늦게 깨달은 것들과 맞닿아 있다고 말한다.

"김연아 선수는 멘탈이 강한 걸로 엄청 유명해요. 올림픽에서 바로 앞 순서였던 아사다 마오 선수가 역대 최고점을 기록했는데, 그냥 웃으면서 경기장에 들어가는 모습이 카메라에 잡혔죠. 그러고는 세계 신기록을 경신했습니다. 김연아 선수는 앞 사람이 어떻게 하든, 자기가 실수를 하든 전혀 영향을 받지 않는 멘탈을 가지고 있어요."

또한 김연아 선수가 가진 그릿GRIT(열정과 끈기)은 인생의 롤모델로서 정말 배울 점이 많았다고 말한다.

"김연아 선수는 똑같은 걸 수백 번씩 연습합니다. 근데 한 번, 한 번 엄청 의식적인 노력을 기울여요. 매번 부족한 점이 뭔지, 이번에는 이걸 더 개선하자는 식으로 연습을 합니다. 똑같은 걸 수백 번 하면서 가장 좋은 자세를 찾아가는 끈기가 김연아 선수를 세계 최고로 만든 것이 아닌가 싶습니다."

1만 시간의 법칙을 제창한 것으로 알려진 안데르스 에릭슨 박사는 의식적인 노력을 통해 설명되지 않는 성공은 없다고 말한다. 자신의 부족한 점을 끊임없이 개선하려는 의식적인 노력과 작은 실수에도 영향받지 않는 강인한 멘탈 그리고 이전의 나보다 나아진 자신을 통해 얻는 스스로에 대한 믿음, 이 세 가지만 있다면 어떤 목표도 이룰 수 있을 것이다.

Check List

- □ 과목별로 가장 큰 문제점 1~2개를 찾아내고, 구체적인 해결책을 수립해 집중적으로 수정한다.
- □ 시험에서 모르는 문제가 나왔을 때, 어떻게 대처할지 대비책을 미리 마련해둔다.

02

삼수 독학러를 서울대로 이끈 피드백 습관

민상윤 멘토는 온라인 커뮤니티와 블로그 등에서 '미라오마'라는 필명으로 활동하는 학습법 칼럼니스트다. 그는 독학 삼수 끝에 서울대학교 사범대에 합격했다. 2017년 온라인 학습 커뮤니티 '수만휘'에서 삼수의 경험을 바탕으로 써낸 칼럼이 많은 이의 공감을 얻어 카페의 최고 인기 칼럼니스트가 됐다.

그는 온라인 멘토링을 통해 자신이 터득한 공부 노하우를 후배 수험생들에게 공유하는데, 지난 2년 동안 1,000여 명의 학생이 그를 거쳐 갔다. 이를 통해 많은 학생이 성적 급상승에 성공했다. 제대 후 뒤늦게 공부를 시작한 20대 중반의 한 늦깎이 수험생은 2월 30점대였던 국어 성적을 6월에 80점대로 끌어올렸다. 3학년 초까지 운동선수였다가 뒤늦게 공부를 시작한 한 학생은 국어 성적을 50점 이상 끌어올렸다.

이런 일이 가능했던 것은 민상윤 멘토 자신이 압축 공부로 성적을 급격히 끌어올린 경험이 있기 때문이다. 그는 현역 수능에서 평균 3~4등급대의 성적을 받았지만, 삼수 끝에 원 점수를 70점 이상 끌어올려 서울대학교에 당당히 합격했다.

그는 삼수 생활을 할 때 학원이나 과외의 도움을 전혀 받지 않았다. 그의 성적 급상승은 온전히 자신의 치열한 고민과 피드백을 바탕으로 얻어낸 결과였다.

"막연히 '열심히 하면 수능 날 성적이 잘 나오겠지' 하는 생각이 저를 두 번이나 실패하게 했습니다. 하지만 평소에 공부하면서 느낀 문제점은 수능 날 반드시 반복됩니다. 같은 행동을 반복하면, 늘 같은 결과가 나옵니다. 문제점을 하루하루 철저히 개선해야만 달라진 결과를 얻을 수 있습니다."

_ 인강 중독이 부른 첫 번째 실패

인천의 한 일반고를 졸업한 그는 고등학교 2학년 때까지 학원과 독서실을 오가는 평범한 학생이었다. 1~2학년 때 내신 성적이 낮았던 터라 2학년 말부터 본격적으로 수능 준비에 매진했다. 나름대로 열심히 했지만, 성적은 늘 들쑥날쑥했다. 국어와 영어는 3~4등급대를 오갔고, 수학은 더 불안해서 고2 마지막 모의고사에서 60점대의 성적을 받았다.

그러던 중 우연히 한 인터넷 수학 강의를 듣고, 자신에겐 학원이나 과외보다는 인강이 더 잘 맞는다는 것을 알게 됐다. 그 후 다니던 학원과 과외를 모두 끊고 인강으로만 공부했다. 다행히 인강이 효과가 있었다. 2학년에서 3학년으로 넘어가는 겨울방학, 인강을 기반으로 수학 공부에 대부분의 시간을 할애한 덕분에 3학년 3월 모의고사에서 60점대이던 성적을 92점까지 끌어올릴 수 있었다.

3개월 만에 수학을 30점이나 끌어올린 비결에 대해 그는 이렇게 말한다.

"인강 한 강을 듣고 나면, 곧바로 그 수업시간만큼 복습을 했습니다. 그러고는 다시 그 진도만큼 『수학의 정석』을 풀고, 다른 기본서를 또 그 진도만큼 풀었습니다. 거기에 내신형 문제집을 1권 더 풀고, 인강에서 내준 숙제까지 풀었습니다. 이게 한 강을 듣고 나면 하는 일들이었습니다. 한 강을 듣고 나면, 최소 9시간은 이렇게 복습을 했습니다."

하지만 수학 성적 급상승의 경험은 이후 그에게 독이 됐다. 그가 거둔 성적 급상승의 본질은 인강 자체가 아니라 인강에 뒤따르는 철저한 복습과 기반학습이었다는 사실을 간과했기 때문이다. 당시 그는 이것이 오직 인강 덕분이었다고 믿고, 모든 과목을 인강으로 해결하려고 했다.

"그때부터 현역 시절 수능 실패의 문제가 시작됐습니다. 인강을 지나치게 맹신했던 거죠. 고3 때는 거의 자습 없이 인강만 들었습니다. '이 인강도 들어야 할 것 같고, 저 인강도 들어야 할 것 같고…….' 이렇게 욕심이 나다 보니 굳이 필요 없는 인강들도 많이 들었습니다. 1년 동안 그냥 인강을 듣다가 수험 생활이 끝난 것 같아요."

그렇게 그해 수능에서 국어 4등급, 수학 2등급, 영어 3등급, 사회탐구 각각 5등급과 2등급의 성적을 받았다. 하루에 4시간씩만 자면서 '열심히' 공부한 것치고는 참담한 결과였다.

그는 자신의 현역 수능 실패에 대해서 이렇게 말한다.

"말 그대로 '인강 중독'에 빠져 있었습니다. 인강을 듣고 있는 게 내가 공부하는 것이라고 착각했던 거죠. 사실 인강을 듣고 있는 건 공부하는 게 아닙니다. 인강을 듣고 철저한 복습을 통해 내 것으로 만들어야만 인강을 듣는 시간이 낭비되지 않습니다."

그의 말처럼 꽤 많은 수험생이 수험 생활 중에 '인강 중독'의 유혹에 빠진다. 이유는 간단하다. 그게 편하고 재미있기 때문이다. 인강 강사들의 재치 있는 입담과 힘 있는 강의력에 매혹되어 재미를 느끼고, 가만히 보고만 있으면 되니 스스로 책을 뒤져 공부하는 것보다 훨씬 편하다. 하지만 인강을 듣고 난 이후 그 시간 이상의 복습이 뒤따르지 않는다면 그저 시간을 헛되이 보낸 것과 다르지 않다. 순간의 편함과 재미는 수능 날 독이 되어 돌아온다.

_ 계획 중독이 부른 두 번째 실패

재수를 시작하면서 그는 기숙학원에 들어갔다. 하지만 한 달도 채 되지 않아 기숙학원이 자신에게 맞지 않는다는 사실을 깨닫고, 독학 재수를 결심했다. 독학 재수를 시작하며, 현역 때보다 더 '열심히' 하는 것이 중요하다고 믿었다. 독서실에서 죽도록 공부만 했다. '인강 중독'에서 벗어나 자습량도 늘리고 공부 방식도 바꿨다.

하지만 그는 불안했다. 여느 재수생처럼 이번에는 절대로 실패하면 안 된다는 생각 때문에 공부량에 대한 집착에 빠졌다. 그러다 보니 날마다 세우는 공부 계획이 자신이 할 수 있는 범위를 넘어서기 일쑤였다. 계획된 양은 주어진 시간을 늘 초과했고, 그는 계획 달성이나 성취가 아닌 실패의 경험만을 날마다 축적해갔다. 즉, '계획 중독'에 빠진 것이다.

2017년 수만휘에서 연재한 한 칼럼에서 그는 이렇게 말했다.

> 고3 때 공부를 제일 열심히 했습니다. 플래너의 모든 칸에 할 일들을 적었고, 자리에서 하루에 두 번만 일어나 본 적도 있습니다. 그때 공부 시간을 재는 것이 유행이어서 저도 매일 공부 시간을 재면서 치열하게 공부했습니다.
>
> 그런데 이상하게, 그때의 플래너는 죄다 ×표가 쳐져 있습니다. 그

리고 신기하게 단 하루도 모든 것을 ○ 표시한 날은 없었습니다. 그래서인지 열심히 하는데도 정말 많이 불안했습니다.
(……) ×만 쌓여가는 내 플래너에 문제가 있는 것 같아서 매일 플래너를 수정합니다. 또 이 친구들은 ×가 많아지기 때문에 조급해지고, 공부 시간이나 공부법 같은 것에 강박증이 생기기도 하고요. 무엇보다 ×가 많아지면, 공부하는 것에 집중을 하는 것보다 '빨리 이 일을 끝내고 다음 일을 해서 ○ 쳐야지' 이런 식의 아이러니한 만족감만을 추구하게 됩니다.
(……) 계획의 실패가 정말 무서운 이유는 공부를 하더라도 '실패' 했다는 생각에 사로잡히게 한다는 것입니다. 이러한 실패 경험이 반복될 때 대다수는 계획 짜기 자체를 포기하거나 공부에 몰입하지 못하고 무언가 잘못하고 있다는 생각에 사로잡힙니다.

불안한 느낌은 현실이 되어 그는 재수 수능에서도 실패했다. 삼수를 결심하며, 현역과 재수 시절의 문제점을 찾아야만 같은 결과를 반복하지 않을 수 있다는 절실함을 느꼈다.

가장 먼저 눈에 들어온 것은 역시나 플래너였다. 그토록 열심히 썼는데도 두 번의 뼈아픈 실패라는 결과가 돌아와 플래너가 원망스럽기도 했지만, "일은 계획대로 되는 법이 없다. 그러나 계획을 세우지 않고 되는 일은 없다"라는 미국 전 대통령 아이젠하워의 말처럼 계획을 세우지 않고서는 아무것도 할 수 없다는 생각으로 다시 플래너를 잡았다.

대신 플래너를 사용하는 관점 자체를 바꿨다. 두 번의 실패를 통해 최소한 플래너를 어떻게 쓰면 안 되는지를 깨달았기 때문이다. 자신의 경험을 토대로 그는 한 칼럼에서 학생들에게 플래너 사용법에 대한 조언을 해주었다. 저마다 성격이나 공부 스타일이 다른 만큼 플래너를 사용하는 데 '성공의 절대적인 원칙'은 없지만, 최소한 '실패하지 않게 하는 원칙'은 있다는 조언이다.

실패하지 않는 플래너 사용의 두 가지 원칙

원칙 1: ○(동그라미)를 치기 위해선 최소량을 기준으로 계획을 짜고, 점차 늘려가는 계획표를 만들어야 한다.

Step 1: 국·영·수·탐 각 과목마다 '반드시 해야 하는 것'을 우선적으로 파악한다.

예를 들어 국어를 공부할 때 강의도 들어야 하고, 비문학도 풀어야 하고 문학도 풀어야 하고 등등 해야 할 것을 적다 보면 너무 많습니다. 그러나 현실적으로 그 모든 것을 다 할 수는 없습니다. 따라서 내가 해야 할 모든 것을 다 하지 못해 불안하더라도 '지금 가장 먼저 해야 하는 것'을 뽑아내야 합니다. 예를 들면 다음과 같습니다.

- 국어: 기출문제 1회 풀이 + 분석
- 수학: 강의 + 복습 + 15문제 풀기
- 영어: EBS 교재 1단원 + 강의 + 복습 + 단어

Step 2: 컨디션이 좋건 나쁘건 할 수 있는 양을 기준으로 삼는다.

이를 위해서는 대략 계획을 세우고 해보면서 얼마나 하는지를 스스로 판단해보고 체크를 해야만 알 수 있겠죠. 절대 한 번 세운 계획이 들어맞을 수는 없습니다. 제가 위에 든 예시는 반드시 해야 하는 것들을 뽑은 것이었고, 그 양을 설정할 때는 컨디션에 상관없이 할 수 있는 미니멈(최소) 수치를 양으로 설정했습니다.

수학 15문제는 제가 기복 없이 풀어내는 양이었습니다. 컨디션이 좋지 않은 날에도 15문제는 풀었기 때문에 15문제를 기준으로 두었습니다. 대부분의 날에는 평균적으로 25개에서 30개를 풀었더라고요. 즉 매일 계획표에 '15개는 clear + 10문제' 이런 식으로 표기했습니다. 이로 인해서 저는 우선 절대 ×가 없는 계획표를 만들었습니다. 매일 성공하는 계획을 만들다 보니 시너지 효과가 더욱 커졌습니다. 공부 자체에만 집중하게 됐습니다. 무엇보다 '내가 잘하고 있구나' 하는 확신이 생겼습니다.

원칙 2: 계획은 한 번에 완성되지 않는다_ 처음 너에게 필요한 것은 무대포 정신 그리고 분석의 자세

계획은 절대 한 번에 완성되지 못합니다. 왜냐고요? 여러분이 계획한 양을 할 때 어느 정도 걸리는지, 그 책의 체감 난이도는 어떤지 아직 모르며, 해당 공부를 위한 공부 방법이 아직 익숙하지도 않으며, 그 외에도 총체적인 문제로 인해 계획은 반드시 어긋나기 마련입니다. 이때 포기하면 다시 제자리입니다. 앞서 원칙 1에서 말한 것의 연장선입니다.

'나에게 가장 필요한 공부', '최소의 양에서 늘려가는 계획표'를 찾기 위해서는 적어도 2주간 직접 해보면서 매일 체크하는 것이 가장 중요합니다. 머릿속으로 완벽한 플랜을 짰고, 그것을 실행해서 '한 번에 성공하겠다'라는 생각을 하는 순간 절대 벗어나지 못할 것입니다. 커다란 틀을 갖고 있되, 그 안에서 세부적인 것은 직접 해보면서 바꿔나가야 합니다. 그렇지 않다면, 평생 계획만 붙들고 다시 짜고 있을 겁니다.

하나가 바뀌면 모든 게 바뀐다

플래너 사용법을 바꾸고 나니, 성취감과 자신감이 조금씩 살아났다. 하지만 여전히 '이대로 하면 이번에는 실패하지 않을 수 있을까?' 하는 불안이 남아 있었다. 그래서 그 불안을 계속 파고들어 가장 근원적인 문제점을 찾았다.

앞서도 말했지만 과목별로든 공부 전반으로든, 자신이 가진 문제점이 수험 생활을 하는 동안 대부분 개선되지 않았다는 점이 문제였다. 이에 대한 해답 또한 플래너에 있었다.

현역과 재수 시절 그는 매일 계획표를 짜면서 그날 해야 할 'To-do list'를 쓰고, 자기 전 반성할 점을 썼다. 매일 계획대로 실천이 되지 않았는데, 반성할 점에는 구체적인 개선책 없이 '내일 더 열심히 하자' 정도의 두루뭉술한 내용만이 기록됐다. 이렇게 하다 보니 부족한 것에 대한 구체적인 개선책이 나오기가 어려웠다.

"매일 플래너를 쓰면서 양적인 것에 집착하다 보니 정작 개선해야 할 문제점들은 하나도 개선되지 못한 채 시험장에 들어갔습니다."

그때부터 그는 '피드백'을 하는 방법을 바꿨다.

"오전에 한 공부의 문제점이나 부족한 점을 저녁에 구체적으로 기억하기는 어렵죠. 한꺼번에 다 적으려고 하니 기억도 안 나고, 구체적인 개선책을 찾기가 어려웠습니다. 그래서 삼수 생활을 시작하면서는 매번 어떤 공부가 끝날 때마다 반드시 그 공부를 하며 느낀 문제점을 기록했습니다."

그리고 저녁이 되면, 하루 동안 기록해둔 문제점을 분석하고 개선책을 고민하는 시간을 고정적으로 가졌다.

"하루가 끝나면 30분씩 하루 동안의 문제점 전반을 다시 읽고, 생각하는 시간을 가졌습니다. 그리고 문제점에 대한 답을 찾기 어려우면 수험생 선배들의 칼럼이나 인강 강사들의 TCC 영상 같은 걸 보면서 해답을 찾아나갔습니다."

자신의 피드백이 적절한 것인지 확신하기 어려울 때는 직접 실천해보며 효과를 검증했다. 다음 날 자신의 피드백 내용을 직접 실천해보고, 그 느낌을 다시 평가했다. 나아진 게 보인다면 지속적으로 실천했고, 아니다 싶으면 다른 해결책을 찾아나갔다.

그는 이 과정을 거치면서 자신의 공부법이 확실하게 잡혀나갔다고 말한다.

"수험 생활을 하다 보면 늘 불안합니다. 불안이 생겼을 때, 그대로 두면 불안은 증폭됩니다. 뭐가 문제인지를 알고 해결의 가능성을 찾아내야 사라지죠. '내가 나아지고 있구나' 하는 생각이 들어야 공부에서 성취감이 오르고, 결과적으로 성적이 오를 수 있습니다."

그는 이 과정에서 맞닥뜨리는 한 가지 문제점에 유의해야 한다고 말한다.

"저도 그랬지만, 멘토링을 하다 보면 욕심이 많고 성격 급한 학생들은 자신의 여러 문제점을 한꺼번에 개선하려고 합니다. 하지만 그렇게 해서는 아무것도 바꿀 수 없습니다. '하루에 하나씩 나아지자'라고 목표를 세워야 합니다. 하나가 바뀌면 연쇄적으로 바뀌는 것이 많습니다. 예를 들어 저는 공부를 하다가 졸리면, 졸린 이유까지 분석했습니다. 보통 그 해결책으로 단순히 '잠을 많이 자야겠다'라고 생각하는데, 이유는 잠이 부족해서만이 아닙니다. 어려운 문제를 계속 풀거나 너무 쉬운 문제만 계속 풀면 그런 현상이 생기더라고요. 그래서 해결책으로 시간대마다 과목별로 공부 배치에 변화를 주었습니다. 그렇게 하니 졸리지 않게 된 건 물론이고 전반적인 집중력과 효율까지 더 나아졌습니다."

덧붙여 그는 수험생들에게 일반론을 너무 맹신하지 말라고 조언한다. 칼럼이나 인강, 공부법 책 등에서 남들이 좋다고 하는 것을 그대로 받아들이지 말고 자신이 직접 적용해보고 효과를 스스로 평가한 후 취사선택해야 한다고 말한다.

"어떤 옷도 나에게 딱 맞는 것은 없습니다. 나에게 맞춰 적절히 수선해야 한다는 것을 잊어서는 안 됩니다."

새로운 개선책을 시도하다 보면 바로 그날 즉각적인 효과를 볼 수 없기 때문에 불안함을 느끼고 금방 포기하는 수험생들도 있다. 이에 대해 민상윤 멘토는 최소한 일주일은 밀고 나가야 한다고 조언한다.

"뭔가 변화를 시도하면 처음 3일 동안은 변화를 시도하는 일 자체가 힘들어서 효과가 나타나지 않습니다. 예를 들어 아침 공부를 결심했는데, 아침에 공부하는 것이 힘들다고 느낄 수 있습니다. 하지만 그래도 최소한 일주일은 버티며 밀고 나가야 합니다. 당장 하루 만에 효과가 나타나지 않는다고 그때마다 뒤집어엎으면 최악의 결과가 발생합니다. 일주일 동안 시도해보고, 이게 나에게 맞는 옷인지 아닌지를 피드백해야 합니다."

이런 과정을 거치다 보니 결과적으로 재수 시절 후반부에 다다랐을 때는 플래너 자체를 쓸 필요가 없어졌다고 한다. 이미 검증된 패턴과 루틴, 즉 자신에게 최적화된 공부 시스템을 수립했기 때문이다. 우리도 플래너를 쓰되, 언젠가 플래너를 쓰지 않고도 고민 없이 공부하게 될 날을 만들어보는 것이 어떨까.

_ 압축 공부를 완성하는 마지막 히든카드

마지막으로, 민상윤 멘토는 압축 공부 시스템을 완성하기 위해서는 '실전에서의 경험에 대한 철저한 피드백'이 최종 관문이라고 말한다. 그는 재수 생활을 할 때 모의고사에서 국어는 종종 1, 2등급의 성적을 받았다. 하지만 그해 수능에서는 현역 때와 마찬가지로 다시 4등급을 받았다. 한 문제에서 막히는 바람에 그 뒤의 문제들을 풀 때 흔들린 것이 원인이었다.

"아무리 1, 2등급의 실력이라도 실전에 대한 대비가 되어 있지 않으면 한 문제 때문에 금방 추락할 수 있습니다. 막혔을 때 당황하면 그 문제의 오답 여부를 떠나 그 여파가 뒷부분까지 갑니다. 바로 이런 문제들을 실전에서의 경험을 통해 피드백해야 합니다."

실제로 많은 학생이 모의고사를 보고 나면 어디 틀렸는지를 복기하고, 해설 강의를 듣는다. 하지만 그건 지식적인 측면의 피드백일 뿐이다. 지식적인 측면의 피드백은 나중에도 할 수 있다. 중요한 것은 시험 상황 자체에 대한 피드백이다. 모의고사를 본 당일에 반드시 해야 할 것은, 시험지를 펼쳐놓고 시험 때 한 페이지 한 페이지를 넘기면서 들었던 느낌을 기록하는 것이다. 그 느낌은 당일밖에 기억이 나지 않기 때문이다. 그런데 많은 학생이 그 소중한 경험을 다들 그냥 날려버린다.

"예를 들어 수험생 대부분은 국어에서 문학과 비문학을 죽으라 공부합니다. 화법과 작문에서 빨리 끝내고 시간을 아끼려고 하죠. 하지만 시험 때 긴장해서 화법과 작문을 지나치게 급히 푼다면 이미 페이스가 흔들린 상태입니다. 그러면 문학, 비문학을 아무리 공부해도 실력이 온전히 나올 수가 없습니다."

그의 말처럼 문제의 원인은 '스타트' 부분에 있는데, 앞부분에서 틀리는 문제가 나오지 않으니 뒷부분에서 원인을 찾게 된다. 따라서 틀린 문제만 복기하면, 정작 문제는 페이스 자체에 있는데도 이를 알아채지 못하게 된다.

"예를 들어 한 문항에서 막혔을 때 시험 시간에는 이 문제를 넘어갈지 말지 고민하느라 결국 시간을 많이 잡아먹고, 그게 불안과 긴장을 키웠을 겁니다. 근데 학생들은 그게 막혔던 문항이니까, 그냥 막연히 '어려운 걸 더 열심히 해야지'라고 생각합니다. 하지만 모르는 문제, 풀 수 없는 문제는 수능 날 반드시 나오기 마련입니다. 그러므로 나중에 똑같은 상황에서 어떻게 할 건지 실전 경험을 통해 미리 계획을 세워둬야 합니다."

그는 모르는 문제가 나오면 어떻게 '찍을지'까지 미리 시나리오를 마련해뒀다고 한다. 시험 전반의 판이 자신의 손바닥 안에서 흘러갈 수 있도록 실전과 비슷한 상황의 경험을 통해 대비책을 세워야 한다고 조언한다.

실제로 이렇게 나온 대비책은 그의 압축 공부를 완성하는 마지막 히든카드가 됐다. 그는 삼수 수능 시험을 치를 때 국어 과목 한 지문에서 큰 어려움을 느꼈다. 아예 이해가 되지 않았다. 하지만 미리 대비책을 세워둔 덕분에 세 번째 실패를 막을 수 있었다.

"6월과 9월 평가원 모의고사에서 과학기술 지문에 어려움을 느꼈습니다. 당연히 열심히 했지만, 그래도 못 풀 수 있다는 생각으로 사전에 플랜 B를 세워뒀습니다. '막힌다고 느껴져도 일단 끝까지 읽자. 그리고 거를 수 있는 선택지까지는 거르고, 못 풀어도 5분 내로 넘어가자.' 그래서 실제로 그 지문은 그렇게 해서 넘어갔는데, 여기서 못 푼 두 문제를 빼고 다 맞았습니다."

그의 경우처럼 모의고사 때 발생한 문제점은 실전 수능에서도 대부분 반복되기 마련이다. 이는 수능뿐 아니라 내신 시험, 특히 촌각을 다투는 수학 시험에도 그대로 적용되는 얘기다. 모의고사 또는 문제집을 풀다 보면 풀 수 없는 문제를 만나거나 시간에 쫓기는 일은 수도 없이 발생한다. 여기서 중요한 것은 '문제를 풀 수 없었다. 시간에 쫓겼다'라는 사실 자체가 아니다. 그것 때문에 괴로워할 필요도 없다. 오히려 이를 '얘야, 실전 시험에서도 똑같은 상황이 반복될 거야. 그때 너는 어떻게 할 거야?'라고 묻는 수호천사의 친절한 질문으로 받아들이고, 질문의 답을 찾아야 한다.

아인슈타인은 말했다. 같은 행동을 반복하면서 다른 결과를 기대하는 것만큼 미친 짓은 없다고. 매일 하는 공부, 1년에 수도 없이 치르는 모의고사. 이것들은 당신에게 다른 행동을 만들어줄 수 있는 배움의 기회이고, 경험의 보고다. 부디 그 소중한 보물을 놓치지 말기 바란다.

Check List

- □ 공부하면서 맞닥뜨리는 문제점을 틈틈이 기록한다.
- □ 매일 하루의 문제점에 대한 보완책을 고민할 시간을 확보한다.
- □ 모의고사를 치르고 나면, 그날 바로 시험을 치를 때의 상황을 피드백한다.

03

저절로 공부에 몰입되는 신경 끄기의 기술

어릴 적 나는 정말 축구가 잘하고 싶었다. 한때 손흥민 같은 유명한 축구 선수가 되기를 꿈꾸기도 했다. 비록 전문적으로 축구를 배운 것은 아니지만, 지금껏 살면서 가장 좋아하는 것 한 가지를 꼽으라면 '축구'를 얘기할 정도로 열정만큼은 누구에게도 지지 않을 자신이 있다. 그렇게 축구를 하면서 깨달은 한 가지가 있다.

중학교 시절 축구를 잘하고 싶은 마음에 유명한 선수들의 영상을 매일같이 보고, 여느 중학생들처럼 경기에 나가서 호날두와 메시의 드리블 흉내를 냈다. 하지만 공을 원하는 곳으로 제대로 보낼 수도 없는 실력에 무슨 '명품' 드리블을 할 수 있었겠는가. 중학교 2학년, 학교 간 대항전을 앞두고 있던 때였다. 매일 스타플레이어들의 드리블을 흉내 내며 선발로 기용되기만을 기다리고 있던 내게 감독이셨던 체육 선생님께서 한마디 하셨다.

"네가 리프팅 20개를 할 수 있으면 그때 선발로 써주마."

체육 선생님은 항상 팀원들에게 리프팅을 잘해야 한다고 강조하셨다. 알다시피 리프팅은 공을 땅에 떨어뜨리지 않고 계속해서 들어 올리는 기술이다. 내가 화려한 기술이나 드리블을 연습하는 모습을 보실 때도 리프팅 연습이나 더 하라고 핀잔을 주시곤 했다. 그때는 이해가 되지 않았다. 선생님께서 왜 그토록 리프팅에 집착하셨는지. 하지만 축구를 조금이라도 해본 사람은 안다. 가장 기본기인 리프팅을 하는 것만 보면 그 사람의 축구 실력을 금방 알 수 있다는 걸. 축구에서 중요한 킥, 트래핑(공 받기), 드리블 실력은 거의 리프팅 실력과 정비례한다. 선생님께서 그토록 리프팅을 강조하셨던 이유가 여기에 있었다.

그때부터 나는 매일 아침 운동장에서 스타플레이어 흉내 내기 같은 '뻘짓'을 그만두고, 오직 리프팅 연습에만 매진했다. 두 달을 연습한 끝에 5개도 못 하던 리프팅을 20개 이상 할 수 있게 됐다. 근데 신기한 건 이후 경기에서의 플레이가 일취월장해졌다는 것이다. 몇 년을 시합만 하던 때보다 실력이 훨씬 나아졌다. 그때 깨달았다. 아무리 시합을 많이 뛰어도 그리고 아무리 화려한 기술을 연마해도, 기본기가 갖춰지지 않으면 절대 실력이 늘지 않는다는 것을.

시합에서 잘 뛰게 되는 건 '결과'다. 그리고 기본기는 그 결과의 가장 중요한 '원인'이다. 공부도 마찬가지다. 시험을 잘 보는 것, 문제를 잘 푸는 것은 결과다. 그리고 그 결과를 만드는 가장 중요한 원인은 기본 실력이다. 기본기가 충실하지 않으면 어느 것도 잡을 수가 없다. 성적이 잘 오르지 않는 학생들 대부분이 기본기를 뒤로한 채, 마치 내가 스타플레이어의 명품 드리블을 흉내 내려고 했던 것처럼 눈에 보이는 테크닉에만 집중한다.

기본기가 없으면, 훌륭한 테크닉도 없다. 어떤 경우에도 기본기가 먼저다. 기본기가 부족하다면, 기본기 외의 모든 것에 신경을 꺼라. 오직 가장 중요한 기본기를 키우는 데만 집중해야 한다.

_ 해야 하는 것부터 확실하게

한때 평균 6등급에 가까운 내신 성적을 평균 2등급대, 전교 1등으로 끌어올려 서울대 자유전공학부에 합격한 김영탁 멘토는 자신의 성적 급상승 비결을 '기본기에 대한 강한 집착'이라고 말한다. 그는 성적이 낮게 나와도 흔들리지 않고 기본기를 키우는 데 집중했기에 성적을 끌어올릴 수 있었다고 말한다.

"성적을 끌어올리는 데는 어떤 것보다도 내 실력과 내공이 제일 중요합니다. 이른바 공부의 왕도, 기술, 테크닉, 효율 등 어떤 것도 '기본기'를 키우는 데 초점이 맞춰져 있지 않다면 변화를 가져다줄 수 없습니다."

김영탁 멘토는 중학교 때 전교 50등에서 100등 사이를 오가던 학생이었다. 자연스럽게 고등학교도 집 근처 일반고로 진학했다. 그러던 중 형이 졸업한 자율형사립고에 전학 TO가 나자 1학년 4월에 그곳으로 전학을 갔다. 중간고사를 앞둔 시점이었기에 나름대로 뭔가를 보여줘야겠다는 마음으로 열심히 공부했다. 하지만 그곳은 전국에서 공부 꽤나 한다는 학생들이 모인 학교였다. 그런 학생들 사이에서 두각을 나타내기엔 내공이 부족했다.

1학년 1학기 평균 6등급을 받았다. 약 150명 중 100등 밖의 성적이었다. 더구나 그것도 암기 과목 덕분에 겨우 나온 성적이었다. 주요 과목인 국 · 영 · 수에서는 그보다 낮은 성적을 받았다.

"중간고사를 보고 나서 더는 내려갈 점수도 없다고 생각했습니다. 내가 왜 성적이 낮을까 고민해보니 답은 하나였습니다. 중학교 때부터 공부를 많이 해온 친구들에 비해 기본적인 실력이 부족하다는 것. 그 외에는 설명할 방법이 없었어요. 그때부터 기본기에 대한 거의 병적인(?) 수준의 집착이 시작됐습니다."

여름방학을 보내면서 김영탁 멘토는 오직 자신의 실력을 키우는 데 집중했다.

"친구들이 말하는 왕도, 정석 같은 것에 별로 신경 쓰지 않았습니다. '지금 뭘 해야 한다'거나 '이때 뭘 해야 한다' 같은 말에 신경 끄고, 내 상태에 맞춰 내 실력을 쌓는 데에만 집중했습니다. 기본적인 걸 열심히 한 거예요. 수학은 교과서랑 『수학의 정석』을 많이 봤고, 암기 과목은 다른 친구들이 기출문제에 신경 쓸 때, 개념서를 몇 번이고 보면서 실력을 쌓았습니다."

이처럼 그의 공부 시스템에서 원칙은 단 한 가지였다. '기본기를 제대로 키웠는가.' 이것이 절대적인 원칙이었다. 기본기가 안 된 공부에는 족보도, 시험의 기술도, 족집게 강의도 아무 소용이 없었다. 그가 말하는 기본기란 '더 잘하게 될수록 시험 점수에 영향력이 큰 것'을 가리킨다. 우선순위로 표현하면 가장 높은 우선순위의 교재와 지식이고, 가성비로 표현하면 투자 대비 성과가 가장 큰 것이다. 그리고 시험 범위로 치면, 가장 먼저 외우고 기억해야 하는 가장 중요한 내용이다.

"예를 들면 시험 기간에 다들 족보 문제 보느라 혈안이 되어 있을 때도, 저는 외워야 하는 걸 제대로 외우는 게 먼저라고 생각해서 더 철저히 외우는 데 시간을 많이 썼습니다. 족보를 보는 것도 필요하지만, 그게 가장 앞선 우선순위는 아니니까요."

그렇다고 밤을 새워 공부하거나 공부의 절대량을 남들보다 대폭 늘리지는 않았다.

"열심히 하려고는 했지만, 밤늦게까지 하거나 잠을 줄이면 공부 효율이 별로였습니다. 제 공부의 원칙은 '할 때만큼은 제대로 하는 것'이었습니다. 학교에 자습시간이 많다 보니 놀면서 쉬엄쉬엄하기 쉬운데, 저는 자습시간만큼은 자리에서 일어나지 않으려고 했습니다.

하는 시간에 집중해서 열심히만 해도 절대량은 충분할 수 있습니다."

공부를 하면서 매번 기본기가 제대로 갖춰졌는지를 점검해나가니 성적이 오르기 시작했다. 1학기 때 평균 6등급에 가까웠던 성적이 2학기에는 3등급대 후반까지 올랐다.

_ 나에게 필요하지 않은 것은 과감히 버린다

김영탁 멘토는 『공부 마스터 플랜』에서 인터뷰했던 김영훈 멘토의 동생이다. 그는 서울대 자유전공학부를 졸업하고, 재경직 행정고시에 합격했다. 그 또한 고등학교 1학년 때 160명 중 110등대였던 성적을 3학년 때 전교 1등까지 끌어올린 압축 공부 멘토다.

형제에게 성적 급상승 비결을 물었을 때, 두 사람 모두 '나의 수준을 객관적으로 파악하고, 온전히 나의 수준을 끌어올리는 데 집중해야 한다'고 한목소리로 말했다. 아무리 좋은 학원이나 교재가 있어도 나의 수준과 필요에 맞지 않으면 아무런 도움이 되지 않는다는 것이다.

김영탁 멘토는 말한다.

"다른 친구들이 뭘 공부하는지, 어떤 인강을 듣는지 신경 쓰다 보면 내가 해야 할 공부를 할 수가 없어요. '재는 뭐 하고 있지?' 이런 생각 자체가 자기 자신의 공부를 깎아 먹는다고 봤습니다."

그의 말처럼 많은 학생이 자기 자신이 어느 정도의 수준에 도달해 있는지, 무엇이 부족한지에 대한 고민 없이 그저 남들이 좋다고 말하는 것을 쫓아가느라 많은 시간을 낭비한다. 하지만 남에게 좋은 것이 나에게도 똑같이 도움이 되는 것은 아니다. 몸이 아프다고 옆자리 친구가 먹는 약을 먹을 게 아니라 나의 상태와 진단에 맞는 약을 처방받아야 하는 것처럼 말이다.

"공부를 좀 하는 학생들의 특징이 자기 비관이 심하다는 점이에요. 자기가 하는 공부인데 오히려 자신을 의심하고, 자신이 하는 것이 맞는지에 대한 확신이 없어요. 하지만 그렇게 해서는 성적을 끌어올릴 수가 없어요. 다른 이들과 비교하며 자신을 객관적으로 파악하는 것도 때론 필요하지만, 그보다 중요한 것은 스스로 확신을 가지고 자신의 길을 묵묵히 가는 것입니다. 내 수준에 맞지 않는 것, 내 약점을 보완하는 데 도움이 되지 않는 것들에는 과감히 신경을 꺼야 합니다."

그의 말처럼 나에게 필요하지 않은 것은 과감히 버릴 줄 알아야 한다. 온전히 나의 기본 역량을 키워줄 수 있는 것이 무엇인지를 파악한 뒤, 그것에 집중해야 한다. 공부는 동일 출발선에서 출발하는 마라톤이 아니다. 각자의 출발선이 다르고, 페이스도 다르다. 저 앞에 먼저 가는 사람만 쫓아서 가다 보면, 금세 자신의 페이스를 잃기 마련이다. 지금 내 상태에 맞는 페이스를 찾아야 한다. 무엇을 공부할지, 어떻게 공부할지 온전히 자신의 페이스를 찾아내야 한다.

_ 끝없는 반복으로 기본을 다진다

김영탁 멘토는 자기에게 맞는 공부 교재와 방법이 무엇인지를 명확히 찾았다면, 그것으로 자신의 지식과 역량을 만드는 데 집중하라고 말한다. 축구로 치면 일종의 '기본기 훈련'이다. 기본기가 되지 않은 상태에서는 어떤 기술도 실력을 향상시켜줄 수 없다.

그가 말하는 기본기 훈련의 핵심은 '반복'이다. 반복을 하며 내가 모르는 것, 어려움을 느끼는 것과 직접 부딪치고 깨지면서 기본기를 끌어올려야 한다. 문제를 회피하고, 요령이나 꼼수를 찾다 보면 남는 게 아무것도 없다. 그리고 반복을 하는 과정에서도 그 과정 자체를 최대한 객관적으로 관찰하고 분석해야 한다. 이를 두고 그는 기계적인 반복이 아니라 의식적인 반복이 필요하다고 조언한다.

"예를 들어 축구 슈팅 연습을 할 때, 그저 무작정 많이 차서 감각만 익혀도 잘 찰 수는 있습니다. 하지만 공을 차는 과정을 하나하나 관찰하면서 발 어느 부분으로 공을 맞혀야 하고, 어떤 자세로 차야 하는지를 의식적으로 생각하면서 연습하면 훨씬 더 적은 시간에 기본기를 끌어올릴 수 있습니다."

앞서 서울대 체육교육과에 합격한 김예은 멘토가 김연아 선수의 모습에 감탄했다는 이야기와 같은 맥락이다. 그녀는 김연아 선수가 날마다 같은 동작을 반복하면서도 매번 의식적으로 연습하는 것을 옆에서 지켜봤다고 했다.

한편, 김영탁 멘토가 다닌 학교에서는 3년간 학원이나 과외 같은 사교육을 받을 수 없었기에 많은 친구가 인강을 활용했다. 하지만 그는 인강조차 보지 않았다. 그는 오직 '의식적인 반복'의 힘을 믿었다.

"인강을 보면, 학교 선생님이 가르쳐주는 거랑 내용이나 진도가 비슷해서 특별히 새로 배울 게 없다고 생각했던 것 같습니다. 친구들이 종종 문제 푸는 스킬을 알려주는 게 도움이 된다고 하던데, 저는 그런 것보다 실력을 더 갖추는 게 중요하다고 생각해서 거기에 시간을 쏟았습니다. 예컨대 수학이라면 하나의 문제집을 여러 번 풀고, 또 다른 문제집을 여러 번 풀었습니다."

학원이나 인강 대신 그는 『수학의 정석』 같은 문제집을 반복해서 풀었다. 시중에 나와 있는 대부분 문제집을 최소한 세 번 이상은 풀었다.

"문제집을 여러 번 풀다 보면, 외워서 푸는 건지 실력이 좋아지는 건지 모호할 때가 있습니다. 기계적인 반복을 하지 않기 위해 문제를 풀 때마다 내가 어디서 막히는지를 기억하고, 다음번에 다시 풀 때는 몰랐던 것을 이제는 이해했는지를 의식했습니다. 그렇게 해야만 여러 번 책을 보는 효과가 있습니다. 기계적으로 아무 생각 없이 반복해서 문제집을 풀고 참고서를 봐서는 안 됩니다. '반복'을 하는 목적이 이해하지 못하는 부분, 기억하지 못하는 부분을 최소화해나가는 것에 있다는 점을 잊지 말아야 합니다."

그는 빈틈이 줄어드는 것을 의식적으로 확인하기 위해 반복을 하면서도 틈틈이 공부 상태를 점검했다. 공부를 하고 나면, 내용을 보지 않고 직접 써보면서 기억 속에 '구멍'이 난 곳은 없는지를 점검했다. 무엇을 모르는지, 다음번에 반복할 때는 무엇에 유의해야 하는지를 의식하면서 반복하는 것이 매우 중요하다고 말한다.

"암기 과목은 A4 용지 4~5쪽에 공부한 내용을 요약한 후, 안 보고 쓰는 연습을 몇 번씩이나 했습니다. 시험 때마다 여섯 번에서 일곱 번은 한 것 같아요. 효율은 떨어질 수 있지만, 적어도 반드시 해야 하는 걸 '확실하게' 한 것이므로 성적이 오르기 시작했습니다."

의식적인 반복의 결과는 매우 큰 효과가 있었다. 의식적인 반복은 억지스러운 '암기'가 아닌 자연스러운 '기억'이 되게 해주었다.

"영어는 EBS 『수능특강』을 몇 번이나 읽었습니다. 특징적인 단어 하나가 나오면, 그 단어가 들어 있던 지문이 떠오를 만큼 반복해서 읽었어요. 그렇게 하다 보면 단어나 문장은 물론, 거기 담긴 문법적인 내용까지 자연스럽게 기억나게 돼요."

성적에 연연하지 않고 기본기를 키워간 결과는 기대 이상이었다. 2학년 1학기에 평균 3등급대 초반, 2학기에 2등급대 후반이었는데 3학년 1학기에는 2등급, 전교 1등으로 성적이 급상승했다.

그는 의식적인 반복을 하며 가져야 할 태도에 대해 이렇게 조언한다.

"이만하면 다 됐다 싶어도 거기서 멈추지 않고 더 하는 게 중요합니다. '끝났다'라는 말을 머릿속에서 지워야 해요. 시간 낭비 같지만,

저는 여섯 번이나 일곱 번 보던 걸 여덟 번, 아홉 번씩 보려고 했습니다. 시간이 있으면 어떻게든 더 해야 한다고 생각했어요. 그랬더니 자연스럽게 시험을 잘 보게 됐어요."

축구도 공부도, 기본기만큼 중요한 것은 없다. 성적 급상승을 원하는 학생들 대부분은 기본 역량이 부족할 가능성이 크다. 그럴 때 가장 먼저 필요한 것은 대단한 시험의 기술도, 훌륭한 기출문제 족보도 아니다. 다시 한번 강조하지만, 기본기다. 기본기부터 갖춰야 한다. 기본기가 부족하다면, 그 밖에 어떤 것에도 신경을 꺼야 한다. 남들이 무얼 하든, 그것은 중요치 않다. 온전히 역량을 끌어올리는 것이 당신이 지금 당장 해야 할 유일한 일이자 나아가야 할 길임을 결코 잊지 마라.

Check List

- ☐ 기본기를 키우는 데 필요한 공부에 집중한다.
- ☐ 같은 교재를 최소한 5번 이상 반복해서 보고, 볼 때마다 '내가 모르는 것'이 무엇인지를 의식적으로 찾는다.
- ☐ 공부를 하고 나면, 내용을 보지 않고 직접 써보거나 설명해 본다.

04

시험에 어떤 문제가 나올지 알고 싶다면

이순신 장군은 세계 해전사에 길이 남는 명장이다. 그는 명량해전에서 겨우 12척의 배로 130척이 넘는 일본 해군을 무찔렀다. 그 외 다수의 해전에서도 악조건을 뚫고 완벽에 가까운 승리를 거뒀다. 많은 전문가는 적의 전술에 대한 정확한 예측이 '백전백승'의 신화를 만들어냈다고 평한다.

『손자병법』을 보면 누구나 한 번쯤은 들어봤을 그 말이 나온다.

"지피지기면 백전불태(知彼知己百戰不殆)라!"

즉, 적을 알고 나를 알면 백 번을 싸워도 위태롭지 않다는 의미다. 이는 전쟁뿐만 아니라 상대가 있는 어떤 게임에서도 통용될 수 있다. 축구 감독들은 상대 팀의 전술을 파악하기 위해 상대 팀의 경기 영상을 몇 번이고 되돌려 본다. 프로 바둑기사들 역시 상대의 전술을 파악하기 위해 상대의 대국을 몇 번이고 따라 둔다.

공부도 마찬가지다. 수험생에게도 '시험'이라는 전투의 최종 상대, 즉 시험 문제를 정확히 예측할 수 있다면 결코 위태로움이 없으리라. 하지만 대부분 수험생은 산더미 같이 쌓인 책과 프린트, 참고서, 기출문제 등에 둘러싸여 정작 나의 '상대'를 예측하는 데 시간과 에너지를 쏟지 못한다. 그래서 대체로 투자 대비 성과가 높지 않다.

고등학교 1학년 때 평균 5등급이던 내신에서 평균적으로 무려 세 등급을 끌어올려 서울대 심리학과에 합격한 김재현 멘토는 자신의 성적 급상승 비결을 이렇게 말한다.

"공부하면서 '어떤 문제가 시험에 나올까'를 가장 먼저 고민하다 보니 자연스레 성적이 올랐습니다. 상대가 누구인지를 알고 싸우면, 결코 지는 법이 없습니다."

_ 시험에 반드시 출제되는 교재

중학교 시절 김재현 멘토는 전교 상위권과 하위권을 오가는 들쑥날쑥한 성적을 받았다. 2학년 때 PC 게임 '롤'을 알게 된 뒤로는 온종일 게임 생각에만 빠져 살았다. 그러던 중 경찰대에 진학하겠다는 목표가 생겼고, 3학년 때 성적을 끌어올려 가까스로 공주 한일고등학교에 합격했다.

중학교 때 성적을 급하게 끌어올리다 보니 남들 다 하는 선행학습 한번 제대로 해본 적이 없었다. 그래서 고1 때는 열심히 노력했음에도 주요 과목에서 평균 5등급대의 성적을 받았다. 더구나 가장 친했던 친구들도 학교를 떠나면서 멘탈이 흔들리기 시작했다. 떠나는 친구들을 보며 김재현 멘토 또한 자연스레 집 근처 일반고로 전학하고 싶다는 생각이 들었다.

더구나 그 시기 기숙사 생활을 하다 보니 4년간 또 기숙사 생활을 해야 하는 경찰대학에 대한 열망이 사그라들기 시작했다. 어머니께 집 근처 일반고로 전학 가서 내신 성적을 잘 받겠다며, 전학을 가고 싶다고 말씀드렸다. 하지만 아들의 성격을 잘 아는 어머니는 당장의 어려움을 회피하는 것밖에 되지 않는다며, 포기하지 말고 끝까지 도전해보라는 말로 그의 약해진 마음을 다잡아 주었다.

한두 달을 허송세월로 보냈지만, 김재현 멘토도 더는 친구들이 떠난 것에 흔들리며 이도 저도 아닌 시간을 보낼 수 없다는 결단을 내렸다. 공부를 다시 시작했다. 의욕을 가지고 공부한 결과 2학년 때는 1학년 때보다 내신이 한 등급 정도 올랐다. 이를 보면서 성적 올리는 게 결코 불가능한 일이 아니라는 자신감을 얻게 됐다.

'왜 성적이 올랐을까?' 하는 생각에 되돌아보니 원리는 간단했다. 선생님이 시험 범위를 다 알려주는 내신 시험이기에 그 범위를 완벽히 숙지하면 대부분 맞힐 수 있었다.

1학년 때는 똑같이 시험 범위를 알려줘도, 이런저런 이유로 시험 범위를 완벽히 숙지하지 못한 경우가 많았다. 예를 들면 수학 선생님께서 다수의 문제가 담긴 프린트를 주시며, 프린트에서 시험을 주로 낼 거라고 했음에도 평소에 보던 다른 문제집을 풀거나 선행학습을 하느라 정작 프린트는 제대로 들여다보지 못하곤 했다. 또한 시험 범위의 내용을 완벽히 숙지하지 못했으면서도 관성적으로 문제집을 푸는 데 더 많은 시간을 썼다. 이처럼 덜 중요한 곳에 시간을 낭비하는 일이 적지 않았다.

나름대로 열심히 했음에도 만족스럽지 않은 성적을 거두는 학생들을 보면, 이처럼 열심히 하는 듯하지만 정작 '해야 할 것'은 제대로 하지 않는 경우가 많다. 열심히 공부하지만 정작 시험 출제 가능성이 큰 수업 필기가 전혀 되지 않은 경우, 학원에서 나눠주는 자료와 문제집은 열심히 풀지만 정작 학교 선생님이 수업하는 교재와 프린트는 한 번 보고 마는 경우 등도 마찬가지다. 이렇게 해서는 결코 노력 대비 성과를 높일 수 없다. 아무리 열심히 공부한다 한들 밑 빠진 독에 물 붓는 격일 뿐이다.

"시험 기간이 아닐 때는 조금 느슨하게 사는 편이었습니다. 주말에 PC방도 가고, 집에 다녀오기도 하고, 공부에서 손을 놓고 동아리 공연 연습만 하기도 했습니다. 하지만 시험 범위가 다 나오고, 시험 한 달 전이 되면 모든 생활의 초점을 온전히 시험공부에 맞췄습니다. 아예 한 달간은 학교와 기숙사 밖으로 나가지 않았습니다. 주어진 범위를 완벽히 숙지하는 것을 시험 기간의 최우선 목표로 삼았는데, 그렇게 해야만 시험 범위를 온전히 끝낼 수 있었기 때문입니다. 주어진 시간 동안 해야 할 것을 다 했느냐 아니냐가 성적을 결정하는 가장 중요한 요소입니다."

성적을 끌어올리기 위해 많은 학생이 다양한 수단을 동원한다. 여러 가지 책과 참고서를 보고, 다양한 학원 수업과 인강을 듣고, 시험 대비 과외까지 따로 받는 경우도 있다. 하지만 정작 제일 중요하고 필수적인 것, 즉 출제 범위 내의 수업 필기나 교과서와 부교재를 제대로 공부하지 못하고 시험장에 간다면 이는 말 그대로 어불성설이다.

_ 출제될 문제를 예측하는 세 가지 요소

해야 할 것을 다 했다면, 이미 절반 이상 성공한 셈이다. 하지만 출제자, 즉 학교 선생님들은 적당한 수준의 고난도 문제를 통해 학생들이 오답을 내게 해야 할 '의무'가 있다. 학생들도 경험해봐서 알겠지만, 만점자가 다수 나오면 선생님은 여러 가지 난처한 상황에 처하게 된다. 따라서 선생님들은 해야 할 것을 다 한 학생들마저도 틀리게 하기 위해 방안을 모색하기 마련이다.

결국 여기서 상위권과 최상위권의 성적이 갈린다. 그런데 이런 문제는 시험 범위의 내용을 완벽히 숙지한다 해도 틀릴 확률이 높은 것들이기 때문에 조금 다른 방식으로 접근해야 한다. 나올 문제를 적극적으로 예측하는 일이다.

김재현 멘토는 바로 이 원리를 터득했고, 그 덕에 한 단계 더 발전할 수 있었다. 그는 자신 있게 말했다.

"저는 나올 문제들을 예측하기 위해서 그 예측 범위 안에 있는 모든 것을 했습니다."

그가 활용한 것은 크게 세 가지다.

"시험 문제를 예측하기 위해서 크게 세 가지를 활용할 수 있습니다. 첫 번째는 이전의 시험지, 두 번째는 수업 내용과 수업 교재, 그리고 세 번째는 잠재적 시험 범위로 볼 수 있는 선생님의 참고 자료입니다."

첫 번째는 선생님이 출제한 이전의 시험 문제들이다. 이는 내가 직접 치른 시험의 시험지일 수도 있고, 선배나 온라인 등 다른 경로를 통해 구한 시험지일 수도 있다. 이른바 '족보'다. 이 시험지는 매우 중요한 데이터베이스가 된다. 마치 축구 감독들에게 상대 팀의 이전 경기 영상이 가장 중요한 데이터가 되듯, 시험지를 통해서 많은 것을 배울 수 있다. 한 팀의 전술이 쉽게 바뀌지 않듯, 선생님의 출제 패턴이나 방식도 큰 틀에서는 분명 유사점이 존재한다.

김재현 멘토는 자신이 치른 이전 시험의 문제를 확인하는 것도 중요하다고 말한다.

"저는 이전에 치른 시험지를 공부를 시작할 때와 끝낼 때 두 번 이상 봤습니다. 우선 전체적인 문제 스타일을 본 뒤 얼마나 지엽적으로 내는지, 얼마나 꼬아서 내는지, 직접 알려주시지 않은 데서 내지는 않는지 등을 파악합니다. 그걸 알면 어떤 방향으로 공부해야 할지를 알 수 있습니다."

이전 시험에서 내가 틀린 문제들은 자신이 어떤 취약점을 가지고 있는지, 지난 시험을 준비하는 과정에서 어떤 부분이 미흡했는지를 파악하는 데 중요한 단서가 된다. 그 때문에 이전 시험의 틀린 문제를 피드백하는 것은 시험공부를 시작하기 전에 제일 먼저 해야 하는 기본 중의 기본이다.

여기에 덧붙여 김재현 멘토는 틀린 문제뿐만 아니라 맞힌 문제까지 모든 문제의 출제 유형과 패턴을 살펴봐야 한다고 조언한다. 틀린 문제만 확인하다 보면 전체적인 출제 스타일을 놓치기 쉽다.

"특히 서술형 문제는 출제 방식에 따라 공부해야 하는 스타일이 매우 다양해질 수 있습니다. 이전 시험 자료를 최대한 확보해 출제 유형을 봐야 가성비 높은 공부를 할 수 있습니다. 같은 시간과 노력을 들이더라도, 상대의 전술을 아느냐 모르느냐에 따라 결과는 확연히 달라지거든요."

공부가 끝나고 나서는 이전 시험지를 공부가 제대로 됐는지 확인하는 '리트머스 시험지'로 활용했다. 그 시험지마저 통과하면, 최소한 시험에서 '망하는 일'은 발생하지 않았다.

두 번째로 김재현 멘토는 수업 내용, 수업 교재 등을 통해 문제를 예측해야 한다고 말한다. 물론 이 부분은 '해야 할 것'에 포함되기 때문에 그것을 다 했다면 이미 충분히 준비된 것이라 할 수 있다. 다만, 여기서 중요한 것은 어디에 초점을 두고 공부해야 하느냐다.

많은 학생이 지식을 책과 강의에서 알려주는 대로 수동적인 수준에서 공부하는 데 그친다. 하지만 마치 전투에서 '적이 어디서 나올지 늘 긴장하고 행군하는' 군인처럼, 공부를 하면서 어디서 출제될지 늘 긴장하고 예측하기 위해 의식적으로 노력하는 적극적 차원의 공부가 필요하다.

김재현 멘토는 이전 시험지 분석을 통해 출제 스타일을 파악했다면, 이 단계에서는 파악한 출제 스타일에서 최대의 효과를 거둘 수 있는 방식으로 공부해야 한다고 조언한다.

"예를 들어 영어 지문을 외우지 않고는 도저히 맞힐 수 없는 문제가 있다면, 영어 지문을 외우는 방식으로 공부해야 합니다. 영어 지문을 외우는 것보다는 오히려 문법적인 디테일이 중요한 방식으로 출제된다면, 지문을 외우기보다는 지문 내에서 출제될 문법 포인트만 따로 수집해 문법서를 기반으로 공부하는 게 나을 수도 있습니다. 이처럼 출제 스타일에 따라 대비하는 방법이 당연히 달라져야 합니다."

그는 특히 선생님이 틀리게 만들겠다는 '의도'를 가진 '나올 법한' 문제에 주의를 기울여 늘 긴장하면서 공부해야 한다고 조언한다.

선생님의 단서에 주목하라

세 번째는 바로 선생님의 자료다. 김재현 멘토는 특히 선생님의 자료를 토대로 나올 법한 문제를 역추적하여 예측했다고 말한다.

"고2 때, 선생님이 갑자기 프린트로 주시거나 칠판에 써주시는 문제들이 있었어요. 교과서나 부교재에는 없어서 친구들은 그냥 풀고 넘어갔지만, 사실 저는 일부러 선생님이 '단서'를 남기시는 거라고 생각했습니다. 진짜 열심히 수업을 듣는 학생들에게 일종의 '선물'을 주시는 셈이죠."

실제로 시험에서는 이런 문제들이 킬러 문제로 나온다. 국어에서도 마찬가지였다.

"교과서에는 없는 관련 문학 작품을 과제로 내주시는 경우가 있었어요. 교과서보다 중요도는 떨어지지만, 대신 여기서 문제가 나오고 이것까지 맞히면 점수를 높일 수 있으리라 생각했습니다. 다른 친구들은 공부를 덜할 것 같으니까요. 실제로 시험에는 대부분 이런 것들이 고난도 문제로 출제되더라고요."

그는 이런 디테일을 하나도 빠짐없이 챙기고자 노력했다. 그런 노력에 비례해 성적이 지속적으로 올랐고, 3학년이 되어서는 문과에서 전교 3등을 할 정도로 성적이 급상승했다.

"예를 들어 수학 선생님이 어려운 문제 몇 개를 프린트로 내주신

적이 있어요. 선생님이 문제를 직접 만드시는 경우는 거의 없어요. 시중의 문제를 참고하실 확률이 높죠. 그래서 저는 이 문제의 출처를 찾기 위해 시중에 있는 사설 모의고사 문제집을 다 사서 풀었습니다. 그렇게 풀다가 선생님이 주신 문제의 출처가 되는 문제집을 찾았습니다."

만약 선생님이 모의고사 1회 분량을 수업 프린트로 주셨다면, 그 모의고사 문제집을 모두 사서 풀었다. 세트로 사서 아예 5~6권을 푼 적도 있다고 한다.

"선생님이 시험 기간에 어떤 문제를 풀라고 주시면, '아, 선생님이 시험 기간에 이 문제집을 참고하고 계시는구나'라고 생각하면서 이것 또한 시험 범위로 여기고 공부했습니다."

범죄심리학도를 꿈꾸는 그여서였을까. 남들은 흘려버렸을 출제의 단서를 포착해 덕을 본 적도 있다. 하루는 분리수거를 하다가 교무실 폐지함에서 나온 수학 문제집 표지를 봤다.

"5권이 한 세트로 구성된 문제집의 세 번째 시리즈 표지였는데, 혹시나 해서 저는 그 문제집의 시리즈를 전부 사서 풀었어요. 실제로 다섯 번째 시리즈에서 시험 출제가 됐더라고요."

2등이 70점대를 기록한 그 수학 시험에서 그는 압도적인 점수인 98점을 받았다. 그렇다고 교무실 쓰레기통까지 뒤적이라는 것은 아니다. 늘 '어디서 출제될까?' 하며 안테나를 바짝 세우고 주의를 기울이라는 얘기다.

여기서 학생들이 쉽게 적용할 수 있는 방법 중 한 가지는 교무실의 선생님 책상에 꽂혀 있는 문제집이나 참고서를 확인하고, 그것 또한 풀어보는 것이다. 선생님들도 시험 문제를 내려면 머리가 아프기 때문에 다양한 자료를 참고할 수밖에 없다. 당연히 책상에 있는 그 책들을 참고할 확률이 높지 않겠는가.

『손자병법』에는 이런 말이 나온다.

"무릇 전쟁터에 먼저 자리를 잡고 적을 기다리는 군대는 편안하고, 뒤늦게 전쟁터에 도착하여 서둘러 싸우는 자는 피곤하다."

시험은 확률 게임이다. 기본기를 충실히 다지고, 더 높은 확률로 나올 문제를 예측해 미리 문제를 기다리고 있을 수 있다면 결코 '전쟁'에서 위태로움이 없을 것이다. 최상위권으로 도약하길 원한다면, 미리 문제를 '기다리는' 현명함을 발휘하라.

Check List

- ☐ 이전 시험지를 통해 선생님의 출제 스타일을 철저히 파악하고, 이에 맞춰 공부한다.
- ☐ 수업시간에 나온 모든 교재나 자료는 철저히 숙지한다.
- ☐ 선생님이 참고하시는 학습 자료를 파악하고, 이를 공부 범위에 포함시킨다.

05

성적 정체기를 구원해줄 완벽 마스터키

멘토링을 하다 보면 종종 '노력에 배신당하는' 학생들을 만나게 된다. 누가 봐도 열심히 하지만, 정작 성적은 오르지 않는다. 매일 10시간을 공부해도 성적표는 달라지는 게 없다. 이런 학생들을 볼 때마다 너무나 마음이 아프다.

안타깝게도 이런 학생들에게는 한 가지 공통점이 있다. 바로 자기 고집이 세다는 점이다. 지나친 고집이 잘못된 방법과 결합하면, 대부분 '노력의 배신'이라는 결과로 나타난다. 이렇게 지나친 고집을 사람들은 '아집'이라고 부른다.

논어에는 이런 구절이 나온다.

"공자는 살면서 네 가지를 하지 않았다. 함부로 추측하지 않고, 자기 뜻만 관철하지 않으며, 자기주장만을 하지 않고, 아집을 부리지 않는 것이 바로 그것이다(子絶四 毋意 毋必 毋固 毋我)."

공부도 마찬가지다. 성적을 올리기 위해서는 아집을 버려야 한다. 겸손하고 또 겸손해야 한다.

_ 때로는 자기 고집을 꺾어야 한다

조규형 멘토는 이공계 전문직 시험에서 제일 고난도로 평가받는 변리사 시험을 2년 만에 합격했다. 2017년에 치른 첫 번째 시험에서 합격자 평균 점수의 3분의 1에도 못 미치는 점수로 낙방했지만, 압축 공부로 1년 만에 상위 1퍼센트 이내의 성적을 거뒀다.

고등학교 때도 조규형 멘토는 중학교 시절 딱 중간이었던 성적을 꾸준히 끌어올려 한양대 기계공학과에 합격했다. 그에게는 단기간의 성적 급상승도 없었지만, 단 한 번의 성적 정체기도 없었다. 고등학교 시절 모든 시험에서 성적이 꾸준히 올랐다. 그의 성적 상승 그래프는 줄곧 '급상승' 곡선보다 더 어렵다는 '정직한' 직선 그래프였다.

그렇다고 그가 처음부터 성적이 잘 나온 것은 아니었다. 중학교 때만 해도 400여 명의 학생 중 200등대의 성적이었다. 그마저도 나름대로 열심히 노력한 결과였다. 이후 아무리 시간과 노력을 쏟아부어도 성적이 잘 오르지 않았다. 목표는 늘 전교 1등이었지만, 현실은

100등 밖이었다.

“중학교 때 처음 공부를 시작했을 때는 제 고집이 되게 센 편이었습니다. 선생님들이나 선배들이 어떤 조언을 해줘도, 내 방식이 옳다고 생각하고 그것만 고집했습니다. 하지만 잘못된 방법 위에 노력만 쏟아부으니 성적표에 변화가 생길 리 없었죠.”

열심히 노력했지만 나아지는 게 없자 어느 순간부터 지치기 시작했다. 자신감을 잃었다. 그때부터 확신에 찼던 자아에도 조금씩 힘이 빠지기 시작했다.

아이러니하게도, 말 그대로 자아에 힘이 빠지자 들리지 않던 것들이 조금씩 들리고 보이지 않던 것들이 조금씩 보였다. 공부를 잘하는 친구들이 어떻게 공부하는지 보이기 시작했고, 선생님들이 해주는 조언들이 하나둘씩 귀에 들어왔다.

그는 새롭게 보이는 것, 들리는 것을 하나씩 따라 해봤다. 그러자 그토록 열심히 해도 달라지지 않던 성적표에 변화가 찾아왔다. 과거에 비해 노력하는 양이 줄었음에도 오히려 성적이 오르기 시작했다. 한때 200등대였던 성적이 중학교를 졸업할 때쯤 전교 30등까지 올라섰다.

조규형 멘토는 ‘노력에 배신당하는’ 학생들이 진짜 성적을 올리기 위해서는 가장 먼저 지나친 자기 고집을 버려야 한다고 조언한다.

“저 자신을 열고 나니까 내 방법에 어떤 문제가 있는지, 더 나은 방법이 무엇인지가 하나둘씩 보였습니다. 늘 내가 틀릴 수 있고, 부족할 수 있다는 겸손함을 가져야 합니다. 그래야만 자기 자신을 객관적으로 볼 수 있고, 그래야 올바른 방법으로 노력할 수 있습니다."

그는 성적을 올리고 싶다면 마음을 열고 '우물 안 개구리' 상태에서 한시라도 빨리 벗어나야 한다고 말한다.

전교 1등의 공부 패턴을 파악하라

중학교를 졸업하면서 그는 성적 상승의 흐름을 안고 집 근처 일반고등학교에 진학했다. 첫 번째 시험에서 전교 60등 정도의 성적을 거뒀고, 모의고사에서는 평균 4등급 정도를 받았다. 하지만 이때의 조규형 멘토는 과거의 그와 달랐다. 목표한 성적에 못 미치는 결과였지만, 중학교 때 성적을 올린 경험을 바탕으로 이번에도 충분히 목표를 이룰 수 있다고 확신했다.

그 확신을 현실로 바꾸기 위해서 가장 중요한 것은 자신의 우물에서 지속적으로 탈출하는 일이었다. 소설 『데미안』의 표현을 빌리자면, '알을 깨고 나가서 새로운 세계를 만나야' 했다. 그래서 조규형 멘토는 우물 밖으로 탈출하기 위해서, 알을 깨고 나가기 위해서 지속적으로 한 가지 노력을 기울였다. 바로 자신보다 공부 잘하는 친구들을 관찰하고, 그들에게 더 나은 방법을 배우는 것이었다.

당시 그가 다니던 학교에는 이른바 '장학반'이라 불리는, 전교 10등 이내의 학생들을 위한 별도 자습 클래스가 있었다. 그리고 그곳에는 전교에서 공부를 제일 잘하는 5명, 일명 '독수리 5형제'로 불리는 친구들이 있었다. 그들은 조규형 멘토에게 동경의 대상이었다. 조규형 멘토는 쉬는 시간이고 점심시간이고 필요할 때면 그 친구들을 찾아갔다. 그러고는 자신이 하고 있는 공부 방법을 친구들에게 말하고, 그들의 피드백을 받았다. 이게 맞는 방법인지, 더 나은 방법은 없는지 묻고 또 물었다. 사이가 좋았던 덕분에 친구들은 귀찮아하지 않고 자신들의 노하우를 친절히 알려주었다. 친구들뿐만 아니라 선생님을 찾아다니면서 플래너와 노트 같은 것들을 보여드리며 자신이 하고 있는 방법 중에서 보완할 점은 없는지, 더 나은 방법은 없는지 꼬치꼬치 물었다.

그 덕분이었을까, 사교육을 거의 받지 않았지만 성적이 지속적으로 올랐다. 친구들의 조언과 피드백을 통해 하나의 문제점을 개선할 때마다 성적이 한 계단씩 올랐다. 내신 성적이 어느새 전교 2등까지 올라 동경의 대상이었던 친구들과 함께 공부하게 됐다. 평균 3~4등급대였던 모의고사 성적도 꾸준히 올라 고3 때는 평균 1등급대가 됐다.

"성적 상승을 이루고 싶다면 공부하면서 항상 의구심을 가져야 합니다. 자기 고집을 버리고, 내가 공부하는 게 맞는 방향일까, 부족한 점은 없을까 비판적으로, 반성적으로 숙고해야 합니다. (……) 제가 늘 부족하다고 느꼈기 때문에 늘 적극적으로 다른 사람의 조언을 구하고, 그들의 피드백을 귀담아들었습니다. 정말 많은 것을 배웠습니다. 스스로 부족하다고 생각해야 개선할 점이 보이고, 무엇을 개선해야 할지가 보여야 변화할 방법을 찾을 수 있습니다."

_ 다른 사람의 조언을 귀담아들어야 하는 이유

특히 그는 자신보다 잘하는 사람들이나 선생님 같은 전문가에게 조언을 구하면, 자신의 공부와 노력에 대한 기준을 높일 수 있다고 조언한다.

"자기 나름대로는 열심히 한다고 생각하지만, 열심히 하는 게 아닐 수도 있습니다. 제대로 한다고 하는 게 실제론 그렇지 않을 수도 있고요. 다른 사람들의 이야기를 듣고 자신을 돌아봐야만 자신의 노력과 공부 방법에 대해 객관적인 시선을 가질 수 있습니다. 그런 과정을 통해서만 내 노력이 어느 정도인지 알 수 있음은 물론, 더 나은 상태에 대한 기준치를 높일 수 있습니다."

변리사 시험을 공부할 때도 이와 같은 태도가 2년 만에 합격하는 데 중요한 토대가 됐다.

"변리사 시험을 공부하면서도 내가 제대로 하고 있는 걸까 항상 고민했습니다. 정기적으로 주변 사람들한테 제가 어떤 식으로 공부하는지 얘기하고, 저보다 잘하는 친구들한테 피드백을 받았습니다. 거꾸로, 누가 제게 공부 방법을 질문했을 때도 적극적으로 답을 해주는 것이 큰 도움이 됐습니다. 제 방법을 설명해주는 과정을 통해 저만의 공부체계가 정리되고 스스로 되돌아보게 됐습니다."

실제로 그는 변리사 시험을 준비하는 과정에서 주변 사람들에게 조언을 구한 덕분에, 만약 놓쳤다면 시험에 합격하지 못했을 중요한 포인트를 발견하기도 했다.

"변리사 시험에서 상표법 같은 걸 공부할 때는 기본서를 보거나 문제집을 푸는 것보다 판례집을 외우는 게 중요한데, 첫 번째 시험 때는 이 준비가 되지 않아서 점수를 많이 까먹었습니다. 그래서 상표법을 어떻게 공부해야 하는지 주변에 조언을 구했더니 선배들, 교수님들 모두 판례집을 읽는 게 중요하다는 조언을 공통되게 해주었습니다. 그 덕분에 올바른 방향으로 시험을 준비할 수 있었습니다."

스터디를 하면서도 서술형 답안에 대해서 동료들과 피드백을 주고받았다. 서로의 답안에 기술된 논리에 대해서 비판적 토론을 주고받으며 답안의 퀄리티를 높여나갔다. 그 덕에 평균 60점을 넘는 합격자가 전국에 3명밖에 없던 두 번째 변리사 시험에서 평균 59점이라는 점수를 받을 수 있었다.

그는 '겸손한 태도'의 중요성은 올바른 공부 시스템을 찾는 데뿐만 아니라 공부 상황 자체에도 적용된다고 말한다.

"저는 시험공부를 하면서 늘 시험 보는 전날, 시험 보기 직전까지도 부족하다고 느꼈습니다. 시험장에 들어가기 1분 전까지도 정리해 둔 노트를 한 자라도 더 보고 들어가려고 했습니다. 그런 노력 덕에 만약 마지막에 보지 않았다면 못 맞혔을 문제들을 맞히는 행운을 종종 얻었습니다. 늘 공부에는 끝이 없다고 생각하고, 마지막까지 최선을 다하는 것이 중요합니다."

인생을 살면서 자기 고집과 주관은 필요하다. 하지만 어디까지나 그것이 맞는다는 전제하에서다. 성과를 통해 검증되지 않은 고집은 그간의 노력을 헛되게 흘려보내는 구멍이 될 수 있다. 내가 늘 틀릴 수 있고 부족할 수 있음을 인지하고, 다른 사람의 조언과 피드백을 두 귀를 열고 열린 마음으로 경청해야만 노력에 배신당하지 않는다.

Check List

- ☐ 나보다 잘하는 사람 또는 전문가에게 자신의 공부 상황에 대한 객관적인 피드백을 구한다.
- ☐ 내 노력이 어느 정도인지를 파악하고, 더 나은 상태에 대한 기준치를 높인다.
- ☐ 시험 기간에 '공부가 끝났다'라는 생각을 버리고, 시험 직전까지 책을 손에서 놓지 않는다.

06

노력에도 전략이 필요하다

내가 고등학생이던 시절, 말콤 글래드웰의 『아웃라이어』가 큰 인기를 끌었다. 그 책에서는 어떤 분야에서든 전문가가 되어 성공을 거두기 위해서는 1만 시간 이상의 노력이 필요하다는 '1만 시간의 법칙'을 이야기했다. 당시 교장 선생님의 훈화 말씀부터 담임 선생님의 '잔소리'에 이르기까지, 1만 시간의 법칙을 바탕으로 '노오력'이 중요하다는 내용 일색이었다.

실제로 고등학교를 졸업할 때쯤이 되니 1만 시간의 법칙에 부합하게 피 터지도록 열심히 공부한 친구들은 대부분이 목표한 성과를 거뒀다. 그러나 열심히 노력한 모든 친구가 목표를 이룬 것은 아니었다. 재수, 삼수를 하고도 끝내 목표를 이루지 못한 친구들도 있었다.

반대로, 그들에 비해 썩 열심히 노력하지 않았음에도 전국 최상위권의 수능 성적을 받아 들어가기 어렵다는 의대를 몇 개씩이나 합격한 친구들도 있었다. 나는 두 그룹의 차이점에 의문이 들었고, 한편으론 노력이 '배신'할 수도 있는 건 아닐까 하는 생각이 들었다.

세월이 다소 지나 몇 권의 공부법 책을 쓰고 많은 사례를 인터뷰하면서 그 의문에 대한 나름의 답을 찾았다. 아무리 많은 노력을 해도 누군가는 그만큼의 성과를 거두지 못하는 반면, 반대로 비교적 적은 노력으로도 누군가는 좋은 성과를 거두는 데에는 분명히 이유가 있었다. 그 답은 다름 아닌 '어떤 종류의 노력인가'에 있었다.

안데르스 에릭슨 박사는 『1만 시간의 재발견』이라는 책에서 노력에는 '의식적인 노력'과 '기계적인 노력'이 있다고 말한다. 그의 말에 따르면 의식적인 노력을 하는 이들은 지속적으로 자신의 부족한 점을 보완하고, 끊임없이 발전한다. 매 순간의 노력에 명확한 목적의식이 있다. 하지만 기계적인 노력을 하는 이들은 지금 이 시간의 노력을 통해 무엇을 개선할지에 대해 별다른 고민이 없다. 그렇기에 아무리 많은 시간과 에너지를 쏟아부어도 성과에 큰 변화가 없다.

에릭슨 박사는 많은 시간 동안 열심히 하는 것보다 더 중요한 것은 올바른 방법으로, 제대로 노력하는 것이라고 말한다. 그는 성공을 거두기 위해서는 노력과 성실에도 전략이 필요하다고 조언한다.

이번 책을 위해 멘토들을 인터뷰할 때, 성적 급상승을 이룬 그들은 한결같이 의식적인 노력을 통해 변화할 수 있었다고 말했다. 자신이 의식적인 노력을 통해 변했다는 사실을 모르는 이들도 더러 있었는데, 이들 역시 자신도 모르게 의식적인 노력에 해당하는 이야기를 했다. 그들이 말한 대부분의 것에서 발견할 수 있었던 공통점을 정리하면 다음과 같다.

1. 절대적으로 충분한 양의 노력
2. 자기객관화와 피드백 습관
3. 가장 근본적인 원인을 집중적으로 수정하기

단언컨대 이 세 가지 조건이 갖춰진다면, 성적은 반드시 오른다. 반드시 변화한다. 멘토들의 말을 빌려 하나하나 구체적으로 살펴보자.

_ 절대적인 양을 확보하라

성적 급상승을 만드는 의식적인 노력의 첫 번째 조건은 다름 아닌 '절대적으로 충분한 양의 노력'이다. 이는 어찌 보면 지극히 당연한 얘기다. 아무리 공부의 가성비나 효율, 공부의 질이 높다고 해도 노력의 절대량이 확보되지 않으면 효율이라는 개념 자체가 성립하기 어렵다.

멘토링을 하면서 만난, 성적이 오르지 않는 학생들의 70~80퍼센트는 그 원인이 노력과 시간 투자의 절대량이 부족하다는 데 있었다.

공부에 들이는 노력의 양을 절대적으로만 늘려도 분명 성적이 오를 수 있는 학생들이 대부분이다. 압축 공부에 성공한 멘토들 또한 대부분이 성적 급상승은 노력의 절대량을 충분하게 확보한 데서 시작됐다고 말한다.

감동적인 성적 급상승 스토리로 SBS 「생활의 달인」에까지 출연했던 송시복 멘토 또한 자신의 성적 급상승이 노력의 절대량을 늘렸을 때부터 가능했다고 말한다. 그는 중학교 때까지 전교 꼴찌였고, 고등학교 1학년 때 500명 중 430등 정도의 성적이었지만, 2년 만에 내신 전 과목 1등급, 수능 390점(400점 만점)으로 끌어올렸다.

송시복 멘토는 이렇게 말한다.

"남들이 봤을 때 노력이 부족하다면, 대부분 그 말이 맞습니다. 객관적인 노력의 양을 늘려야 합니다. 혼자 하는 게임이 아닌 이상, 최소한 경쟁하는 이들보다는 더 열심히 노력해야 목표를 달성할 수 있습니다."

그는 포기하지 말고 노력을 계속해야 한다고 강조한다.

"저는 늦었다고 생각할 때는 진짜 늦었다고 생각합니다. 그렇다면 정말 더 죽으라 노력해야죠. 늦었더라도, 포기하지 않고 남보다 훨씬 더 열심히 하면 충분히 할 수 있습니다."

그의 말처럼 절대적으로 충분한 양의 노력을 하고 있다면, 남들 눈에도 열심히 하고 있는 것으로 보이기 마련이다. 만약 내 모습을 꽤 오랜 기간 본 다른 사람이 "너는 노력이 부족해"라고 말한다면, 성적이 오르지 않는 원인이 노력의 절대량이 부족한 데 있을 가능성이 크다.

_ 의미 없이 보내는 시간을 파악한다

그렇다면 절대적으로 충분한 노력이란 얼마만큼을 얘기하는 것일까? '꼭 이만큼이어야 한다'는 식의 정답은 없지만, 성적 급상승을 이뤄내거나 공부에서 좋은 성과를 거둔 이들을 봤을 때 투자해야 할 최소한의 양은 있었다. 예컨대 고등학교 수험생이라면, 가용 시간의 최소 50퍼센트 이상은 학습에 쏟아야 한다(50퍼센트면 충분하다는 것이 아니라 '최소한'임을 다시 한번 강조한다).

예를 들어 방학 중 8시간을 자고, 4~5시간을 식사와 세면 같은 최소 생활시간에 사용한다고 하면, 남는 가용 시간은 11~12시간이다. 상위권을 목표로 하는 학생이라면 그중 최소 50퍼센트를 학습에 써야 한다. 그보다 적은 시간 동안 노력해서 압축 공부에 성공한 이는 없었다. 성적 급상승을 거두고 싶다면 아무리 적어도 50퍼센트의 시간은 학습에 투자해야 하고, 필요하다면 그 비중을 조금씩 늘려나가야 한다. 최상위권의 성적을 유지해낸 이들은 가용 시간의 70~80퍼센트 이상을 공부에 투자했다.

여기서 유의해야 할 점은 노력의 절대량을 늘리는 데에는 한계가 있다는 것이다. 종종 수험생들은 노력의 양, 즉 순수 공부 시간을 늘리기 위해 잠을 줄이는 전략을 취한다. 실제로 하루에 3~4시간만 자면서 압축 공부에 성공했다고 말한 멘토들도 있었다. 그러나 모든 사람이 그 정도를 자면서 공부에 집중력을 유지할 수는 없다. 오히려 효율이 더 떨어질 가능성이 크다. 아주 단기간은 가능할지도 모르겠으나, 체력적 조건이 특출난 사람이 아니라면 장기적으로는 6~7시간 이상은 자야 공부하는 데 집중력과 효율을 유지할 수 있다.

나 역시 고등학교 1학년 때 4시간씩만 자면서 공부했지만, 오히려 6시간 이상을 자고 공부한 고등학교 2학년 때 공부 효율이 훨씬 높고 성적 상승의 폭이 더 컸다. 그러므로 무작정 수면 시간을 줄여 노력의 양을 늘릴 것이 아니라, 자신의 집중력과 효율이 가장 잘 발휘될 수 있는 최적화된 조건을 찾고 그에 맞게 노력의 양을 조절해야 한다.

만약 그럼에도 공부 시간을 늘리고 싶다면, 잠을 줄이기보다 자투리 시간을 확보하거나 낭비하는 시간을 더 줄이는 것이 현명한 접근법이다. 중학교 시절 전교 300등이었던 성적을 끌어올려 서울대에 합격한 이우빈 멘토는 이렇게 말한다.

“재수학원에 다니면서 친구들이랑 수다를 떨거나 나가서 놀다 보면 생각보다 시간을 많이 쓰게 됐습니다. 차라리 그 시간을 아껴서 잠을 더 자자는 생각으로 쉬는 시간에 이어폰을 꽂은 채로 공부했습니다. 그렇게 아낄 수 있었던 시간이 하루에 1~2시간은 됐습니다.”

그의 말처럼 우리는 생각보다 많은 시간을 목표와 무관하거나 군이 쓰지 않아도 되는 곳에 낭비한다. 그 시간만 줄여도 잠을 극단적으로 줄여야 할 이유가 사라진다.

노력의 절대량을 늘려나가면서 또 하나 유의해야 할 점은 처음부터 급격하게 늘려선 안 된다는 점이다. 원래 하루에 1시간 공부하던 학생이 갑자기 10시간을 공부하면 여러 면에서 무리가 온다. 그러므로 1시간에서 10시간까지 노력의 양을 늘려나간다고 할 때, 그 과정을 조금씩 쪼개서 1주일에 1시간씩 늘리거나 매일 30분씩 늘려가는 '축적'의 과정을 택하는 것이 좋다.

'열심히' 한다고 해서 모두 '잘하게' 되는 것은 아니지만, '열심히' 하지 않으면서 '잘하게' 된 이는 단언컨대 아무도 없었다. 앞서 공부를 썩 열심히 하지 않았지만 좋은 성과를 거뒀다고 말했던 친구들도, 다른 친구들에 비해 노력의 양이 다소 적었을지는 몰라도 성과를 내는 데 '절대적으로 충분한 양의 노력'은 늘 기울이고 있었다. 오히려 '다소 적은' 것이 그들에게는 공부의 효율이나 자신의 상태 등을 고려했을 때 최적화된 양이었을 가능성이 크다.

에릭슨 박사는 천재들과 성공을 거둔 이들의 다양한 사례를 연구한 결과 모차르트도, 세계적인 운동선수들도 선천적인 재능보다 꾸준한 노력과 의식적인 연습이 그들의 성과에 훨씬 더 큰 영향력을 끼쳤다고 말한다. 요컨대, 꾸준하고 의식적인 노력이 타고난 지능을 이긴다는 얘기다.

_ 평가는 객관적이고 냉철하게

사실 지금부터가 의식적인 노력의 핵심적인 부분이다. 성과를 거두기 위해서는 절대적으로 충분한 양의 노력이 필요하다는 것은 누구나 아는 사실이다. 하지만 중요한 것은 절대적으로 많은 양의 노력을 하더라도, 모든 이들이 성과를 거두는 것은 아니라는 점이다. 압축 공부를 했던 대다수의 멘토 역시 노력의 양에 비례해 성적이 오르는 데는 한계가 있다고 말했다. 똑같은 노력을 들였음에도 성과를 거두는 이와 성과를 거두지 못하는 이의 가장 큰 차이점이 바로 여기에 있다. 이를 두고 에릭슨 박사는 "노력과 성실함에도 전략이 필요하다"라고 말한다.

요즘 나는 SBS 「백종원의 골목식당」을 즐겨 본다. 골목상권에서 소규모 식당을 하는 사장님들을 돕는 프로그램이다. 그런데 방송에 출연하는 사장님 중에는 백종원 씨나 진행자들, 시청자들을 당황스럽게 하는 분들이 더러 있다. 심각한 위생 문제부터 음식이나 손님에 대한 마인드까지 여러 가지 문제점이 있다. 그중에서도 가장 심각한 문제는 백종원 씨의 충고나 조언에도 그들은 별다른 변화를 보이지 않는다는 점이다. 그들의 행동을 지켜보는 모든 사람이 그들의 문제점을 알고 있지만, 딱 한 사람만 모른다. 바로 그 사장님 자신이다.

그런 사장님들에게 백종원 씨는 이렇게 말한다.

"발전하기 위해서는 남의 시선으로 나를 파악하고 노력할 수 있어야 합니다."

이것이 '상위 0.1퍼센트의 비밀'이라 불리는 '메타인지metacognition'의 개념이다. 여기서 'meta'는 '~을 넘어서, ~을 초월해서'라는 뜻을 가지며, 자기 자신이라는 울타리에서 벗어나 자신을 관찰하는 능력을 말한다.

공부뿐만 아니라 어떤 분야에서든 성공을 거두기 위해서는 메타인지가 매우 중요하다. 자신의 문제점, 부족한 점을 남의 시선을 통해 객관적으로 파악할 수 있기 때문이다. 문제점을 찾아야만 해결책을 찾을 수 있고, 문제를 개선해 발전된 상태를 만들 수 있다. 문제점을 객관적으로 파악하는 것이 변화의 출발점이다.

전교 110등으로 고등학교에 입학해 2년 만에 전교 1등으로 성적을 끌어올려 서울대 자유전공학부에 우선선발로 입학한 김영훈 멘토는 압축 공부에 성공한 비결이 '자기객관화'를 이룬 데 있다고 말한다. 그는 그 어렵다는 재경직 행정고시에도 2년 만에 합격했다.

"공부를 잘하기 위해서 가장 필요한 것은 자신을 점검하는 시간이라고 생각합니다. 장단점뿐만 아니라 자신을 전반적으로 탐구하는 시간이 필수적으로 있어야 합니다. 공부에서도 생활에서도 나에게 지금 필요한 것이 무엇이고 부족한 것이 무엇인지 알기 위해 치열하게 고민해야 합니다. 스스로 충분한 시간을 들여 고민해야만 답을 찾을 수 있습니다."

이어 그는 압축 공부를 통해 성적 급상승을 이뤄내고 싶다면, 자신을 냉정하게 바라보는 피드백 습관이 가장 중요하다고 조언한다.

"나 자신을 객관적이고 냉정하게 바라보면서부터 성적이 오르기 시작했습니다. 피드백이 없는 공부는 결코 발전할 수 없습니다. 저는 작게는 매시간 공부가 끝나면 머릿속으로 공부한 내용을 다시 그려보면서 이해하지 못한 부분은 없는지를 점검했습니다. 크게는 어떤 문제집을 푸는 데 얼마큼 걸리는지, 나에게 주어진 시간은 얼마인지, 바꿔야 할 습관은 무엇인지를 늘 피드백했습니다. 그래야만 변화시켜야 할 포인트를 찾을 수 있습니다."

_ 되돌아보고 기록하는 피드백 습관을 길러라

그렇다면 자신을 객관적으로 돌아보기 위해서는 구체적으로 어떤 습관을 가져야 할까?

과거 강호동 씨가 진행하던 MBC 「무릎팍 도사」에 한국 축구의 '전설'로 통하는 박지성 선수의 아버지가 출연한 적이 있다. 그는 방송에서 박지성 선수가 초등학교 시절부터 기록한 훈련일지를 공개했다. 그 일지를 보면서 박지성 선수가 세계적인 선수가 될 수 있었던 이유를 알 수 있었다.

일지에는 매일 치르는 시합이나 훈련에서 자신이 배운 것들, 부족했던 것들이 기록되어 있었다. '이 상황에서는 이렇게 하는 것이 더 나았을 텐데', '다음에는 이런 식으로 해야겠다' 등과 같이 자신이 파악한 문제점과 개선책이 모두 적혀 있었다. 그는 그렇게 한 번의 시합이나 훈련에서도 몇 가지의 깨달음을 얻어나갔고, 그것이 축적되어 지금의 박지성 선수가 된 것이다.

박지성 선수처럼 성적 급상승을 이룬 대부분의 멘토 또한 플래너, 다이어리 등을 활용해서 자신의 공부 상태와 부족한 점을 지속적으로 파악하는 습관을 가지고 있었다. 『공부 마스터 플랜』을 쓰기 위해 서울대생 100여 명을 인터뷰했을 때, 70퍼센트 정도가 '시험이 끝난 그 주에 바로 시험 피드백 노트를 작성한다'라고 답했다. 그들은 매번 치르는 내신 시험이나 모의고사 시험지를 그냥 버리지 않고 자신의 부족한 점, 개선해야 할 점을 발견하는 데 활용했다. 오히려 시험의 결과보다 그 시험을 통해 자신의 부족한 점을 발견할 수 있다는 점을 더 중요시했다.

일반고에서 수학 4~5등급이었던 성적을 1년 만에 1등급으로 끌어올려 서울대 경제학과에 합격한 이경호 멘토는 자신의 피드백 습관에 대해 이렇게 말한다.

"최적의 공부법은 개인마다 다르다고 생각합니다. 피드백을 통해 공부법을 꾸준히 개선하며 나에게 맞는 최적의 효율적인 방법을 찾아냈습니다. 또한 시험에서 발생하는 실수도 실력으로 연결할 수 있습니다. 자주 하는 실수를 유형화하고 그것을 인지하는 것이 또 하나의 실력이라고 생각합니다."

이어 그는 효율을 높이는 방법에 대해 이야기한다.

"공부 시간은 모두에게 똑같이 주어지기에 어떻게 하면 더 효율적으로, 나에게 더 잘 맞는 방법을 찾을 수 있을까를 항상 고민했습니다. 시험을 보고 나면 시험을 치른 방법이 효율적이었는지를 과목마다 되돌아봤고, EBS에서 소개해주는 공부 잘하는 사람들의 방법을 참고해 괜찮은 방법을 적용하기도 했습니다. 그 결과, 고등학교 1학년 후반부터 2학년 초반에 저만의 공부 방법을 완성할 수 있었습니다."

그의 말처럼 시험을 자신의 실력을 개선시킬 '기회'로 받아들이는 관점이 전제되어야만, 발전을 부르는 피드백 습관을 가질 수 있다.

_ 성적 상승의 발목을 잡는 요소를 찾아라

앞서 의식적인 노력은 '절대적으로 충분한 양의 노력'과 '자기객관화' 그리고 '수정하기'라는 세 가지 요소를 통해 가능하다고 말했다. 에릭슨 박사 또한 성과의 정체기, 즉 슬럼프를 통과하려면 "정확히 무엇이 발목을 붙잡는 난제인지 파악하라"라고 조언한다.

그렇다면 마지막으로, 피드백을 통해 문제를 어떻게 수정할 것인가 하는 점이 남았다. 심리학에서는 행동의 원인을 찾아내기 위해 추론하는 과정을 '귀인 이론'으로 설명한다. 즉 원인을 잘 귀결시켜야 현상을 잘 설명할 수 있다는 뜻이다. 피드백을 하는 데에도 이 '귀인'이 제일 중요하다. 아무리 열심히 피드백을 해도 귀인을 잘못하면 아무런 변화도 만들어낼 수 없다. 문제점을 자세히 관찰하고 분석하면서, 상황을 변화시킬 수 있는 가장 근본적인 원인을 찾아내 수정해야만 의식적인 노력을 완성할 수 있다. 좋은 노력을 만드는 일이든 나쁜 습관을 개선하는 일이든, 귀인을 정확히 해야만 가능하다.

내 이야기를 해보겠다. 최근 나는 지나치게 늦게 일어나는 습관 때문에 문제의식을 느꼈다. '아침형 인간'에 관한 여러 가지 책을 읽으면서 나도 아침형 인간이 되고 싶어졌다. 그래서 아침형 인간이 되고자 일찍 일어나겠다는 목표를 세우고, 아침 이른 시간에 알람을 맞추고 잠자리에 들었다. 그러나 한 주가 지나고 한 달이 지나도 목표했던 시간에 일어난 적이 거의 없었다. '아침형 인간이 되고 싶어. 그러니 일찍 일어나야 해'라는 목표는 상황을 바꾸는 데 별다른 도움이 되지 못했다.

그래서 귀인을 하기 시작했다. 첫 번째 문제는 잠드는 시간이 너무 늦다는 점이었다. 아무리 일찍 일어나고 싶어도, 신체 특성상 7시간 이상을 자야 하는 나로서는 늦게 자면 일찍 일어나는 것이 불가능했다. 그래서 잠드는 시간을 조금씩 당겼다. 일찍 잠들기 위해 저녁 약속 시간을 최대한 이른 시간으로 당겨서 늦지 않게 귀가했다. 매일 저녁에 가던 운동도 더 이른 시간으로 당겼다(일찍 잠들지 못하는 것은 '저녁에 집에 들어오는 시간이 늦다'라고 귀인할 수 있기 때문이다).

이후 일어나는 시간이 비교적 당겨졌다. 하지만 목표했던 시간만큼 일찍 일어나기는 여전히 어려웠다. 다시 나를 관찰하기 시작했고, 피드백을 통해 문제점을 찾았다. 아침에 일찍 깨더라도, 일어나면 편두통이 있어서 그 고통을 잠재우려 다시 잠자리에 눕는 습관이 있다는 걸 발견했다. 내가 아침형 인간이 되지 못하는 이유가 비단 생활습관에만 있는 건 아닌 듯했다. 그래서 나와 비슷한 증상을 인터넷에서 검색했고, '수면무호흡증'이라는 증상이 내게 있음을 발견했다. 그 즉시 이비인후과로 달려가 CT 촬영을 했고, 얼마 후 수술을 해서 증상을 치료했다. 그 후 나는 아침형 인간이 되어 훨씬 더 생산성 높은 아침을 보내고 있다.

이 경험을 통해 나는 귀인의 중요성을 다시 한번 체감했다. 내가 아무리 '아침형 인간이 되고 싶어'라고 해도, 잠자리에 드는 시간을 당기지 않았다면 결코 아침 일찍 일어날 수 없었을 것이다. 또한 아무리 일찍 잠들어도, 내가 가진 수면무호흡증이라는 신체적 문제를 개선하지 않았다면 아침형 인간이 될 수 없었을 것이다. '아침에 일찍 일어나고 싶다'는 목표가 있었지만, 이른 시간에 알람을 맞추는 일차원적인 노력이 아니라 문제의 원인을 분석하고 찾아내서 그것을 수정하는 의식적인 노력을 했기에 목표를 이룰 수 있었다.

앞서 '되는 것'과 '하는 것'을 구분하는 것이 중요하다고 말했던 것처럼, 피드백을 할 때는 '되는 것'이 아닌 '하는 것', 즉 현상과 결과가 아닌 본질과 원인을 바꿔야만 더 나은 상태로 발전할 수 있다. 해결하고 싶은 어떤 문제가 있을 때, 그 문제라는 현상에 초점을 두지 말고 그 현상 아래에 깔려 있는 여러 가지 원인을 분석해야 한다. 그런 다음, 가장 큰 변화를 가져다줄 수 있는 근본적인 원인을 수술대에 올려야 한다.

_ 본질을 바꾸는 것에 집중해야 하는 이유

학생들을 만나다 보면 '집중력이 떨어진다'고 고민하는 학생들이 많다. 그들은 한결같이 집중력을 높이고 싶다고 말한다. 하지만 집중하는 상태는 '집중해야지'라고 해서 만들 수 있는 '하는 것'의 영역이 아니다. 집중은 '하는 것'이 아니라 '되는 것'이다. 집중하기 위해서 '해야 할 것'은 따로 있기 마련이다.

예를 들어 휴대폰처럼 집중을 방해하는 요소를 제거하거나 한 번에 공부하는 시간을 더 줄이는 것이 그에 해당한다. 또는 목표와 계획을 더 잘게 쪼개 주어진 시간 동안 끝내야 할 것을 더 명확히 하는 방법도 있다. 이처럼 '되는 것'과 '하는 것'을 구분하고, '하는 것'에 해당하는 것을 수정해야만 변화된 상태를 만들어낼 수 있다.

만약 수학 시험에서 계산 실수 때문에 문제를 자주 틀린다고 해보자. 이에 대해 '시험 때 계산을 더 꼼꼼히 하자'라는 플랜은 어떤 변화도 가져다줄 수 없다. 똑같은 실수를 또 반복하기 마련이다. '계산 실수'라는 결과를 만들어내는 원인은 따로 있다. 그 결과를 변화시키기 위해서는 시험지에 문제풀이 과정을 더 깔끔하게 써서 검산할 때 계산을 실수한 부분을 더 발견하기 쉽게 하는 것과 같은 입체적인 접근이 필요하다. 또 만약 집에선 공부에 잘 집중이 되지 않는다고 한다면, 집에서 집중을 더 잘할 방법을 찾는 것보다 독서실이나 도서관 같이 애초에 집중을 더 잘할 수 있는 곳에서 공부하는 쪽으로 계획을 수정하는 것이 근본적인 해결책이 된다.

압축 공부에 성공한 멘토들은 바로 이 본질을 찾아내서 자신을 변화시켰다. 여러 변화가 쌓이고 쌓여 그 결과로 따라온 것이 성적 급상승이었다. 물론 그것은 단 한 번에 이루어진 것은 아니었으며, 그들 또한 오랜 기간에 걸쳐 여러 번의 시행착오를 겪었다.

『원씽THE ONE THING』의 저자 게리 켈러는 탁월한 성과를 내기 위해서는 '큰 파도'를 불러일으킬 수 있는 가장 본질적인 한 가지 요인을 찾아야 한다고 말한다. 마치 맨 앞에 놓인 도미노 패 하나가 도미노 전체를 무너뜨리듯, 모든 상황을 변화시킬 수 있는 가장 중요한 한 가지 본질을 찾아서 변화시켜야 한다고 주문한다. 그것은 오직 자기 자신을 객관적으로 바라보는 피드백을 통해서만 찾을 수 있다. 동시에 현상과 본질, 결과와 원인을 분리해서 봐야만 찾을 수 있다.

의사에게는 수술을 잘하는 것보다 환자의 상태를 정확히 진단하고 그 원인을 찾는 일이 더 중요하다. 진단을 잘못하면 아무리 좋은 약과 치료법이 있어도 병을 치료할 수 없기 때문이다. 공부도 마찬가지다. 아무리 좋은 강의를 듣고 효율적인 공부 방법을 알고 있더라도 자신이 가진 문제점에 대한 정확한 진단이 이루어지지 않으면 성적은 오르지 않는다. 자신이 가진 문제를 자세히 관찰하고 그 문제를 바꿀 수 있는 '첫 번째 도미노 패'를 찾는 것이 모든 것을 변화시키는 첫걸음이다.

Check List

- ☐ 목표에 맞는 절대적으로 충분한 양의 노력을 기울인다.
- ☐ 노력의 양은 천천히, 꾸준히 늘려나간다.
- ☐ 자신의 공부를 매일 점검하고, 피드백한 사항을 기록한다.
- ☐ 자신의 문제점을 최소 2~3단계로 나누어 근본적인 원인을 분석한다.

압축 공부의 네 번째 스텝

#실전_전략

성적 상승의 원리를 이해한다

CHAPTER

4

"자기가 어디로 가고 있는지를 아는 사람은
세상 어디를 가더라도 길을 발견한다."

_ 데이비드 스타 조르단

01

방학은 성적 급상승의 황금기다

손민지 멘토는 중학교 시절 전교 400여 명의 학생 중에서 200~300등대를 오가던 평범한 학생이었다. 외국어고등학교 진학을 준비했는데, 영어 성적은 좋은 편이었지만 나머지 과목에서는 줄곧 쓴맛을 봐야 했다. 중학교 3학년 때까지 전교 200등대의 성적에 머물렀다.

그랬던 그녀가 중학교에서 고등학교에 올라가는 겨울방학을 기점으로 전교 10등 이내의 성적으로 도약해 최종적으로 고려대학교 경영학과에 합격했다.

그녀는 성적 급상승을 바라는 학생들에게 이렇게 조언한다.

"공부의 절대량을 늘릴 수 있는 가장 좋은 시간은 방학 기간입니다. 학기 중에는 대부분의 학생이 비슷한 양의 공부를 하기 때문에 등수를 올리기가 쉽지 않습니다. 방학을 통해 내 약점을 보완하고 내공을 쌓아야만 이전과는 다른 새 학기의 성적표를 받아볼 수 있습니다."

_ 전교생이 보고 만 오열의 현장

손민지 멘토는 어릴 적부터 줄곧 외국어고등학교 진학을 꿈꿨다. 외고 입시에서는 영어 내신 성적, 자기소개서 면접 등의 결과가 반영됐기 때문에 영어 외의 과목을 굳이 잘할 필요는 없었다. 영어만큼은 자신이 있었기 때문에 외고 진학에 어려움이 없을 거라 생각했다.

하지만 영어를 잘한다는 자신감이 전 과목을 잘하고 있다는 '근자감(근거 없는 자신감)'으로 이어졌다. 그러다 보니 다른 과목에는 시간이나 노력을 별로 쏟지 않았고, 특히 수학은 200~300등대를 오갔다. 그럼에도 영어가 제일 중요하고 다른 과목은 중요하지 않다는 식으로 일종의 '정신승리'를 하며 중학교 시절을 보냈다.

그러던 중학교 3학년 가을, 드디어 외고 합격자 발표일이 됐다. 영어 성적만큼은 좋았고 면접도 꽤 잘 봤던 터라 떨어질 거란 생각은 꿈에도 하지 않았다. 영어 수업시간 중간에 선생님께서 외고 합격자 발표가 났다는 소식을 알려주며 교무실에 가서 확인해보라고 하셨다.

"친구들이 합격했으면 머리 위로 하트를 그리면서 들어오라고 했어요. 그래서 웃으면서 알겠다고 자신 있게 말하고 교무실로 갔습니다. 하지만 수험번호를 치니까 모니터에 '불합격'이라고 뜨더라고요. 제가 넋이 나간 채로 돌아오니까, 친구들이 붙었으면서 장난치지 말라고 그러더라고요. 끝내 눈물이 터져버렸습니다."

거의 1시간 정도를 교실이 떠나갈 정도로 오열했다. 거의 전교생이 교실을 지나가면서 그녀가 오열하는 현장을 목격했다. 당연히 합격할 거라고 생각했던 자신의 모습이 한심하고 부끄러웠다.

"스스로 너무 수치스러웠습니다. 일주일 동안 거의 매일 울었던 것 같아요. 그렇게 일주일을 지나고 나니까 현실을 받아들이게 됐습니다. 제가 별다른 노력을 하지 않았다는 사실을 깨달은 거예요."

불합격 소식을 듣고 나서 일주일 동안 지난 3년을 되돌아봤다. 당연히 될 거라고 생각했던 막연한 '근자감' 뒤에 숨겨진 자기합리화와 게으름이 보였고, 그 시간이 너무나도 후회스러웠다. 우연히 잘 찍어서 잘 나온 점수를 자신의 실력이라 믿었다는 걸 알게 됐다. 면접도 특별한 준비를 하지 않고 '어떻게든 되겠지'라는 마인드로 접근했다. 수학 시험 같은 경우에도 공부를 제대로 하지 않고 공식만 외워 가서 문제에 대입해 푸는 식이었다.

"돌이켜 생각해보면 제대로 노력한 게 없었습니다. 그러니까 떨어졌겠죠. 면접에서 열심히, 성실히 준비한 사람들은 티가 났을 텐데 저는 그 정도의 내공이 없었습니다. 알맹이가 없는 껍데기뿐인 학생이라는 게 면접관들 눈에도 보였을 거라 생각합니다."

그녀는 그날 스스로 느낀 수치심과 후회를 다시는 반복하지 않겠다고 다짐했다. 이후 자의 반 타의 반으로 일반고에 지원했고, 공부에 집중하기 위해서 남녀공학이 아닌 여고에 지원했다.

"남학생들과 함께 있다 보면 다른 친구들처럼 연애를 할 수도 있고, 놀고 싶은 마음이 더 들 것 같았습니다. 그 외에도 여러 가지로 공부에 방해되는 것이 많을 것 같았어요. 그래서 세속의 욕망(?)을 떨치고자 여고라는 절에 자발적으로 들어갔습니다."

_ 겨울방학, 처음부터 다시 시작하다

고등학교 진학을 앞둔 중3 겨울방학, 그녀는 고등학교에서 치르는 첫 번째 시험인 배치고사에서 자신의 진가를 보여주겠다고 마음먹었다. 다른 친구들은 고등학교 입학 전 마지막 방학이라며 여기저기 놀러 다니거나 평소처럼 학원 특강을 들으며 시간을 보냈다. 하지만 그녀는 외고 불합격 소식을 들었을 때 느낀 후회와 부끄러움을 모두 쏟아 붓겠다고 마음먹었다. 스스로 '달라진 모습'을 확인하고, 고등학교에 들어가고 싶었다.

집에서 공부가 되지 않는다는 걸 알게 된 그녀는 처음으로 독서실에 등록했다. 그동안 공식만 외웠기에 머릿속에 담긴 게 별로 없는 수학부터 다시 공부했다. 중1 과정부터, 가장 기본서부터 차근차근 공부해나갔다.

"아침 8시에 독서실에 가서 거의 10시간 정도 수학에만 시간을 썼습니다. 다른 친구들은 보통 이 시기에 선행학습을 많이 하는데, 저는 선행이 아니라 기초부터 다시 시작해야 했습니다. 고등학교 입학 전까지 중1부터 고1 1학기 과정까지 보는 걸 목표로 했기 때문에 그렇게 공부해도 시간이 부족했습니다."

처음에는 혼자 공부했지만, 중간중간 모르는 내용이 너무 많아서 소규모 공부방에 등록했다. 공부하다가 모르는 내용은 선생님께 질문했다. 독서실에서 공부하고 나면, 질문할 내용을 적은 포스트잇이 하루에도 몇 개씩 생겨났다.

그렇게 겨울방학을 온전히 공부에 몰입한 뒤, 배치고사를 치렀다. 중학교를 졸업할 때까지만 해도 전교 200등이었던 성적은 배치고사에서 무려 전교 8등까지 올랐다. 배치고사 성적을 토대로 배정된 반에서 그녀는 반 1등이었다. 중학교 때는 선생님께 매번 '영어만 잘하는 꼴통' 소리를 듣다가 처음으로 다른 선생님과 친구들에게 남다른 시선을 느꼈다. 인정받는 느낌이 들었고, '달라진 모습'을 스스로 확인할 수 있었다. 방학 동안 공부에 몰입한 경험은 성적 급상승이라는 결과를 가져다주었는데, 사실 더 중요한 것은 스스로 이만큼이나 노력하고 몰입할 수 있는 사람이라는 사실을 직접 경험했다는 점이다.

"만약 배치고사에서 전교 8등을 했다는 결과에 집착했다면, 이후에 공부를 하지 않았을 겁니다. 하지만 방학 동안 제가 했던 노력의 과정이 저에게는 더 중요했어요. 규칙적으로 생활하고 절대적으로 많은 시간을 공부에 집중했던 당시의 노력이 기준이 되어서, 만약 내가 이만큼 노력하지 않는다면 그건 '못 하는 게' 아니라 '안 하는 거'라는 사실이 확실해진 거죠."

이후 그녀는 당시의 겨울방학을 생각하며, 최소한 그 겨울방학만큼 하고 있는지를 노력의 최소 기준으로 삼았다. 그렇게 고등학교 3년간 치열하게 노력한 덕분에 내신 성적을 전교 10등 이내로 지속적으로 유지하고, 모의고사에서도 평균 1등급 정도를 유지했다. 수능에서는 한 과목 2등급을 제외한 모든 과목에서 1등급을 받았고, 수시 일반전형을 통해 고려대 경영학과에 최종 합격했다.

"성적 급상승을 가장 잘 이뤄낼 수 있는 기간은 바로 방학 때입니다. 전체적인 실력과 내공을 키울 수 있는 가장 좋은 시간이 방학이기 때문입니다. 방학 때 명확한 목표와 전략을 수립해서 충분한 노력을 투자하는 것이 압축 공부에 성공하는 가장 좋은 방법입니다."

그녀는 방학을 압축 공부의 기회로 만드는 세 가지 원칙을 이야기해주었다.

혼자 하는 공부의 힘

첫째, '혼자 공부하는 시간'을 충분히 확보하는 것이다. 그녀는 압축 공부의 절대적인 조건은 공부의 절대량이 충분해야 한다는 것이고, 그렇게 할 수 있는 시기는 방학밖에 없다고 말한다.

"학기 중에는 내신 시험에 주로 신경을 써야 합니다. 더불어 수행평가나 비교과를 챙기느라 정신이 없기 때문에 공부의 절대량을 늘리기가 어렵습니다. 특히 학기 중에는 수능 실력을 키우기가 어렵습니다. 따라서 실질적으로 내공을 급격히 키울 수 있는 시기는 방학밖에 없습니다."

그녀는 고등학교 시절, 방학이 되면 학기 중보다 더 엄격한 기준과 잣대를 가지고 생활 패턴을 조율했다고 말한다.

"방학 때는 사실 풀어지기가 쉽습니다. 하지만 그럴수록 시험이나 수행평가를 신경 쓰지 않고 공부에 몰입할 수 있는 시간은 방학밖에 없다는 위기감을 가져야 합니다. 한두 달밖에 몰입할 수 없으니, 그 시간만큼은 제대로 쓰자고 다짐했습니다."

그녀는 방학이 되면, 주중에는 6시에 기상해서 12시에 취침하는 생활 패턴을 반드시 지켰다. 7시까지 학교 도서관에 가서 저녁 10시까지 공부했다. 10시에 학교 도서관이 문을 닫으면, 집 근처 도서관으로 이동해 11시 반까지 공부했다. 대신 주말만큼은 비교적 여유롭게

스케줄을 잡았다. 10시에 일어나서 저녁을 먹을 때까지 공부하고, 나머지 시간 동안은 인터넷 서핑이나 TV 시청 등 여가를 즐기며 휴식을 취했다.

그녀는 방학 동안 지나치게 많은 시간을 학원이나 인강, 과외 수업 등에 쓰는 것을 경계해야 한다고 말한다. 그녀 또한 방학 기간 중 부족한 과목을 보완할 수 있는 학원 수업이나 인강을 종종 활용했지만, 그 시간이 전체 공부 시간의 30퍼센트는 절대 넘지 않게 했다.

"너무 많은 시간을 학원 수업이나 인강에 쏟으면 방학도 결국 학원 수업, 학원 숙제 허겁지겁 따라가다가 끝나버립니다. 또 다른 학기를 보낸 거나 다름없죠. 그러면 정작 내가 직접 문제를 풀고, 개념을 익힐 시간은 부족해집니다. 내공을 키울 시간이 절대적으로 부족한 거죠."

실제로 대부분의 학생은 방학이 되면 과목별로 특강을 듣느라 학기 중보다 더 바쁜 학원 스케줄을 소화한다. 부모님들은 이때다 싶어서 월요일부터 일요일까지 대부분 시간대에 학원 시간표를 배정해놓는다. 하지만 그러면 학원을 오가고 숙제를 해내느라 대부분의 에너지를 소진하게 되기에 정작 자신에게 부족한 부분을 보완할 시간을 낼 수 없다.

"방학 때는 학원을 아무리 많아도 3~4개 이상은 다니지 않기를 권합니다. 아무리 훌륭한 연주를 많이 본다고 하더라도 그 악기를 잘 연주할 수는 없습니다. 자신이 직접 연주해보고, 연습해야만 실력이 늘죠. 학원에 다니고 수업을 듣는 것보다 중요한 것은 책을 붙잡고, 내용을 기억하고, 직접 문제를 풀어보는 것입니다."

성적 급상승을 이루고 싶다면 방학 동안 학원을 가장 필요한 몇 개로 과감하게 줄이고, 나머지 시간을 도서관이나 독서실에서 혼자 공부하는 데 쓰라는 조언이다.

_ 방학 공부를 완성하는 80대 20의 법칙

둘째, 방학 동안 이루고자 하는 명확하고 구체적인 목표가 필요하다.

"멘토링을 해보면 많은 학생이 방학 동안 별다른 목표 없이 기계적으로 공부합니다. 특히 학원을 많이 다니는 학생들은 숙제를 하다가 방학이 끝납니다. 방학이 끝나고 스스로 돌아보면 '나는 방학 동안 뭘 했지?' 하는 생각이 들 수밖에 없습니다. 그러지 않기 위해서는 방학 동안 무엇을 해낼 것인지 명확한 목표를 세워야 합니다."

그녀의 말처럼 방학을 효과적으로 보내기 위해서는 방학 동안 집중할 명확한 목표가 필요하다. 이때 '방학 동안 공부를 열심히 하겠다', '수학 실력을 끌어올리겠다' 등은 명확한 목표가 아니다. 소원에 가까운 바람이다. 목표는 구체적이고 측정 가능해야 하며, 달성 여부를 확인할 수 있어야 한다. 그러기 위해 방학 동안의 목표는 좀더 '행동지향적'이어야 한다. 예를 들면 '어떤 문제집을 세 번 풀겠다', '이 인강을 1강부터 20강까지 듣고, 들은 내용을 노트에 모두 정리하겠다'와 같은 식이다.

그녀는 중학교 3학년에서 고등학교 1학년으로 넘어가는 겨울방학에 압축 공부로 성적 급상승을 이뤄낼 수 있었던 이유가, 구체적이고 명확한 목표를 세워 무엇을 해야 할지 분명히 했다는 점이라고 말한다.

"3개월간의 방학 동안 중1 과정부터 고1 1학기 과정까지 기본서, 기초 문제집, 중 · 상 난도 문제집 총 3권의 교재를 모두 공부하겠다는 목표를 세웠습니다. 각각의 교재를 공부하는 데 얼마만큼의 시간이 걸릴지를 파악하고, 다 더해보니 방학 동안 공부할 수 있는 시간의 총량과 비슷했습니다. 실제 계산을 해본 덕에 내가 방학 동안 공부에만 집중해야 목표한 양을 다 끝낼 수 있다는 사실을 체감할 수 있었습니다."

그녀는 방학 동안 공부하고자 하는 목표가 너무 많은 과목에 분산돼 있으면 안 된다고 조언한다. 방학 동안 모든 것을 하려고 하지 말고, 가장 중요하고 긴급한 공부에 시간과 에너지를 집중해야 한다는 의미다. 전체적으로 최소한의 공부 밸런스는 맞추되, 자신이 취약한 한두 과목에 절대적으로 많은 시간을 투자해야만 방학이 끝났을 때 실질적인 변화를 가져올 수 있다고 말한다.

"방학 때 시간이 많다 보니 모든 과목을 공부할 수 있을 거라고 생각하곤 합니다. 하지만 실상 공부할 수 있는 시간은 생각보다 많지 않습니다. 오히려 부족한 한두 과목의 실력을 끌어올리기에도 빠듯하죠. 변화를 가져오기 위해서는 그 한두 가지에 대부분의 에너지를 집중해야 합니다."

그녀의 말처럼 방학 동안 모든 과목의 실력을 조금씩 향상시키는 것보다는 가장 부족한 한두 과목의 실력을 급격하게 향상시키는 것이 장기적인 공부에 훨씬 더 도움이 된다.

사회과학에는 파레토 법칙이라는 것이 있다. '80대 20 법칙'으로도 불리는데, 전체 결과의 80퍼센트가 20퍼센트의 원인에서 일어나는 현상을 뜻한다. 예를 들어 20퍼센트의 고객이 백화점 전체 매출의 80퍼센트를 도맡는 현상이 이에 해당한다. 즉, 80퍼센트의 결과를 바꾸기 위해서는 그 결과를 가져오는 20퍼센트의 원인을 바꾸는 데 집중해야 한다는 의미다. 공부에서도 마찬가지다. 결국 우리의 성적 상승을 가로막는 것은 20퍼센트에 해당하는 가장 취약한 한두 가지다. 한두 가지 과목이 될 수도 있고, 한 과목 내에 존재하는 한두 가지 취약점이나 한두 가지 유형이 될 수도 있다.

성적 급상승을 이루고 싶다면 방학 동안 이 20퍼센트에 해당하는 가장 취약한 지점으로 압축해서 공부해야 한다. 그 지점을 송곳처럼 날카롭고 깊게 파고들 수 있어야만 실질적인 변화가 일어난다. 특히 모든 과목의 밸런스가 중요한 수능 직전의 고3이 아니라면, 가장 취약한 과목을 다른 과목과 비슷한 수준으로 끌어올려야 한다. 그래야만 방학이 끝난 뒤의 학기에 전체적으로 업그레이드된 공부 상태를 체감할 수 있다.

공부와 휴식의 공간을 구분하라

셋째, 방학을 효과적으로 보내기 위해서는 스스로 공부가 될 수 있는 환경을 찾아 나서야 한다.

방학이 되면 그냥 집에서 쉬거나 친구들과 놀고 싶은 마음이 굴뚝 같아지기 마련이다. 하루만 쉬자고 생각했더라도 거기에 익숙해져서 다음 날도 쉬고, 그다음 날도 또 놀게 된다. 특히 '오늘은 집에서 공부해야지'라고 생각하면서 자기합리화를 하다 보면 그 상태가 며칠이고 지속되기 쉽다.

손민지 멘토 또한 그랬다. 그래서 그녀는 방학이 되면 공부하는 친구들이나 사람들이 있는 학교와 집 근처의 도서관을 활용했다.

"특히 방학 때는 공부하는 사람들이 있는 환경을 찾아가야 합니다. 도서관이나 독서실처럼 다른 사람들의 노력을 볼 수 있는 곳으로 가면 혼자 있을 때 생기는 자기합리화와 나태함을 막을 수 있습니다. 방학 동안 압축해서 공부하고 싶다면, 자신의 의지를 너무 믿지 마세요."

혼자 있으면 스트레스와 어려움을 주는 공부보다 당장의 재미와 만족을 주는 다른 것들의 유혹에 빠지기 쉽다. 여러 가지 이유와 핑계를 대면서 계획한 것들을 하기가 어려워진다. 이는 너무나도 자연스러운 현상이다. 운동을 할 때 혼자 집에서 하는 것보다 헬스장에서 하는 것이 더 잘되는 것도 이 때문이다. 공부하는 공간과 쉬는 공간을 명확히 구분하고, 공부 동기가 자연스럽게 생길 수 있는 곳으로 가야 한다.

그녀의 말처럼 우리는 자신의 의지를 너무 믿어서는 안 된다. 앞서 얘기한 영화 대사처럼 사람이 아니라 상황을 믿어야 한다. 의지에 의존하기보다는 특정 행동과 노력을 할 가능성이 큰 상황을 스스로 만들어야 한다.

Check List

- ☐ 방학 동안 가용 시간의 50퍼센트 이상은 혼자 공부하는 시간으로 확보한다(학원, 과외 등의 수업시간은 가용 시간의 50퍼센트 미만으로 잡는다).
- ☐ 방학이 시작될 때, 방학 동안 해내야 할 두세 가지의 구체적인 행동형 목표를 수립한다.
- ☐ 방학 동안 집보다는 독서실이나 도서관 등 학습 분위기가 갖춰진 공간에서 공부한다.

02

좋은 머리보다 중요한 건 '할 수 있다'는 믿음

고려대 경제학과에 재학 중인 장현준 멘토는 중학교 때까지만 해도 공부에는 별 흥미가 없었다. 3학년 때까지 전교 300명 중 150등 정도의 성적을 기록하며, 스스로 공부에는 재능이 없는 사람이라고 생각했다. 하지만 고등학교 1학년 때부터 본격적으로 공부를 시작해 고교 3년 평균 1.3등급이라는 내신 성적을 받았다. 이후 그는 수시 학생부 종합전형을 통해 고려대 경제학과를 비롯하여 서강대 경제학과, 성균관대 사회학부에 모두 합격했다.

그는 자신의 성적 급상승 비결이 '기억에 속지 않기 위해 끊임없이 노력한 것'에 있다고 말한다.

창피해서 시작한 공부

장현준 멘토는 중학교 시절, 별다른 목표나 특별한 생각 없이 학교와 학원을 오가는 평범한 학생이었다. 학원에 가지 않을 때는 친구들과 PC방에 가거나 놀러 다니면서 시간을 보냈다. 당시 그는 수학과 영어 학원을 하나씩 다녔는데 학원에 다닌 이유는 한 가지, '엄마가 시켜서'였다.

"중학교 때는 그냥 엄마가 가라고 해서 학원에 갔습니다. 숙제를 안 해 가서 매일 학원에 남아 숙제를 보충하고, 어느 날은 답지를 보고 베끼다가 걸려서 혼이 나기도 했습니다."

학원에 아프다고 거짓말을 하고 수업에 빠진 뒤 PC방에 갔다가 어머니한테 걸려서 혼이 나는 일도 비일비재했다. 학교 선생님들에게도 '요주의 인물'이었다.

"학교 수업시간에 뒷자리에서 매일 자다 보니까, 선생님들이 아예 '재는 깨우지 말고 놔둬'라고 말씀하실 정도였어요. 그때는 정말 공부가 하기 싫었습니다."

이처럼 그는 중학교 때 공부에 전혀 흥미가 없었다. 시험 기간에 공부하는 시늉이라도 했던 1, 2학년 때와 달리 3학년 때는 시험 기간에도 공부하지 않았다. 한번은 공부가 너무 하기 싫어서 시험 보기 전날조차 책을 보지 않고 갔다. 그래도 '반타작은 하겠지'라고 생각했던 한문 시험에서 30점을 받았다.

"중학교 때는 시험공부도 학원에 가는 것도 다 억지로, 타의에 의해서 했어요. 그때는 공부 잘하는 애들을 보면서 '나는 공부를 못하게 태어났어. 뭐 공부 못하는 애도 있는 거지'라고 생각하며 스스로 마음의 문을 닫고 살았습니다."

시간이 흘러 어느덧 고등학교에 입학하게 됐다. 입학한 며칠 뒤, 중학교 친구 중 하나가 다른 친구에게 "쟤는 공부 못하는 애야"라고 장난 섞인 농담을 건넸다. 사실 스스로도 그렇게 생각은 하고 있었지만, 그 말을 듣고 나니 기분이 썩 좋지 않았다. 그 친구가 악의를 가지고 한 말은 아니지만, 고등학생이 되어서도 열정을 가지고 하는 일이 한 가지도 없다는 사실에 스스로 부끄러움을 느꼈다.

"중학교 때도 그런 말을 자주 들었는데, 고등학교에 들어와서 그 말을 들으니까 기분이 달랐습니다. 스스로 뭔가 열심히 해본 경험이 없다는 사실이 부끄럽게 느껴졌습니다. '게으른 사람, 꿈도 목표도 없는 사람'이라는 취급을 그만 받고 싶어졌습니다."

그때가 고등학교 1학년 3월이었다. 처음으로 공부를 열심히 해야겠다는 의지가 생겼다.

첫 번째 중간고사를 앞두고, 하루에 10시간씩 공부를 시작했다. 난생처음 열정을 가지고, 스스로 노력하는 일이 생겼다는 사실에 자부심을 느꼈다. 모의고사를 봤는데, 열심히 공부한 덕분에 국어와 영어에서 각각 2등급과 3등급이 나왔다. 중학교 성적으로 봤을 때는 예상

밖의 점수였다. 담임 선생님도 면담 때 앞으로 성적이 더 오를 것 같다며 자신감을 북돋아 주셨다. 중학교 시절 한 번도 받아본 적이 없는 칭찬이었다. 처음으로 학교 선생님에게 받아본 칭찬과 기대가 동기를 부여했다.

그렇게 난생처음 열과 성을 다해 준비하고 본 첫 번째 중간고사, 그는 전교 30등 정도의 등수를 받았다. 스스로 가지고 있던 기대에 비해 너무나도 좋은 성적이 나왔다. 열심히 하면 결과는 따라온다는 것에 확신을 가질 수 있었다.

_ 공부 자신감을 기르는 방법

처음으로 '할 수 있겠다'는 생각이 들었고, 더 열심히 공부해나갔다. 하지만 성적이 더는 오르지 않았다. 1학년이 끝날 때까지 내신은 전교 30등대에서 머물렀고, 모의고사 성적도 정체됐다. 특히 수학 과목은 여전히 내신에서 3등급, 모의고사 3~4등급을 오갔다. 오르지 않는 성적에 조금씩 지쳐가던 시기, 그는 우연한 계기로 공부법을 바꾸게 됐다. 그 계기는 다름 아닌 친구들의 질문이었다.

고등학교에 입학한 뒤 상위권의 성적을 거두자, 무엇보다 친구들의 시선이 많이 달라졌다. '재는 공부 잘하는 애'라는 인식이 생기면서 친구들이 그를 찾아와 모르는 문제나 내용을 물어보기 시작했다. 그런데 친구들의 질문에 하나씩 답을 해주다 보니 설명하는 과정을 통해 공부한 내용이 더 명확하게 정리된다는 사실을 깨닫게 됐다. 친구에게 설명하다가 막히는 내용이 나올 때도 자신이 그 내용을 제대로 이해하지 못했거나 기억하지 못한다는 사실을 알 수 있었다.

"친구들의 질문에 답을 하다 보면, 뭔지는 알지만 설명하기 힘든 경우가 생깁니다. 그건 제가 내용을 완벽하게 이해하지 못하고 있다는 뜻이었습니다. 그러면 다시 공부해서 설명해줬습니다. 그렇게 하니 공부한 내용이 완벽하게 정리되더라고요."

이때부터 그가 가진 공부의 목표치가 달라졌다. 그전까지는 막연히 열심히 하는 수준이었다면, 이때부터는 어떤 내용이라도 누구에게나 쉽게 설명할 수 있을 정도로 공부한다는 기준을 세웠다. 그 기준에 못 미치면, 더 공부해야 한다는 뜻이었다. 이후 그는 설명하는 공부법을 더 적극적으로 활용했다.

"친구들 질문에 답을 해주면서 공부를 '제대로' 한다는 게 뭔지 느끼기 시작했습니다. 친구들이 묻지 않아도, 혼자서 설명을 하거나 친구들과 서로 문답을 하면서 공부한 내용을 머릿속에서 꺼내는 과정을 반복했습니다."

그는 비슷한 방식으로 공부하던 친구들과 함께 점심이나 저녁을 먹고 나서의 시간 또는 야간 자율학습이 끝난 시간 등을 활용해 그날 공부한 내용을 칠판에 적으면서 공부한 내용을 머릿속에서 꺼내 설명하는 과정을 반복했다(실제 그 친구들도 지속적인 성적 상승을 이뤄 모두 목표하던 대학에 합격했다).

시험 기간에도 설명해보는 방식으로 공부의 내실을 다지는 방식을 계속했다.

"예를 들어 시험 범위에 국어 문법이 있다면, 학교나 집에서 혼자 칠판에 쓰면서 강의하듯이 내용을 정리했습니다. 그러다 보면 생각도 정리되고, 잘 이해하지 못한 부분이 어딘지를 알게 됩니다."

특히 그는 설명을 하면 머릿속으로만 생각하는 것보다 훨씬 더 공부에 자신감을 붙일 수 있다고 말한다.

"그냥 막연히 '공부 많이 했잖아. 열심히 했지'라고 생각만 하면 불안한 부분이 있습니다. 그런데 공부한 내용을 머릿속에서 꺼내 설명하거나 백지에 직접 썼을 때 빠진 부분이 없다면 '내용을 완벽히 이해하고, 기억하고 있구나'라는 걸 확인할 수 있습니다."

이렇게 설명하는 방식을 통해 공부의 목표치를 높이고, '안다는 느낌은 있지만 제대로 알지 못했던' 부분을 줄여나가니 성적이 급상승했다. 1학년 겨울방학이 지나고 치른 2학년 첫 번째 중간고사에서 그는 무려 30등을 올려 전교 1등의 성적표를 받았다.

_ 암기 구멍을 메우는 설명 복습법

그때부터 그의 공부 프로세스는 '수업 → 정리, 복습 → 설명'으로 굳어졌다. 2학년이 되어 공부할 내용이 많아지자 하나하나 설명하는 데 드는 시간을 줄이기 위해 백지에 써보는 방식으로 머릿속의 기억을 확인했다.

"예를 들어 학교 수업이나 인강을 듣고 나면 노트에 정리하면서 복습을 했습니다. 그러면서 내용을 다시 이해했어요. 어느 정도 기억이 나면 보지 않고 백지에 내용을 썼습니다. 막히면 그 부분을 다시 공부하고 다시 썼습니다. 공부한 내용을 보지 않고 80~90퍼센트 쓸 수 있을 정도까지 반복했습니다. 그 과정에서 친구들에게 설명을 하기도 하고요."

그는 이 과정에서 모르는 게 있으면 반드시 당일 안에 의문을 해소한다는 원칙을 덧붙였다. 정리하고 복습하면서 이해가 되지 않는 부분이 나오거나, 다른 친구에게 또는 혼자서 내용을 설명하다가 막히는 부분이 나오면 만사를 제쳐놓고 그 부분을 다시 공부해 모르는 부분을 해소했다.

그는 3학년이 될 때까지도 친구들의 질문에 한 번도 거르지 않고 친절히 답을 해주었다. 3학년 때는 학급 부회장이 되어 학급 내의 멘토링을 제도화했다. 친구들을 돕고자 하는 의도도 있었지만, 동시에 자신에게도 도움이 된다는 생각 또한 있었다. 친구들의 질문을 통해 자신이 안다고 생각했던 부분의 허점을 발견하는 경우도 있었고, 기초가 없는 친구들에게 설명을 해주면서 기본부터 내용을 다시 정리하게 되는 이점도 있었다.

"예를 들어 배경지식이나 기초가 없는 친구들에게 설명해주려면, 처음으로 거슬러 올라가서 하나하나 왜 이렇게 되는지 이야기해줘야 합니다. 혼자서 공부하다 보면 이런 부분들을 놓치기 쉬운데, 친구들에게 설명해주면서 전체적인 흐름과 관계를 더 명확히 이해할 수 있었습니다."

그는 성적을 올리고 싶다면 그저 강의를 듣고 책을 읽으며 머릿속에 집어넣기만 하는 수동적인 공부를 넘어서야 한다고 말한다. 설명이든 백지에 써보는 것이든, 공부한 내용을 머릿속에서 끄집어냄으로써 자신의 기억을 주기적으로 확인할 수 있는 적극적인 공부를 해야 한다고 조언한다.

"성적이 잘 안 나오는 학생들은 책을 펴고 앉아 있어도 정작 공부는 하지 않을 가능성이 큽니다. 그저 소설책 읽듯이 교과서만 읽는 것은 공부를 하는 것이 아닙니다. 머릿속에서 내용의 구조를 잡고, 정리를 하면서 공부해나가야 합니다. 지식이 머릿속으로 들어왔다가 나가는 과정이 끊임없이 이뤄져야 합니다. 이런 점에서 남에게 설명을 해주는 것은 가장 적극적인 공부 방법입니다."

여러 저서와 방송 출연 등으로 유명한 아주대 심리학과 김경일 교수는 한 방송에서 공부 잘하는 학생들의 공통점이 바로 '설명'하는 것에 있다고 말했다. 다른 친구들에게 설명하다가 막히는 부분이 나오면 그 부분이 바로 '안다는 느낌은 있지만 제대로 알지 못하던' 내용이고, 공부 잘하는 학생들은 그 부분을 다시 공부함으로써 공부 '구멍'을 채워나간다는 것이다. 시험에서 문제를 틀리는 이유가 바로 이 '구멍' 때문이니, 이를 메운다면 어찌 성적이 오르지 않을 수 있겠는가.

그는 친구들에게 설명해주다 보면 공부 자체를 넘어 긍정적인 영향력도 줄 수 있다고 말한다.

"대학에 온 뒤, 한 고등학교 친구에게 이런 얘기를 들었습니다. 자기는 2학년 때까지 공부를 못했는데, 제가 친절히 알려주는 모습을 보면서 많은 동기부여가 됐다고요. 그래서 공부도 열심히 하고, 성적도 많이 오를 수 있었다고 하더군요. 저는 아무 생각 없이 설명해줬던 건데, 다른 사람들에게 좋은 영향을 주기도 했다는 걸 알고 너무나도 뿌듯했습니다."

공부할 때 적극적으로 설명하는 방식을 활용한다면 자신의 실력도 키우고, 남에게 좋은 일도 하는 일석이조의 효과를 누릴 수 있다. 이보다 더 좋은 공부법이 어디 있겠는가.

마지막으로 그는 공부에 자신감을 갖지 못하는 학생들에게 이렇게 조언한다.

"저도 공부를 못했었고, 공부를 못하게 태어났다고 생각했습니다.

하지만 되돌아보니 공부를 안 했다는 걸 인정하기 싫어서 그저 재능 탓을 한 것이었습니다. 중 · 고등학교 수준의 공부는 노력이 재능을 충분히 이길 수 있습니다. 압축 공부의 첫 번째 단계는 스스로 한계를 짓지 않는 것입니다."

Check List

- ☐ 공부하다가 의문이 생기면 반드시 당일 안에 해소한다.
- ☐ 공부를 하고 나면, 공부한 내용을 다른 사람들에게 적극적으로 설명한다.
- ☐ 공부를 하고 나면, 내용을 보지 않고 백지에 써본다.

03

수학 성적 급상승을 위한 세 가지 원칙

많은 학생이 여러 과목에서 어려움을 겪지만, 성적 상승에 가장 어려움을 겪는 과목은 단연 수학이다. 나 역시 고등학교 3년간 수학 성적 때문에 무지막지한 스트레스를 겪었다. 서울대학교, 고려대학교, 서강대학교에 모두 합격한 뒤 서울대 심리학과에 재학 중인 이은지 멘토 또한 그랬다. 그녀의 내신 성적표에는 수학 5등급부터 1등급까지 단계별로 압축 공부의 성과를 보인 궤적이 고스란히 남아 있다.

수학 공부의 시스템을 다지는 법

그녀는 경기도 파주에 있는 일반고를 졸업했다. 중학교 때 공부를 못하는 편이 아니었기에 자신 있게 고등학교 공부를 시작했다. 하지만 첫 학기, 3월이 지나고 봄이 시작될 무렵 휴학을 해야만 했다. 처음 하는 기숙사 생활의 어려움과 더불어 치열한 경쟁에서 비롯된 학업 스트레스 탓에 심각한 난독 증상이 찾아왔기 때문이다.

처음에는 국어 공부를 하는데 지문이 이해가 되지 않았다. 공부가 부족해서 그런 거라며 대수롭지 않게 느꼈다. 하지만 수학 수행평가 시험 문제를 풀다가 수학 문제 자체가 이해되지 않는 걸 보고 심각함을 느꼈다. 상담을 받았고, 과도한 스트레스 탓에 난독증과 같은 증상이 나타났다는 진단을 받았다. 의사는 몇 개월 동안 아예 책을 손에서 놓는 게 좋겠다고 권유했다. 그녀는 휴학을 결정했고, 주어진 1년이라는 시간 동안 곳곳을 여행하며 시간을 보냈다.

그렇게 1년을 쉬고 돌아오니 선행학습은커녕 기존에 공부했던 것들도 머릿속에서 다 사라져버렸다. 특히 중학교 수학 개념조차 제대로 기억나질 않았다. 학교로 돌아온 3월, 개학 직후부터 중학교 기초부터 수학 공부를 다시 시작했다. 온종일 수학 공부만 했다. 말 그대로 '맨땅에 헤딩'이었다. 개념을 '쌩으로' 외우고, 문제집을 4~5권이나 풀었다. 열심히 했기에 나름대로 기대도 있었다. 하지만 결과는 기대와는 거리가 멀었다. 1학년 1학기에는 운 좋게 3등급을 받았지만, 2학기 때 5등급으로 떨어졌다.

성적이 오르지 않자, 대부분의 학생이 그러하듯 그녀는 공부량을 늘렸다. 아침에도 수학 공부, 저녁에도 수학 공부, 방학 때는 거의 온종일 수학 공부에 시간을 쏟았다. 그럼에도 2학년 1학기 성적 상승은 기대에 못 미치는 4등급이 나왔다. 아무리 해도 성적이 오르지 않자 결국 슬럼프가 찾아왔다. 한 달 동안 아예 공부를 할 수가 없었다.

"너무나도 암담했습니다. 성적을 올릴 방법이 전혀 보이지 않더라고요. 그래서 한동안은 공부에서 '도피' 생활을 했습니다. '목표를 낮추자'라며 현실과 타협하고 싶은 생각도 들었습니다. 하지만 수학 성적 때문에 수시전형에 도전할 기회조차 놓치고 싶지는 않았습니다."

이은지 멘토에게는 심리학 연구자가 되겠다는 확고한 꿈이 있었다. 꼭 서울대학교 심리학과에 진학해서 동경하던 교수님들로부터 지도를 받고 싶었다. 하지만 이런 성적으로는 서울대 진학은 불가능에 가까운 얘기였다. 꿈을 떠올리며 마음을 다잡았다. 한 달간 놓았던 수학책을 다시 잡았다. 새로운 수학 공부의 시스템을 다지기 위해 세 가지 질문을 던졌다.

첫째, '무엇을' 공부해야 성적이 오를까?

둘째, '어떻게' 공부해야 성적이 오를까?

셋째, '어디까지' 공부해야 성적이 오를까?

이 세 가지 질문에 대한 답이 칼날처럼 날카로워질 때까지 고민하고 또 고민했다. 지금까지 해왔던 공부 방식, 틀렸던 시험 문제들, 풀었던 문제집 등을 되돌아보며 문제의 원인을 파악했다. 동시에 수학을 잘하는 친구들, 수학 공부법 책, 선생님과의 상담 등을 통해 원인에 대한 해결책을 찾아나갔다.

_ 열심히 공부해도 결과가 나오지 않는 이유

먼저 첫 번째 질문, '무엇을' 공부할 것인가에 대해 내린 솔루션은 '선택과 집중'이었다. 이전까지는 그저 '많이 하는 것'이 그녀의 공부 전략이었다. 하지만 그렇게 하다 보니 정작 아는 개념, 쉽게 풀 수 있는 문제 등에 너무 많은 시간을 할애하게 됐다. 그녀에게 필요한 것은 중 · 상 난도 이상의 문제를 풀어내는 힘이었다.

경영학을 공부하다 보면 '트레이드오프trade-off'라는 개념이 나온다. 어떤 것을 얻기 위해서는 반드시 뭔가를 포기해야 한다는 뜻이다. 경제학에서 말하는 '기회비용'과 비슷한 맥락이다. 뭔가에 시간을 쓰고 노력을 한다는 것은, 반대로 무엇인가에 시간을 쓰거나 노력하지 못한다는 뜻이다.

지난 공부를 되돌아보며 이은지 멘토는 바로 이런 트레이드오프의 관점이 부족했음을 깨달았다. 알고 있는 개념, 쉽게 풀 수 있는 문제 등에 시간을 많이 할애한다는 것은 정작 더 급하고 중요한 공부에 시간을 충분히 쓰지 못하고 있다는 뜻이었다. 그때부터 그녀는 더 부족하고 많이 틀리는 부분을 메우는 데 대부분의 시간을 쏟는 '선택과 집중' 전략을 사용하기로 했다.

"'많이'에 집착하다 보니 오히려 아는 것을 또 공부하는 데 시간을 쓰곤 했습니다. 하지만 열심히 했는데도 결과가 나오지 않고, 더는 어떻게 해야 할지 모르겠어서 정말 많이 울었습니다. 그렇게 시행착오를 겪다가 제가 내린 결론은 '모르는 것만 공부해도 시간이 충분치 않다'는 것이었습니다. 아는 문제, 쉽게 풀 수 있는 문제는 시험 직전에 실수 방지용 정도로만 연습하고, 제대로 모르는 것만 집중적으로 공부했습니다."

이은지 멘토는 기존에 무작정 4~5권씩 문제집을 풀던 방식을 버렸다. 특히 쉽게 풀 수 있는 '2~3점짜리' 문제를 푸는 데 시간을 쓰기보다는 자신이 부족했던 중 · 상 난도의 문제를 푸는 데에만 집중적으로 시간을 할애했다. 그렇게 하니 알고 있다고 착각했던 부분이 보이기 시작했다. 이를 기반으로 모르는 것을 채우는 데 집중했다.

'무엇이' 부족한지를 알게 되자 '어떻게' 해야 할지 길이 보였다. 이처럼 '무엇을' 공부할지, '무엇에' 더 많은 시간을 쓸지를 파악하는 것이 수학 성적 급상승의 첫 번째 단계다. 다시 말해 '모르는 것, 부족한 것'에 대부분 시간을 쏟아붓는 것이 수학 성적 급상승을 위한 첫 번째 원칙이다.

열심히 공부하는데도 성적이 오르지 않는 학생들의 가장 큰 이유는 이은지 멘토처럼 자신이 부족한 곳을 채우는 데 시간을 충분히 쓰지 않기 때문이다. 아는 것을 또 공부하고, 쉽게 풀 수 있는 문제를 풀고 또 푼다. 어려운 문제는 애써 외면해버리기도 한다.

왜 그럴까? 그게 쉽고 편하기 때문이다. 쉽게 풀 수 있는 문제들에 의미 없이 처진 빨간 색의 동그라미들이 지금 내 기분을 좋게 해주기 때문이다. 반면 풀 수 없거나 기껏 풀었는데 틀려버린 문제는 그 자체가 고통이다. 다시 풀고, 오답정리도 해야 하고, 할 일이 많아진다. 그래서 외면하게 된다. 맞히는 문제들이 많을수록 내가 가진 부족한 점은 보이지 않고 묻혀버린다. 일종의 환상이자 착각이다. 하지만 그 기쁨에 취해 부족한 부분 찾기를 등한시하다 보면 정작 진짜 시험지에서는 '빨간 동그라미'들을 찾아보기가 어려워진다(누구보다 이 문제에 대해서는 잘 안다고 확신한다. 왜냐? 수학을 못했던 나의 가장 큰 문제점이 바로 이거였으니까).

문제풀이의 '키'를 기억하라

두 번째 질문은 '어떻게' 공부할 것인가였다. 앞서 말한 것처럼 '무엇이' 부족한지가 파악되면 '어떻게' 공부해야 할지에 대한 답은 따라오기 마련이다. 그녀가 비교적 어려운 문제를 풀지 못했던 이유는 단순했다.

"수학에서 문제를 풀지 못한다는 건 대부분 어떤 개념을 사용해야 하는지, 어떻게 문제에 접근해야 하는지 같은 풀이의 '단서'가 보이지 않는다는 것입니다. 개념을 아무리 확실하게 공부해도 문제풀이의 단서를 찾는 데는 한계가 있었습니다."

즉, 이른바 '문제풀이의 키key'가 보이지 않았다. 『공부 마스터 플랜』에서 소개한 것처럼 문제풀이의 키는 '출제자의 의도, 응용 패턴' 등과 비슷한 말이라고 볼 수 있다. 이은지 멘토는 이를 문제풀이의 '단서'라고 표현했다. 많은 멘토가 이 문제풀이의 키를 보완하기 위해서는 답지를 활용하는 것이 좋은 방법이 된다고 말한다.

> "수학 문제에서 응용은 다양하게 되지만 응용이 되는 패턴은 정해져 있을 수밖에 없습니다. 그래서 패턴을 파악하는 게 중요합니다. 만약 일부 최상위권처럼 무의식으로 파악하기 어렵다면 이 패턴을 찾고 기억하는 연습을 해야 합니다."

(……) 수학 문제를 내는 사람들은 절대 무에서 유를 창조하지 않는다. 그것은 너무 많은 시간과 에너지를 요구할 뿐만 아니라 비효율적인 일이다. 그보다는 기존 문제 사이에 존재하는 '키'를 정해놓고 그 키를 기반으로 새로운 문제를 만드는 것이 훨씬 합리적인 일이다.

고원식 마스터의 말처럼 '키' 또한 임의로 만들어지는 것이 아니다. 교육 과정에서 배우는 수학 개념은 개념적으로 이미 어떤 '키'로 적용될 수 있을지 정해져 있다. 예를 들어 '피타고라스의 정리'는 각의 정보가 길이 정보로 전환될 수 있는 대표적인 개념이다. 따라서 피타고라스의 정리가 무슨 내용인지를 아는 것보다 더 중요한 것은 그 개념이 어떻게 문제에 적용될 수 있는지를 아는 것이다. 이런 점에서 철저한 개념 학습이 문제풀이의 실마리를 찾는 기본이다.

– 2019, 『공부 마스터 플랜』, 조승우, 포레스트북스, p. 148~149.

이전까지 그녀는 수학 공부를 할 때 답지를 활용하지 않았는데, 아무리 개념을 공부해도 문제가 조금만 어렵게 나오면 문제풀이의 키를 찾을 수 없었다. 그럼에도 그녀는 '수학은 암기 과목이 아니다'라는 말 때문에 풀 수 있을 때까지 문제를 물고 늘어지는 것이 정석이라고 생각했다. 그래서 답지를 절대 보지 말아야 한다는 선생님들의 말씀을 그대로 따랐다. 한 문제를 푸는 데 몇 시간, 며칠이 걸리더라도 수학 답지를 보지 않았다. 하지만 그러다 보니 시험 기간까지 시험 범위의 문제를 다 풀 수가 없었다. 문제집을 많이 푸는데도 쉬운 문제까지 풀다 보니 오히려 어려운 문제는 제대로 이해하지 못한 채 시험장에 가게 되곤 했다.

물론 답지를 보지 않고, 한 문제를 끝까지 물고 늘어지는 인내력은 필요하다. 또한 못 푸는 문제를 만났을 때 습관적으로 답지를 보면, 문제를 푸는 힘을 기르기 어려워진다. 특히 학원에서 열심히 숙제를 내주고 학생들은 답지만 베껴서 숙제를 해가는 것은 일분일초가 아까운 상황에서 말 그대로 시간 낭비일 뿐이다.

하지만 이은지 멘토처럼 문제풀이의 키를 찾는 데 필요한 기반 자체가 부족한 경우에는 오히려 한 문제를 끝까지 물고 늘어지는 방식이 매우 비효율적일 수 있다. 내 경험에 비춰 보면, 어느 정도의 기반을 갖춘 뒤에 사고력과 인내력을 기르는 훈련을 병행하는 것이 더 효율적이다(물론 수학을 잘하고 싶다는 절실함이 있다는 전제하에서다).

그녀 또한 내 생각과 마찬가지로 어느 정도의 기반을 갖추는 것이 먼저라고 판단했다. 고민 끝에 답지를 활용하기로 했다.

"풀이의 단서가 전혀 보이지 않는 문제는 답지를 먼저 봤습니다. 그리고 이런 접근을 할 수 있는 이유 또는 이 개념을 활용해야 하는 이유를 문제의 조건과 하나씩 연결해가면서 문제 옆에 직접 썼습니다. 그런 다음 완전히 이해될 때까지 풀이 과정을 보지 않고 다시 서술했습니다. 이 과정에서 어떤 개념은 그 증명 과정까지 다시 쓰면서 왜 이렇게 쓰일 수밖에 없는지도 기록했습니다."

그녀는 그렇게 찾은 문제풀이의 키를 외우고 또 외웠다.

"풀이의 단서가 기억날 때까지 풀이 과정을 다시 서술했습니다. 아예 풀이의 단서가 몸에 익을 때까지 몇 번씩 계속 보고, 다시 썼습니다. 왜 이 문제에서는 3차 함수를 떠올려야 하는지, 왜 이 문제에서는 평균값 정리를 떠올려야 하는지를 문제와 주어진 조건에 대입해서 다시 서술한 거죠. 응용할 수 있는 여러 형태는 노트에 따로 정리해두었습니다."

이때 주의할 점이 있다고 그녀는 말한다.

"문제를 푸는 데 단서를 기억한다는 것이 풀이 전 과정을 외우는 것과는 다르다는 점을 유의해야 합니다. 풀이 과정을 통으로 암기하는 건 비효율적입니다. 문제풀이의 단서, 즉 주어진 조건과 공부한 개념의 연결고리 부분만을 암기하는 것입니다. 또한 문제풀이의 단서가 개념의 내용과 연결되지 않는다면 그것은 문제풀이의 단서가 아닐 가능성이 큽니다. 왜 반드시 이런 접근이 필요한지가 설명되어야 합니다."

그녀의 전략은 적중했다. 전작에서 설명한 것처럼 문제풀이의 키는 임의로 만들어지는 것이 아니다. 특정 개념의 내용에 따라 그 개념이 어떤 방식으로 키로 작용하는지는 이미 정해져 있기 마련이다.

그렇게 공부했더니, 알고 있다고 착각했던 부분이 조금씩 보이기 시작했다. 내가 무엇을 알고, 무엇을 모르는지가 명확해졌다. 문제풀이의 단서, 즉 개념별 · 유형별로 문제풀이의 키가 머릿속에 쌓이니 어려운 문제들도 어떻게 풀어나가야 할지가 보였다. 2학년 여름방학을 이렇게 공부한 결과, 1학기 때 4등급이었던 수학 성적이 2학기에는 2등급까지 올랐다.

"고3이 되는 겨울방학 때가 되니 수학에 눈이 뜨이기 시작했습니다. 대부분의 문제에서 어떻게 풀어야 할지 접근법이 보였습니다. 모르는 것, 어려운 것에 선택과 집중 전략을 쓰고, 풀이 과정과 개념의 고리 같은 문제풀이의 단서를 암기한 덕분이었습니다."

_ 1등급으로 가기 위한 마지막 단계

겨울방학이 지나자, 그녀에게는 이제 마지막 1등급을 위한 여정만이 남아 있었다.

'어디까지' 공부할 것인가.

1등급을 위한 마지막 질문이었다. 이는 '어느 정도의 수준까지' 공부할 것인가라는 질문으로 바꿔볼 수 있다. 적확한 질문을 따라가다 보면 이미 답은 다 정해져 있기 마련이다. 사실 '무엇이 부족한지'를 정확히 파악하고 나니 '어떻게' 공부할지 그리고 '어디까지' 공부할지는 이미 정해졌다.

문제풀이의 키를 찾기 위해서는 개념을 머릿속에서 자유자재로 꺼내 쓰는 것이 무엇보다 중요했다. 그래서 그녀는 수능까지 대비한다는 마음으로, 고교 과정에 나오는 개념의 목차를 다 외웠다. 중학 과정에 나오는 도형의 개념 및 공식과 관련된 목차 또한 노트에 정리한 뒤, 암기 과목을 공부하듯 모두 외웠다.

"모의고사를 치르면서 21번과 30번, 이른바 '킬러 문제'에서 어려움을 겪었어요. 이 킬러 문제들은 여러 개념을 활용해야 풀 수 있거든요. 근데 시간이 지나다 보면 중학교 때나 고등학교 1~2학년 때 배운 개념을 까먹게 돼요. 그래서 저는 모의고사 기출문제들을 풀다가 막히면, 연관된 개념이 속한 파트의 목차를 찾아 처음부터 다시 공부해보지 않고 쓸 수 있게 했어요."

중 · 고교 과정에 나온 개념의 목차를 안 보고 쓸 수 있도록 몇 번이고 연습했더니 개념이나 접근법을 몰라서 틀리는 일은 거의 없어졌다. 공부하다가 틈틈이 목차를 머릿속으로 떠올려보고, 떠오르지 않으면 다시 책을 펴고 공부하면서 외웠다. 이 방법은 시험장에서도 효과가 있었다.

"실제 모의고사 시험을 보면서도 막히는 게 나오면 관련된 개념의 목차를 직접 문제 옆에 썼어요. 그렇게 직접 써보니까 그냥 생각만 해서는 떠오르지 않던 개념이나 접근법이 떠올랐습니다."

이처럼 공부의 빈틈을 없애니 성적이 오르지 않을 수 없었다. 마침내 그녀는 3학년 1학기에 수학에서 1등급을 받았다.

등급이 부족하다면 '세특'을 챙겨라

그녀는 수시전형을 준비하면서 1~2학년 때 받았던 4~5등급이라는 성적에 대한 불안함이 늘 있었다. 심리학과 진학을 목표로 했는데, 심리학과에서도 경제학과 못지않게 수학 과목을 중시한다는 말을 들은 적이 있었던 터라 더 불안했다. 그래서 1~2학년 때 높지 않았던 수학 성적을 생기부(학교생활기록부)의 '세특(세부능력 및 특기 사항)'과 비교과 활동으로 어떻게든 보완하고자 했다.

"고3 때까지 세특을 최대한 챙겼습니다. 수학 머리가 없는 사람이 아니라는 걸 보여주려고 한 거죠. 비록 성적은 낮지만, 어떻게든 다른 면으로라도 수학에 대해 노력해왔다는 점을 보여주고 싶었습니다."

그녀는 2학년 때 미적분 과목을 공부하면서 「마르크스와 수학」이라는 논문을 읽고, 마르크스의 미적분 초고에서 찾아낸 수학적 오류를 토대로 탐구보고서를 작성했다. 이런 경험을 토대로 교내 수리 논술대회의 수리철학 분야에서 상을 받기도 했다. 또한 2학년 때 친구들끼리 서로 질의응답 도우미 역할을 하는 봉사활동에서 수학 과목을 맡아 노트 필기를 친구들에게 공유하고 수학을 잘하지 못하는 친구들의 질문을 받고 설명을 해주기도 했다. 그 외에도 그녀의 생기부 세특 난에는 유독 수학 과목에 대해 다양한 내용이 기재되어 있다.

이미 낮게 나온 내신 성적을 두고 시간을 내서 세특을 챙기는 게 얼마나 의미가 있을까 하는 생각도 들었지만, '할 수 있는 건' 다 해야겠다는 절실함이 있었다. 그런데 이렇게 챙긴 세특의 효과는 남달랐다.

고3 1학기 기말고사를 앞두고 한양대학교 입학사정관이 학교를 방문했다. 가위바위보에 이긴 덕분에 입학사정관에게 생기부에 대한 피드백을 받을 기회를 얻었다. 입학사정관은 그녀의 생기부에 기재된 세특 내용을 보고 이렇게 말했다.

"수학을 단편적인 교과 내용만으로 받아들이는 게 아니라 철학적이고 자기만의 독창적인 방식으로 해석하려는 노력이 보입니다. 실제 수리 논술대회에서 상을 받은 점은 이에 신빙성을 더해줍니다."

이어 입학사정관은 그녀에게 물었다.

"이를 토대로 교과 내용에 충실함을 보여주려면, 성적이 올라야 하는데, 3학년 1학기에 얼마나 나올 것 같은가요?"

중간고사를 잘 봤던 터라 그녀는 자신 있게 1등급이 나올 것 같다고 말했다. 그러자 입학사정관은 이렇게 말해주었다.

"그러면 수학에 대한 다양한 노력을 통해 교과 내용까지 충실히 이수했다는 점이 충분히 증명되고, 동시에 발전 가능성에서 더 높이 평가받을 수 있습니다. 또한 독창적 해석을 위한 이전의 노력이 더욱 좋은 평가를 받을 수 있습니다."

입학사정관의 그 말에 이은지 멘토는 비로소 마음을 놓을 수 있었다. 그리고 마침내 서울대 심리학과 수시전형에 합격했다.

서울대학교 수시전형에서 수학 세특이 실제 어떤 영향을 끼쳤는지 알 방법은 없지만, 최소한 서울대의 입학사정관들 또한 포기하지 않고 세특으로라도 자신의 수학 성적을 보완하고자 한 그녀의 노력을 기특하게 여기지 않았을까.

이은지 멘토는 자신의 부족한 점을 객관적으로 진단하고, 이를 토대로 성적 급상승을 위한 답을 찾아냈다. 당신도 할 수 있다. 비록 현재 수학 성적이 낮더라도, 결코 포기하지 마라. 그리고 외면하지 마라. 성적 급상승을 원한다면 자신의 문제점, 약점과 정면으로 부딪치고 또 부딪쳐라. 그러면서 이은지 멘토가 가졌던 세 가지 질문, 즉 '무엇을', '어떻게', '어디까지' 공부할 것인지에 대한 답을 찾아내라. 그와 함께 자신을 어떻게 업그레이드할 수 있을지 고민하고 또 고민해라. 그 고민 끝에 나온 답을 수학 공부의 원칙으로 삼아 끝없이 파고들어라. 그러면 언젠가 자기도 모르는 새 등급이 업그레이드되어 있을 것이다.

Check List

- □ 수학 공부를 할 때 취약한 부분을 보완하는 데 80퍼센트 이상의 에너지를 집중한다.
- □ 수학은 문제풀이의 키를 중심으로 공부하고, 기억한다.
- □ 학교생활기록부의 '세부능력 및 특기 사항'을 꼼꼼히 채워 성적을 보완한다.

04

1년 만에 200등 상승을 가져다준 10회독 공부법

서울대 정치외교학부에 재학 중인 유도혁 멘토는 중학교 3학년 때까지 중간 정도의 성적을 기록하던 평범한 학생이었다. 초등학교 4학년 때까지는 야구 선수였고, 이후 중학교 2학년 때까지 골프 선수로 활동했기에 공부를 제대로 해본 적이 없었던 그는 고등학교 입학을 앞두고서야 부랴부랴 공부를 시작했다.

공부를 시작하고 1년 만에 550명 중 200등 정도였던 성적을 전교 3등까지 끌어올렸다. 이후에도 지속적으로 성적을 유지한 덕분에 서울대학교를 비롯해 연세대학교, 고려대학교, 서강대학교에 수시 학생부종합전형으로 모두 합격하며 정치외교학과 '4관왕'의 쾌거를 거뒀다.

그는 내신 성적을 1년 만에 전교 최상위권까지 끌어올릴 수 있었던 비결로 '10회독 공부법'을 꼽는다.

"우연히 10회독 공부법을 알게 돼 직접 실천해봤더니 성적이 급상승했습니다. 3학년 때까지 10회독의 원칙을 지켜 대부분 과목에서 내신 1등급을 받았습니다."

_ 제2의 '류현진'을 꿈꾸던 유소년 야구 선수

유도혁 멘토는 야구를 열광적으로 좋아하시던 아버지와 할아버지의 영향으로, 어린 시절부터 야구장에 가서 응원하거나 캐치볼을 하며 보내는 시간이 많았다. 자연스럽게 야구 선수라는 꿈을 가지게 됐고, 야구부가 있는 학교에서 유소년 선수 생활을 하며 제2의 류현진을 꿈꿨다. 하지만 시간이 지나도 크지 않는 키와 체격 때문에 야구를 접어야 했다.

이후 어떤 운동을 계속할 수 있을까 고민하던 끝에 체격보다는 집중력이나 섬세함이 중요한 골프에 도전했다. 4학년 때 정식 선수로 등록해서 3년간 각종 대회에 출전하며 프로 골퍼의 꿈을 키웠다. 한때 전국대회에서 7등까지 기록할 정도로 기량이 좋은 재목이었다.

그러다가 중학교 1학년 때 누나의 유학을 따라 미국으로 가서 1년여 동안 골프를 배웠는데 낯선 환경에 적응하기가 힘들었다. 게다가

7년 동안 운동만 했기에 몸과 마음이 지친 상태였다. 2학년이 되기 직전, 한국으로 돌아오면서 운동을 그만두겠다고 선언했다.

2학년으로 올라가는 시점에 서울 강동구의 한 중학교로 전학한 그는 평범한 중학생으로서 학교생활을 해나갔다. 공부에 흥미가 없었기에 학원이라곤 전혀 다니지 않았고, 친구들과 축구를 하거나 스마트폰 게임을 하며 시간을 보냈다.

시험 기간에 나름대로 벼락치기를 한 덕분에 중학교 시절 성적은 전교 200여 명 중 100등 내외, 정확히 중간 정도였다. 집 근처 일반고등학교에 진학을 배정받았는데, 당시 중학교 성적을 기준으로 했을 때 그의 입학 석차는 550명 중 200등이었다.

고교 입학을 앞둔 겨울방학, 처음으로 학원에 다니면서 국어와 수학을 본격적으로 공부하기 시작했다. 특히 3월에 치른다는 모의고사를 목표로 공부해나갔다. 이후 고등학교에 입학한 뒤 처음 치른 3월 모의고사에서 평균 3등급 정도를 받았다. 등수로는 550명 중에서 30등이었다. 처음으로 공부에 자신감을 얻었고, 열심히 해보겠다고 마음먹었다.

당시 학교에서는 '심화반'이라는 별도의 클래스가 있었는데, 중학교 입학 성적을 기준으로 편성한 것이기에 유도혁 멘토는 들어갈 수가 없었다. 그는 담임 선생님을 찾아가 '열심히 공부해보고 싶다'며 그 반에 꼭 들어가게 해달라고 부탁드렸다. 그의 의지를 높게 산 선생님의 도움으로 뒤늦게 심화반에 들어갈 수 있었다. 그렇게 공부에 대한 흥미와 기반이 쌓여나간 결과 1학년 1학기 내신에서 전교 30등이 라는 성적을 받았다.

_ 벼락치기의 빈틈을 잡는 방법

하지만 2학기가 되자 성적이 더는 오르지 않았다. 이른바 '정체기'가 시작됐다. 이전보다 더 열심히 공부했지만, 달라지는 것이 없었다. 2학기 중간고사에서도 1학기 때와 다르지 않은 등수를 받았다.

그렇게 한 달여를 고민하다 보니 어느새 기말고사가 눈앞에 다가왔다. 그러던 어느 날 저녁, 우연히 EBS 「공부의 왕도」라는 프로그램을 보게 됐다. 한 여학생이 '10회독 학습법'이라는 걸 통해 전교 1등을 한 사례가 방영되고 있었다.

"그 프로그램을 보고 깊은 감명을 받았습니다. 다른 공부법들은 번거롭거나 저랑 잘 안 맞아서 따라 하기가 어려웠는데, 그날 TV에서 본 10회독은 나도 할 수 있을 것 같다는 생각이 들었습니다."

유도혁 멘토는 그때부터 방송에서 본 것과 똑같이 A4 용지에 과목 이름을 쓰고, 옆에 네모 칸 10개를 만든 뒤 교과서를 열 번씩 읽었다. 한 번 읽고 나면 네모 칸 하나에 체크하는 식이었다. 수학을 제외한 모든 과목에 이 방법을 적용했다. 수학은 교과서를 열 번 읽는 대신, 문제집 5~6권을 푸는 것으로 대체했다. 특히 국어나 영어처럼 지문을 어느 정도 외우는 게 중요한 과목은 열다섯 번씩 읽었다.

그 후 치른 기말고사에서 그는 전교 2등을 기록했다. 30등에서 그토록 오르지 않던 성적이 10회독 공부법 덕분에 한 달 만에 급상승한 것이다.

"그전까지는 내신 공부를 벼락치기로 하곤 했습니다. 그러다 보니 중간중간 제대로 이해하지 못하거나 기억하지 못하는 부분들이 있었습니다. 또 전체 흐름을 놓치기도 했고요. 오답이 주로 그런 곳에서 생겼습니다. 하지만 열 번씩 읽으니까 그게 누적되어서 기억도 오래 남고, 전체적인 흐름도 머릿속에서 더 확실히 그려졌습니다."

성적 급상승을 통해 10회독 공부법의 효과를 직접 체감한 그는 그때부터 고등학교 3학년 때까지 아예 시험 전에 반드시 교과서를 열 번 이상 보고 들어가는 것을 원칙으로 삼았다.

"2학년 2학기 중간고사 때 생명과학에서 3등급을 받았습니다. 이런저런 이유로 서너 번밖에 못 보고 시험장에 들어갔는데, 그 때문에 성적이 많이 떨어진 거예요. 그때부터 어떤 일이 있어도 10회독이라는 원칙을 반드시 지키겠다고 다짐했습니다."

이처럼 10회독 공부법을 원칙으로 세운 덕분에 유도혁 멘토는 2~3학년의 모든 내신 시험에서 대부분 과목을 1등급으로 끌어올릴 수 있었다.

10회독 공부법 실천 가이드

나는 유도혁 멘토에게 10회독 공부법을 활용하는 데 필요한 구체적인 방법을 물었다. 그의 답변을 정리하면 다음과 같다.

무엇을 읽는가?

그는 기본적으로 교과서를 10회독 한다고 말했다. 그러면서 10회독 공부법의 효과는 수업을 잘 듣고, 수업 내용이 잘 기록되어 있다는 전제하에서만 가능하다고 강조했다.

"교과서를 10회독 할 때 중요한 것은 날것 그대로의 교과서가 아니라 선생님이 수업해주신 내용이 필기되어 있어야 한다는 것입니다. 아무리 10회를 읽더라도, 정작 시험 문제를 내는 선생님이 말씀해주신 내용을 모르면 시험을 잘 보기 어렵습니다."

그는 학교 수업이 교과서로 이루어지지 않는다면, 부교재나 좀더 정리가 잘 되어 있는 참고서로 10회를 읽을 수도 있다고 말한다. 대신 시중에 나와 있는 일반적인 자습서처럼 줄글 형식이 아니라 개요식(요약본처럼 쓰인 방식)으로 쓰인 교재는 10회독을 하기가 힘든 측면이 있다고 지적한다. 그런 점에서 그는 『누드교과서』, 『독학 국사』, 『숨마쿰라우데』처럼 교과서와 같은 줄글 방식으로 된 참고서가 10회독을 하기에는 좀더 용이하다고 조언한다.

어떤 식으로 읽는가?

유도혁 멘토는 자신의 방법을 이렇게 말했다.

"주로 3~4회독까지는 한 자 한 자 꼼꼼히 읽으면서 세세한 부분까지 이해할 수 있을 만큼 '정독'을 했습니다. 이후 5회독부터 7회독까지는 내용을 기억에 다질 수 있도록 빠르게 읽는 '속독'을 했습니다. 이때까지는 각기 다른 필기구로 밑줄을 긋거나 색칠을 하면서 읽어나갔습니다. 마지막으로 8회독 때부터는 밑줄이 많이 쳐지거나 색칠이 많이 된 '중요한 내용' 또는 '이해하거나 기억하기가 어려운 내용'들을 위주로 읽으며 놓칠 법한 것들을 체크했습니다."

'3~4회 정독 → 3~4회 속독 → 2~3회 정독'의 과정을 거쳤다고 볼 수 있다.

이 부분은 『공부 마스터 플랜』에서 고승덕 변호사의 '10회독 공부법'과 일본의 '공신'으로 불리는 야마구치 마유 변호사의 『7번 읽기 공부법』을 비교하며 설명한 적이 있다(궁금하다면 인터넷에서 고승덕 변호사의 10회독 공부법을 검색해보라). 고승덕 변호사는 유도혁 멘토와 같은 방식의 10회독을 활용했다. 그에 비해 야마구치 마유는 '1~3회 때 속독 → 4~6회 때 정독 → 7회 때 속독'의 방식을 활용했다. 이를 자신의 스타일에 맞게 맞춰서 활용하면 된다.

유도혁 멘토는 1~2회독을 할 때, 전체적인 내용을 보면서 꼭 외워야 할 것과 외우지 않아도 되는 부분을 구분해서 읽어야 한다고 조언한다.

"책 내용은 꼭 신경 써서 외워야 할 부분과 외우지 않아도 자연스럽게 기억되는 부분으로 나눌 수 있습니다. 어떤 '사실'이나 '원리'는 외워야 하지만, 그 사실의 의의나 원리의 도출 과정은 억지로 외울 필요가 없습니다. 이미 그 사실이나 원리를 알고 있다면 자연스럽게 기억날 수 있는 내용이 억지로 외울 필요가 없는 것에 해당합니다."

그리고 10회독을 하다 보면 너무 오랜 시간이 걸리기 때문에 어느 정도의 유연함이 필요하다고 조언한다.

"10회독 공부법의 유일한 단점은 시간이 너무 오래 걸린다는 것입니다. 그런데 읽어야 할 내용에 비해 시간이 부족할 때는 어느 정도의 유연함이 필요합니다. 무조건 횟수 채우기에 급급하면 정작 10회를 읽어도 남는 게 없을 수 있습니다."

실제로 유도혁 멘토는 10회독의 후반부로 갈수록 계획보다 시간이 오래 걸려, 남은 시간이 부족한 경우가 생긴 적이 있었다고 한다. 열 번을 무조건 채워야 한다는 생각 때문에 읽긴 읽어서 횟수는 채웠지만, 정작 기억에 남는 게 별로 없었고 시험에서도 좋지 않은 성적을 받았다.

"시간이 부족하다면, 횟수에 너무 집착하지 말고 어느 정도 유연성을 발휘해야 합니다. 횟수보다는 한 번을 읽더라도 제대로 읽는 게 더 중요합니다."

계획은 어떻게 세우나?

유도혁 멘토는 내신 시험을 앞두고 10회독을 완료하기 위해서는 최소한 한 달 전부터 시험공부를 시작해야 한다고 말한다. 그는 시험 기간이 되면 휴대폰을 집에 두고 다니며 아예 사용하지 않았다고 한다. 또한 평소에는 학교에서 공부했지만 시험 기간에는 친구들과 놀고 싶은 유혹을 애초에 차단하기 위해 집에서만 공부했다. 이렇게 10회독을 완료하는 데 온전히 집중할 수 있는 '한 달'이라는 시간을 확보하는 것이 계획의 첫 번째 전제 조건이다.

이후 그는 A4 용지 한 장에 '과목 → 과목별로 봐야 할 교재 목록 → 그중 10회독을 할 교재 → 회독을 할 때마다 완료 여부를 체크할 수 있는 네모 칸'의 순서로 계획을 적어나갔다. 여기서 중요한 것은 회독을 하는 데 전체적으로 시간이 얼마나 걸리는지를 정확히 예측하는 일이다. 그 또한 처음 10회독을 시작할 때는 소요 시간이 파악되지 않아서 다소 애를 먹었다. 이런 상황을 방지하기 위해서는 과목별로 한 단원 정도를 골라 4~5회독에 걸리는 시간을 직접 체크해보는 것도 좋다. 역사상 가장 널리 읽힌 병법서인 『손자병법』의 가장 앞부분인 「시계」에서는 전쟁에서 이기고 싶다면 전쟁을 시작하기 전에 나와 상대의 힘을 먼저 계산해보라고 말한다. '10회독 공부'라는 전투에 임하기 전에 나에게 주어진 시간은 얼마인지, '10회독'이라는 상대를 소화하는 데는 얼마만큼의 시간이 걸리는지를 철저히 계산하고 비교해야 한다.

실제로 나도 대학 시절에 N회독 공부법으로 전공과목 성적을 끌어올렸는데, 처음에는 얼마만큼의 시간이 걸릴지 예측하기가 어려웠다. 그래서 본격적으로 공부를 시작하기 전에, 최소단위로 걸리는 시간을 측정한 뒤 총 소요 시간을 예측하는 식으로 계획을 세웠다. 예를 들어 영어로 된 전공 서적 100페이지가 시험 범위이고 5회독을 한다고 했을 때, 한 페이지를 선택해서 1~5회독에 각각 얼마만큼의 시간이 걸리는지를 측정했다. 만약 1회독에 5분, 2회독 4분, 3회독 3분, 4회독 2분, 5회독 1분이 각각 소요된다면, 시험 범위 전체를 5회독 하는 데는 '15분(5분+4분+3분+2분+1분) × 100페이지', 즉 총 1,500분이 걸린다는 것을 알 수 있다.

유도혁 멘토는 10회독을 하더라도 중간중간의 기점들을 설정해두어야 한다고 조언한다.

"시험 전날까지 10회독 끝내기와 같은 식으로 개략적인 목표를 세우는 게 아니라 10회독을 언제 시작해서 언제 끝낼지, 그리고 언제쯤에는 몇 번까지, 언제쯤에는 몇 번까지 끝낼지와 같은 구체적인 청사진을 가지고 있어야 합니다."

예를 들어 'D-4주 차에는 전체 1회독 끝내기, D-3주 차에는 2~4회독 끝내기, D-2주 차에는 5~7회독 끝내기, D-1주 차에는 10회독까지 끝내기'와 같은 식으로 중간중간 마감 구간을 설정하여 목표와 계획을 좀더 세분화하는 것이다('나누어 생각하기'의 중요성을 알고 싶다면, 박기훈 멘토 부분을 다시 한번 읽어보라).

마지막으로 유도혁 멘토는 10회독 공부법을 실천하고자 하는 이들에게 다음과 같이 조언한다.

"10회독을 하다 보면 종종 지겨워질 수도 있습니다. 하지만 10회독에 도전해서 한 번만 성적을 올리고 나면 그 이후부터는 10회독을 통해 잘됐던 때를 떠올리면서 지속적으로 습관화해나갈 수 있습니다. '10회독'이라는 행동형 목표를 달성하고 나면, 성적 급상승이라는 결과형 목표는 절로 따라온다는 사실을 잊지 마시기 바랍니다."

Check List

- ☐ 성적을 가장 올리고 싶은 과목 1~2개를 정해서 10회독 계획을 세운다.
- ☐ 10회독 계획을 3~4개의 작은 계획으로 다시 쪼개 중간중간 마감기한을 정해둔다(예를 들어 '1~3회독은 언제까지, 4~7회독은 언제까지' 하는 식으로).

05

압축적인 영어 상승을 위한 공부 전략

수학이 수험생들의 최대 고민 과목이라면, 영어는 한국인들의 평생 고민거리다. 영어 공부법에 관한 교재나 콘텐츠가 시중에 무수히 많은 것도 그 때문이다. 좋은 콘텐츠를 잘 활용하면, 누구나 어렵지 않게 영어에 능통해질 수 있다.

그런데 안타깝게도, 단순히 영어를 잘하는 것과 영어 시험을 잘 보는 것은 별개의 문제다. 특히 중고생들이 치르는 내신 시험과 수능은 더더욱 그렇다. 한국식 내신, 수능 영어 공부에서 좋은 성적을 받으려면 결국 '어휘, 문법, 독해'가 핵심이다. 그런 방식이 바람직한가에 대한 논란이 오랫동안 지속되어왔지만, 입시를 치르는 수험생으로서는 불가피하게 시험 방식에 맞춰 공부할 수밖에 없다. 이런 현실을 고려하면 영어 과목을 압축적으로 공부할 때는 어휘와 문법, 독해 역량을 끌어올리는 것이 관건이라고 할 수 있다. 수능, 그리고 특히 내신 성적의 급상승 여부는 바로 이 세 가지에 달려 있다.

_ 이도 저도 아닌 공부는 남는 게 없다

서울대 사회복지학과에 재학 중인 김승민 멘토는 전남의 한 일반고를 졸업했다. 고등학교에 입학한 뒤 나름대로 열심히 노력했지만, 노력한 만큼 성적이 잘 나오는 편은 아니었다. 250여 명의 전교생 중 100등 정도의 성적이었다. 그중에서도 그의 발목을 붙잡는 것은 늘 영어였다. 열심히 했는데도 1학기 영어 내신에서 4등급을 받았다. 모의고사도 늘 70점대를 넘기지 못했다. 2학년 때도 부단히 노력했지만 겨우 한 등급이 올라 1, 2학기 모두 3등급을 받았다. 서울대 사회과학대학에 진학해 훗날 서울대 로스쿨을 거쳐 검사가 되겠다는 꿈을 이루기에는 한참 모자라는 성적이었다.

그랬던 그가 2학년 겨울방학을 보낸 뒤, 3학년 1학기 내신과 모의고사에서 모두 영어 1등급을 받았다. 겨울방학 동안 무슨 일이 있었기에 단숨에 1등급까지 오른 걸까?

고2 때까지 김승민 멘토는 여느 학생들과 비슷한 방식으로 영어를 공부했다. 하지만 영어에 흥미가 없었던 터라 영어 공부를 위한 시도는 번번이 실패로 돌아갔다. 대부분 수험생처럼 인강도 들었지만, 끝내 완강을 하지 못했다. 『This is grammar』 같은 문법 기본서를 사서 독학을 시도하기도 했는데, 결국 한 챕터도 못 나가고 공부를 접었다.

"평소에 영어 단어나 문법을 따로 공부하려고 했지만 번번이 실패했어요. 그러다가 다시 내신 시험 기간이 되면 시험 범위를 한두 번 읽고 가는 수준에 머물렀죠. 영어 공부가 재미도 없고 머리에 잘 들어오지도 않았어요."

그렇게 이도 저도 아닌 공부를 2학년 2학기 때까지 반복했다. 남는 게 없었다. 교과서나 참고서를 보며 외웠던 단어나 문법 내용도 시간이 지나면 금세 잊어버렸다. 2학년 2학기가 끝났을 때 3등급이라는 내신 성적을 받았다. 하지만 3학년 때도 이 상태가 지속된다면 내신과 수능 두 마리 토끼를 모두 놓칠 수 있다는 위기감이 들었다.

"내년이면 고3인데, 이래서는 제가 원하는 대학에 절대 갈 수 없다는 생각이 들었습니다. 그런 위기의식으로, 이번 방학에 어떻게든 영어를 잡아야 한다는 절박함이 생겼습니다. 그때부터 영어 공부 방식을 바꾸기로 했습니다."

그는 반에서 영어를 제일 잘하는 친구를 무작정 찾아갔다. 영어를 어떻게 공부해야 성적이 오르는지 알려달라고 했다. 고민을 토로하는 그에게 친구는 자신의 영어 기출문제집을 보여줬다.

"책을 봤는데, 엄청 더러웠어요. 볼펜, 연필, 형광펜이 모두 뒤섞여서 아주 난잡했습니다. 그래서 제가 이걸로 어떻게 공부하냐고 물었어요. 그랬더니 친구가 자기만의 규칙대로 공부한 흔적이라며, 자신의 영어 성적 비결이 여기에 다 담겨 있다고 하더라고요."

다양한 필기구가 활용됐는데 거기에는 나름대로 규칙이 있었다. 친구는 영어 지문을 읽고 나면, 기준에 따라 각기 다른 색깔로 표시를 했다. 예를 들어 모르는 단어에는 까만색, 몰랐던 문법 내용은 빨간색, 숙어나 관용구는 파란색, 중요한 접속사는 노란색 형광펜, 중심 문장이나 주제어는 연두색 형광펜으로 밑줄을 그었다. 이런 식으로 표시한 뒤, 모르고 있었던 내용을 따로 정리하고 공부하는 방식이었다. 그렇게 하면 지문에 나오는 단어와 문법은 물론 문장과 문장 사이의 접속사까지, 시험에 출제될 수 있는 모든 내용을 숙지할 수 있었다. 동시에 중심 문장이나 주제어를 공부하면서 빈칸추론 문제에도 대비할 수 있었다.

친구의 얘기를 듣고, 이 방법을 따라 하면 되겠다는 생각이 들었다. 부족했던 어휘, 문법만이 아니라 빈칸추론 같은 독해 실력까지 키우는 방법이었기 때문이다.

친구의 방법을 그대로 따라 하기 시작했다. 지문을 읽으면서 모르는 단어와 문법 내용, 관용구, 숙어, 접속사 등을 정리했다. 그런데 직접 해보니 말처럼 쉽지 않았다. 일단 기초 실력 자체가 부족하다 보니 한 지문을 그렇게 공부하고 나면 1~2시간이 훌쩍 지나갔다. 한 지문에 모르는 단어만 20개 정도가 나왔고, 문법도 모르는 내용이 많아 시간이 너무 오래 걸렸다. 더구나 친구처럼 한 번에 동시다발적으로 새로운 내용을 체크할 만큼의 실력이 되지 않는다는 게 가장 큰 문제였다. 그래서 그는 고민 끝에 하나하나 따로 나눠서 공부하기로 했다. 그렇게 탄생한 것이 6회독 영어 공부법이다.

_ 영어 1등급 마스터의 6회독 공부법

그는 친구의 방법을 참고하여 자신만의 방법을 새롭게 만들어나갔다. 우선 대부분의 학교가 그러하듯, 2~3학년 때 내신 시험이 주로 모의고사 문제와 EBS 문제집을 기반으로 출제됐기 때문에 내신과 수능을 함께 대비한다는 생각으로 『모의고사 기출문제집』, EBS 『수능특강』과 『수능완성』을 순서대로 공부했다.

"문제집의 문제를 푼다는 생각이 아니라 지문에 담긴 모든 내용을 내 것으로 만든다는 생각으로 공부했습니다. 방학 동안 제 손을 거쳐가는 영어 텍스트만큼은 거기 담긴 모든 어휘와 문법 내용을 마스터하겠다는 목표를 세웠습니다."

그는 친구처럼 단어와 문법, 문장구조, 관용어, 접속사 등을 한꺼번에 공부할 수 없었기에 공부해야 하는 것들을 아예 따로따로 나누었다. 여섯 번을 읽으면서 각각에 초점을 두고 공부하는 식이었다. 그의 6회독 공부법을 정리하면 다음과 같다.

김승민 멘토가 알려주는 6회독 공부법

- 1회독: 그냥 문제 풀듯이 푼다.
- 2회독(단어): 지문을 다시 읽고 해석하면서 모르는 단어에 밑줄을 긋고, 단어의 뜻을 찾아 적는다.
- 3회독(문장구조 분석 및 관계대명사, 관계부사): 문장을 읽으면서 동사를 기준으로 '주어, 동사, 보어/목적어, 부사구' 등을 나누고, 수식하는 단어들끼리 화살표로 연결하여 수식 관계를 표시한다. 이후 '관계대명사, 관계부사(예를 들어 which, where, of which 등)'에 표시한 뒤 왜 여기에 쓰였는지를 분석하고, 그 이유를 직접 설명해본다. 바꿀 수 있거나 비슷한 표현이 있으면 가지를 쳐서 써놓는다.
- 4회독(태/시제): 읽으면서 '능동태, 수동태, 현재분사(-ing), 과거분사(-ed)'에 표시한다. 다 표시한 뒤에는 3회독 때와 마찬가지로 분석하고 정리한다(3, 4회독에서는 시험에 출제될 가능성이 큰 문법 사항을 공부하는 것이 포인트다. 여기에 왜 이 단어가 쓰였는지, 왜 이런 구조로 적혔는지 이해해야만 해당 문법 내용을 완벽히 숙지한 것이라 할 수 있다).
- 5회독(접속사, 기타 문법): 다시 지문을 읽으면서 접속사들을 체크하고, 왜 이 접속사가 들어가야 하는지를 3, 4회독 때와 마찬가지로 분석하고 정리한다(예를 들어 'thus(그러므로, 따라서)'라는 접속사가 쓰였다고 해보자. 이럴 때는 '앞에 원인이 왔으니까 뒤에 결과가 나와야 한다. 그러니 thus가 쓰이는 게 맞다.' 이런 식으로 스스로 설명해본다. 비슷한 용례의 접속

사를 같이 써보는 것도 도움이 된다).

- 6회독(글의 내용, 중심 문장): 글을 다시 읽으면서 최대한 직역을 하고 글의 내용을 머릿속으로 정리한 뒤, 중심 내용과 주제어에 표시를 한다(직역이 된다는 것은 문장의 문법적 구조를 이해했다는 뜻이다).

영어의 빈틈을 제로로 만드는 방법

이렇게 그는 6회독 공부법으로 단어, 문법, 독해 실력까지 세 마리 토끼를 모두 잡았다. 물론 이 방식이 처음부터 쉽게 적용된 것은 아니었다. 하지만 단계별로 시행착오를 겪으며 최적화된 방법을 찾아나갔다.

예를 들어 처음에는 문법 내용을 공부하는 데 어려움이 있었다. 문법 사항에 대해서는 대부분 답지에 해설이 되어 있었지만, 그럼에도 이해가 되지 않는 내용이 많았다. 이럴 때는 만약 해당 문법이 어느 파트에 속하는 내용인지 파악할 수 있는 것이라면, 문법 기본서를 참고해서 그 내용을 문제집에 정리했다. 하지만 아예 이해가 되지 않는 부분도 있었는데, 이때는 표시를 해두고 선생님이나 친구에게 질문했다. 그러고는 다시 기본서를 참고하여 해당 내용을 문제집에 정리했다(김승민 멘토는 따로 노트를 만들지 않았다고 했는데, 좀더 체계적으로 공부하고 싶다면 파트별로 노트 정리를 해두는 것도 도움이 된다).

그는 방학 때 이와 같은 방식으로 『수능완성』과 『기출문제집』 2권을 공부했다. 그리고 학기가 시작되고 나서도 이 책들을 틈틈이 다시 공부했다.

"방학 때 공부하면서 ○, △, ×로 표시를 해두었습니다. 이 지문은 더 필요 없다 싶으면 동그라미 2개, 얘는 한 번 다시 봐야겠다 싶으면 동그라미 1개, 주의 깊게 봐야 한다면 세모, 두세 번은 다시 봐야 한다면 엑스. 이런 식으로 표시해둔 것을 기준으로 다시 공부했습니다."

그는 단어책을 사서 어휘 공부를 병행하는 것도 도움이 된다고 조언한다.

"영어는 어휘만 많이 알고 있어도 반은 먹고 들어갑니다. 저도 2학년 때까지 영어 단어장을 따로 만들어 외우지 않고 교과서와 교재에 나오는 것만 그때그때 외웠어요. 그런데 매번 잊어버리고 또 새로 외우고 하는 게 너무 비효율적이라는 생각이 들었습니다."

영어 단어장을 따로 만들어 외우는 것을 시도해보지 않은 것은 아니었다. 하지만 귀찮음 때문에 매번 우선순위가 밀려 실패하고 말았다.

"그래서 겨울방학 때부터는 아예 단어 외우는 시간을 고정적으로 정했습니다. 그전에는 단어를 외우기로 한 시간이 매번 바뀌다 보니 결국 까먹고 미루곤 했는데, 방학 때부터는 고정적으로 정해둔 시간에 어떤 일이 있어도 영어 단어를 외운다고 결심했습니다. 예를 들면 '아침 자습시간이나 야자 첫 시간에 30분씩 외운다'라는 식으로 시간을 정해놓으니 단어를 꾸준히 공부할 수 있게 되더라고요."

이렇게 공부했더니 영어 실력이 급격히 늘었다. 3학년이 되어 처음 치른 3월 모의고사에서 96점, 난생처음 1등급을 받았다. 그리고 내신 시험 기간에는 시험 범위를 6회독 하며 공부했다. 어려운 지문은 열 번도 넘게 읽으며 공부했다. 특히 디테일이 중요한 내신 시험에서는 더 효과가 컸다. 6회독으로 공부하는 것은 선생님이 내실 만한 문제를 미리 준비하는 셈이었다. 그렇게 3학년 1학기 내신에서도 1등급을 받았다.

김승민 멘토는 자신처럼 영어에 큰 흥미를 느끼지 못하는 학생들에게 이렇게 조언한다.

"저는 여느 학생들처럼 문법 기본서로 문법을 하나하나 외우는 게 너무 재미가 없었습니다. 그래서 아예 접근 순서를 바꿔 지문에서부터 출발해 내가 모르는 내용, 부족한 내용을 역추적해가는 과정으로 공부했어요. 제게는 그 방식이 도움이 됐습니다."

알려진 방식을 무작정 따를 것이 아니라 자신에게 맞는 길을 찾으라는 조언이다.

"영어 문법이나 단어를 억지로 외우려고 달려들기보다는 자주 보는 게 더 효과적인 방법입니다. 마치 자주 보는 친구들과는 자연스럽게 친해지는 것처럼, 영어도 친해지려고 달려드는 게 아니라 자주 보다 보면 친해집니다. 그렇게 했더니 저도 어느새 그 친구들을 분석하고, 기억하고 있더라고요."

그의 말처럼 영어는 언어이기 때문에 수학 공식이나 과학 개념처럼 억지로 암기하려 하지 않아도 자주 보다 보면 충분히 익숙해지고 기억하게 된다. 영어 공부가 정말 재미없다면, 바닥부터 내용을 하나하나 쌓아가는 방식보다 차라리 텍스트를 읽으며 자신의 빈틈을 채워가는 방식이 더 효율적일 수 있다. 그렇게 빈틈을 하나둘씩 채워가다 보면, 당신도 어느새 영어 시험의 달인이 되어 있을 것이다.

Check List

- ☐ 손을 거쳐 가는 모든 영어 텍스트에서 모르는 단어를 단어장에 기록하고 따로 공부한다.
- ☐ 영어 텍스트를 독해하면서 문장구조 및 관계대명사, 부사 등의 수식 관계를 분석하여 표시한다.
- ☐ 텍스트에 나온 접속사·전치사 등에 표시하고, '여기에 왜 이 단어가 쓰였는지'를 분석하고 기록한다.

압축 공부의 다섯 번째 스텝

수시전형_대비_전략

끝날 때까지
끝난 게 아니다

CHAPTER

5

"같은 행동을 반복하면서 다른 결과를 기대하는 것만큼
미친 짓은 없다."

_ 아인슈타인

01

역전승을 만드는 수시 전략법

김보훈 멘토는 중학교 시절 전교 50등 내외의 성적을 거뒀다. 당시 공부 좀 한다는 학생들은 전부 외고, 자사고, 과학고에 진학하는 분위기였기에 그도 과학고나 자사고에 진학하고 싶었다. 하지만 부산의 장영실과학고등학교(현 부산과학고등학교), 울산 청운고등학교, 전주 상산고등학교 등 지원한 모든 고등학교에서 낙방의 고배를 마셨다.

하지만 고등학교 3년을 절치부심하는 마음으로 열심히 보낸 끝에 마침내 서울대 건축공학과에 합격했다. 더욱이 2011학년도 입시라는 점을 고려했을 때, 그의 내신 성적은 일반고 학생 합격자 평균에 비해 비교적 낮은 평균 1.9등급이었음에도 서울대 수시전형에 합격해 많은 주목을 받았다. 동시에 그는 성균관대학교 전기전자컴퓨터공학계열에도 수시 리더십전형을 통해 합격했다.

대학에서 건축공학과 작곡과를 복수 전공하고 있는 그는 잘생긴 외모로 '서울대 조인성'이라고 불린다. KBS 「썸바이벌 1+1」을 비롯해 EBS, SBS 등 여러 방송에 출연하기도 했다. 현재 그는 '서울대 김보훈'이라는 유튜브 채널을 운영하면서 자신의 공부 비법과 일상을 공유하고 있다.

그는 자신의 합격 비결을 이렇게 말한다.

"고입 실패의 경험 덕분에 오히려 더 많은 것을 얻을 수 있었습니다. 혹여 원하는 고등학교에 진학하지 못했다고 해서 절망하지 마십시오. 그 경험이 훗날 더 큰 목표를 이루는 밑거름이 될 수 있습니다."

_ 고입 실패로 얻게 된 두 가지 깨달음

김보훈 멘토는 중학교 시절 나름대로 공부를 잘하는 편에 속했다. 성적은 전교 50등에서 100등대를 오갔다. 수학과 과학을 좋아해서 막연히 과학고등학교에 진학하겠다는 생각을 하고 있었다. 그러나 그의 성적으로는 과학고 진학이 불가능했다. 뒤늦게 나름대로 입시를 준비했지만, 1~2학년 때 들쑥날쑥했던 내신 성적이 그의 발목을 붙잡았다.

학원에 다니면서 장영실과학고 시험을 열심히 준비했지만, 내신 성적이 부족했던 그에게는 시험을 볼 기회조차 주어지지 않았다. 이후 지원한 울산 청운고등학교도 서류전형에서 탈락했다. 같은 학교에 지원했다가 자신은 떨어지고 친구는 합격하자, 그 친구 때문에 떨어졌다는 생각이 들어 괜히 친구가 미워지기까지 했다. 수학 · 과학을 함께 공부했던 친구들은 대부분 영재학교, 과학고, 자사고 등에 진학했지만, 그는 지원한 모든 학교에서 탈락했다.

그는 당시 고입 실패를 통해 두 가지 교훈을 얻었다고 말한다. 첫 번째는 내신 성적의 중요성이다.

"열심히 준비했는데도 두 학교는 시험조차 보지 못했습니다. 내신 성적 때문에 시험을 볼 기회조차 주어지지 않는다는 사실에 너무나도 절망했습니다. 그때 깨달았습니다. 아무리 특정 과목의 실력이 뛰어나다고 자신해도 내신 성적이 좋지 않은 학생에게는 기회조차 주어지지 않는다는 것을요."

그 깨달음으로 고등학교에 가서는 내신 성적에 발목 잡히지 않도록 해야겠다고 굳게 다짐했다.

두 번째로 그가 깨달은 것은 입시전형을 잘 이해하고 있어야 한다는 점이었다.

"중학교 3학년이 될 때까지 내신의 중요성을 전혀 몰랐습니다. 더 근본적으로는 과학고 입시전형 자체를 잘 몰랐던 거죠. 과학고에 떨어지고 나서 내가 가고자 하는 학교의 입시전형을 잘 아는 것이 정말 중요하다는 사실을 깨달았습니다."

고입 실패를 통해 얻은 이 두 가지 교훈은 훗날 고등학교에 진학한 그에게 아주 중요한 밑거름이 됐다. 이 경험 덕분에 그는 고등학교 1학년 때부터 내신 성적을 철저히 관리할 수 있었고, 대학의 입시 전형을 자세히 찾아보며 전략적인 대비도 해나갈 수 있었다.

"결과적으로는 떨어지더라도, 특목고나 자사고에 한 번쯤 지원해서 '입시'라는 과정을 미리 겪어보는 것도 훗날 많은 도움이 됩니다. 그 경험을 직접 해본 사람만이 느끼고 배울 수 있는 것들이 있습니다. 절대 특목고나 자사고에는 가지 않겠다고 생각하는 학생이 아니라면, 경험 삼아 한번 도전해보는 것도 귀중한 자산이 될 수 있습니다."

_ 학교생활을 대하는 태도를 바꿔라

당연히 과학고에 갈 것이라고 생각했던 그였기에 일반고 진학은 생각도 해본 적이 없는 일이었다. 하지만 지원한 모든 특목고, 자사고에 떨어졌기에 다른 선택지가 없었다. 몇 주 동안의 고민 끝에, 집에서 다소 멀지만 그래도 자신이 갈 수 있는 학교 중 가장 학습 분위기가 좋다고 알려진 학교를 1지망으로 지원했다.

불행 중 다행으로 그는 지망한 학교에 진학하게 됐다. 하지만 입학하자마자 '패닉' 상태에 빠졌다. 그가 다니게 된 학교는 분위기가 상당히 '빡세기로' 유명한 남고였다. 초등학교, 중학교를 모두 남녀공학으로 다닌 그로서는 '남고'라는 환경 자체가 어색했다. 게다가 학교에서는 입학한 첫날부터 모든 학생에게 저녁 10시까지 의무적으로 야간 자율학습을 시켰다. 태어나서 학교에 그렇게 오래 있어 본 적은 처음이었다. 학교에 간 첫날부터 '내가 이걸 3년간 할 수 있을까?' 하는 생각이 들었다.

그는 고등학교 첫날의 기억이 지금까지도 생생할 만큼 충격이었다고 말한다. 시간이 지나도 학교생활에 적응이 되지 않았다. 고입에 실패해서 원치 않는 학교에 왔다는 좌절감이 여전히 그를 억누르고 있었다.

그러던 어느 날, 여느 학교와 마찬가지로 그의 반에서도 반장 선거가 실시됐다. 그는 고입을 준비하면서 '반장을 하면 입시에 도움이 될 수도 있다'라는 말을 얼핏 들은 기억이 났다. 반장 선거에 출마했고, 열심히 준비한 연설 덕분에 반에서 가장 유력한 후보였던 친구를 제치고 당선됐다.

사실 반장 이력이 입시 자체에 생각했던 것만큼 큰 도움이 되는 것은 아니었다. 오히려 이래저래 써야 하는 시간이 많았다. 그럼에도 그는 반장이 된 것을 계기로 자신의 학교생활이 바뀌었다고 말한다.

"만약 그때 반장이 되지 못했더라면 서울대에 못 왔을지도 모릅니다. 반장이 되면서 학교와 학교생활을 대하는 태도가 바뀌었습니다."

생각지 못했던 변화가 찾아왔다. 반장이 되고 나서부터 원치 않는 학교를 왔다는 마음이 조금씩 사라지는 대신, 학교에 대한 애정과 관심이 커졌다. 친구들에게 모범을 보이고, 선생님들께 더 예의를 갖춰서 행동해야 한다는 생각이 들었다. 그와 함께 수업을 듣는 태도, 야간 자율학습에 임하는 태도 등 학교생활의 모든 면이 훨씬 더 적극적인 방향으로 바뀌었다.

수업시간에도 반장이기 때문에 졸지 않고 열심히 듣는 모습을 보여야 했다. 자연스럽게 이전에 비해 수업에 훨씬 더 집중하게 됐고, 매시간 수업을 집중해서 들으니 내신 성적이 자연히 상승했다.

"사람이 자리를 만들 수도 있지만, 때론 자리가 사람을 만들기도 합니다. 반장이라는 자리가 저에게 학교에 대한 관심과 책임감을 느끼게 해주었습니다. 친구들과 선생님들께 보이는 태도에도 더 신경을 쓰게 됐습니다. 그러면서 학업이나 공부에 대한 열의가 생겨나고 집중력이 더 좋아졌습니다."

_ 한 번쯤은 리더를 경험하라

이후 학기가 지나고, 그의 적극적인 학교생활을 지켜본 선배들이 그에게 전교 부회장에 출마해볼 생각이 없느냐고 물었다. 반장보다 훨씬 더 많은 시간과 에너지를 써야 한다는 점이 마음에 걸렸지만, 이미 반장을 하면서 긍정적인 효과를 경험한 만큼 출마 제안을 받아들였다.

이 선택은 훗날 입시에서도 큰 자산이 됐다.

"친구들과의 관계에 더 책임감을 가지고 신경을 쓰다 보니 학교생활이 전반적으로 순조로웠습니다. 선생님들과도 관계를 잘 맺게 돼 수업에도 더 집중하게 됐고, 선생님들도 학교생활기록부 등에 제 학교생활에 대한 좋은 이야기를 많이 써주셨습니다. 선배들과의 관계도 좋아져 다양한 선배들의 경험이 담긴 조언과 충고 등 많은 도움을 얻을 수 있었습니다."

그는 전교 부회장으로서 훌륭하게 역할을 수행한 점을 인정받아 3학년 때는 전교 회장까지 맡게 됐다. 학생회장으로서 다양한 경험을 했기에 자기소개서에 적을 내용이 누구보다 풍부했다. 더욱이 학생회장을 한 덕분에 성균관대학교 리더십전형을 통해 전기전자컴퓨터공학 계열에도 합격했다. 이 전형에는 전교 학생회장만 지원할 수 있었다(현재는 이와 같은 전형은 모두 사라졌다). 수능 발표 이전에 이미 성균관대학교에 최종 합격을 했기에 남들보다 홀가분한 마음으로 수능을 치를 수 있는 이점도 생겼다.

"지금 와서 돌이켜보면, 꼭 입시가 아니더라도 그 경험을 통해 삶에 도움이 되는 많은 것을 배울 수 있었습니다. 입시를 떠나서 반장이나 학생회장 같은 리더 경험을 한 번쯤 해보는 것이 좋다고 생각합니다."

'해서' 후회하는 일은 그다지 없다. 주로 후회하는 일은 '하지 않아서' 생긴다. 학생회 임원이나 리더 활동을 할까 고민하는 학생이라면, 한 번쯤 도전해보는 것이 좋지 않을까.

_ 가고자 하는 학교의 입시전형 전문가가 되어라

3학년 때까지 그는 임원 활동을 하면서도 학업을 성실히 병행했다. 오히려 임원 활동을 적극적으로 할수록 학교생활 전반에 대한 적극적인 태도와 책임감 덕에 학업 성실도까지 더 올라갔다. 고입 실패 경험을 통해 내신 성적의 중요성을 깨달았기에, 자신이 좋아하는 과목 외에도 전체 과목의 내신 성적을 세심히 관리했다. 그런 노력의 결과 1학년 때 2등급대 후반이었던 성적은 2학년 때 2등급대 초반, 3학년 때 1등급대 중후반으로 올랐다.

또한 고입 실패의 경험으로 입시전형을 파악하는 것이 얼마나 중요한지 잘 알고 있었기에 이를 1학년 때부터 실천으로 옮겼다. 진학하고 싶은 대학교 홈페이지에 올라와 있는 입시전형 요강은 물론이고 학교에서 발간한 각종 자료, 인터넷 커뮤니티 등에 올라온 다양한 후기를 틈이 날 때마다 찾아보며 전략을 수립해나갔다.

"희망하는 대학에서 어떤 학생을 뽑고 싶어 하고, 무엇을 중요하게 생각하는지 하나하나 찾으면서 검토했습니다. 그에 맞춰서 자기소개서와 비교과 영역을 준비해나갔습니다. 학생을 뽑을 때 대학에서 비밀스러운 기준을 적용하는 게 아닙니다. 그 기준은 충분히 공개되어 있어요. 이를 지원자 자신이 최대한 파악해서 적극적으로 활용해야 합니다."

그는 학생 스스로 입시전형을 적극적으로 찾아보는 것이 매우 중요하다고 조언한다.

"과학고에 떨어지고 나서 생각해보니, 제가 떨어진 가장 근본적인 원인은 가려고 하는 학교의 입시전형과 관련된 지식이 머릿속에 전혀 없었다는 것임을 알게 됐습니다. 『손자병법』에 '지피지기면 백전불태'라고 했습니다. 내가 뛰어드는 게임의 룰을 모르고서는 승리하기가 어렵습니다."

성균관대학교 리더십전형으로 합격할 수 있었던 것 또한 그가 평소 다양한 대학의 입시전형을 찾아보면서 리더십전형이라는 것이 존재한다는 걸 알게 된 덕분이었다.

그는 입시전형을 스스로 찾아보는 과정에서 입시와 관련된 정보 외에도 다양한 것을 얻을 수 있다고 말한다.

"제가 가고자 하는 학교의 전형을 파악하면서 제가 어느 정도 수준에 도달해야 하는지, 그러려면 얼마나 더 열심히 해야 하는지를 알 수 있었습니다. 해야 할 것이 더 선명해지자 동기를 꾸준히 유지할 수 있었고요. 그 결과 내신 성적도 오르고, 모의고사 성적도 전교 50등대에서 한 자리대 등수까지 올랐습니다. 실제 입시를 간접적으로라도 체감하면 많은 것을 느낄 수 있습니다."

_ 자기소개서는 쓰는 게 아니라 합치는 것이다

그는 입시전형을 적극적으로 찾아보는 과정에서 자기소개서에 대한 구상도 미리 할 수 있었다고 말한다.

"입시전형을 찾아보면서 어떤 비교과 활동을 할지, 어떤 식으로 자기소개서를 쓸지 등을 1학년 때부터 구상했습니다."

자기소개서에 대한 구상은 학교생활을 어떻게 할지에도 큰 영향을 미쳤다. 동아리 활동부터 탐구보고서까지, 입시전형을 찾아보며 미리 자기소개서를 구상해본 덕분에 학년별 · 학기별로 어떤 활동을 어떻게 할 것인지 미리 설계할 수 있었다.

"고3 때 작성하는 자기소개서는 일주일 만에 써내는 종류의 것이 아닙니다. 지금까지 자신이 쌓아온 소재들을 합치고 다듬어 만들어내는 결과물에 가깝습니다. 이를 위해서는 1~2학년 때 미리 계획하고 어떤 내용을 쓸지 구상한 뒤, 그에 맞는 경험을 쌓아가는 것이 중요합니다."

실제로 그는 서울대학교에 제출한 자기소개서의 첫 문장에 이렇게

셨다.

'2004년 9월 15일 수요일, 한 초등학생 꼬마는 자신의 꿈을 향한 첫발을 내디딘다.'

이 문구는 그가 고등학교에 입학할 때부터 자신의 초 · 중학교 시절을 되돌아보며 자기소개서에 꼭 써야겠다고 생각해둔 것이었다. 그 외에도 자기소개서의 많은 내용이 1~2학년 때부터 미리 구상하고, 그에 맞게 실천한 내용이었다고 한다.

이처럼 입시전형을 미리 파악하고 자신만의 전략을 수립한 덕분에, 일반고 출신이라면 내신이 평균 1점대 초반은 되어야 한다는 서울대학교 수시 특기자전형(현 일반전형)에 당당히 합격했다.

그는 다른 사람들이 불가능하다고 얘기하더라도, 자신이 걸어온 길에 대한 확신만 있다면 수시전형에서 원하는 학교에 과감히 지원해보라고 말한다.

"제가 서울대에 지원할 때 선생님들께서는 서울대에 전산오류가 나지 않는 이상 합격 못 한다고 하셨어요. 하지만 저는 제 스토리와 비교과에 자신이 있었습니다. 물론 객관적 지표도 중요하지만, 자신의 경쟁력은 자신이 제일 잘 압니다."

마지막으로 그는 후배들에게, 특히 '고입'에 실패해서 좌절하는 후배들에게 이렇게 말한다.

"실패는 실패로 남겨뒀을 때만 실패입니다. 다음 성공의 재료로 사용된다면 더는 실패가 아닙니다. 지금의 실패에 너무 절망하지 말고,

그것이 다음 성공의 재료가 될 수 있도록 넓게 보는 관점을 가지시기 바랍니다."

스티브 잡스는 "과거의 점들이 모여서 새로운 미래가 된다Connecting the dots"라고 말했다. 현재 실패처럼 보이는 것들이 모여서 새로운 성공의 미래를 여는 문이 될 수 있다. 고입의 실패가 입시의 실패는 아니다. 좌절하지 말고, 자신에게 주어진 환경에서 최선의 결과를 낼 수 있도록 노력해보자.

Check List

- □ 학급이나 학생회, 동아리 등에서 리더 역할을 맡아 본다.
- □ 자신이 가고자 하는 학교, 학과의 입시전형 자료를 주기적으로 찾아본다.
- □ 자기소개서의 내용을 미리 구상하고, 그에 맞는 경험을 쌓아 나간다.

02

합격의 길이 열리는 자기소개서 작성법

수시전형에 지원하고자 하는 많은 고등학생이 3년간 높은 내신 성적을 받기 위해 온 힘을 다해 노력한다. 그럼에도 많은 학생이 충분히 만족스러운 내신 성적을 거두지 못하는 것이 현실이다. 이를 보완하기 위해 많은 학생이 1학년 때부터 다양한 비교과 영역을 준비하며 차별화된 자기소개서를 써내고자 다양한 노력을 기울인다.

그 과정에서 '차별화'에 지나치게 집착하느라 더 많고 거창한 스펙을 쌓는 데 열중하는 학생들이 적지 않다. 그러나 오랫동안 대학에서도 밝혀왔듯이, 학생부종합전형의 비교과 영역이나 자기소개서에 대한 평가는 '누가 더 대단한 스펙을 가졌느냐The Best'가 아니라 '누가 더 진정성 있고 의미 있는 스토리를 가졌느냐The only'가 핵심이다. 진정성 있고 의미 있는 스토리는 멀리 있는 거창한 얘기가 아니다. 소소

하더라도 내 일상 속의 이야기가 더 울림이 있는 법이다.

거창하진 않지만 자신만의 이야기, 일상 속의 콘텐츠로 낮은 내신 성적의 불리함을 극복하고 서울대에 합격한 이가 있다. 서울대 교육학과 2학년에 재학 중인 윤건 멘토다. 그는 학생부종합전형을 통해 서울대 교육학과를 비롯하여 고려대 국어국문학과와 서강대 인문 계열에 모두 최종 합격했다.

파주 한민고등학교를 졸업한 그는 고등학교 3년 동안 평균 2점대 중반의 내신 성적을 거뒀다. 한민고가 비평준화 일반고인 점을 고려했을 때 비교적 높은 성적이지만, 그럼에도 많은 사람이 그에게 그 정도로 서울대 합격은 어림도 없다고 얘기했다. 하지만 그는 당당히 '학종 3관왕'이 됐다. 일상 속에서의 다양한 문제의식과 고민, 작지만 울림이 있는 여러 경험과 문제 해결 사례 등이 어우러진 그의 자기소개서와 학교생활기록부를 보면 그의 3관왕 신화에 누구라도 고개를 끄덕일 것이다.

"내가 그 대학에 적합한 사람, 그만큼 뛰어난 사람이라는 걸 호소하려고 노력하기보다는 나는 원래 이런 사람인데, 그 부분을 더 잘 보여줘야겠다는 태도로 수시전형에 임했습니다. 거창하고 화려한 것보다 일상적이지만 진짜 제가 의미를 느낀 소재들을 토대로 자기소개서를 작성했기에 합격할 수 있었습니다."

일상에서 느낀 문제의식을 심화시켜라

윤건 멘토는 고등학교 1학년 때부터 다양한 동아리 활동을 했다. 합창부와 교육봉사 동아리, 또래상담 동아리를 비롯해 중간중간 교내의 다양한 프로젝트에 참여했다. 이처럼 다양한 활동을 하게 된 것은 결코 스펙 때문만은 아니었다. 오히려 일상에서 느낀 문제의식을 심화하거나 일상 속 호기심을 충족하고자 노력하다 보니 자연스럽게 이뤄진 결과였다.

"1학년 때까지는 비교과라는 개념조차 잘 몰랐습니다. 기숙사 생활을 했기에 시간도 많았고, 친구들이랑 맨날 붙어 있다 보니까 재미와 호기심을 느끼는 것들을 다양하게 접하고 직접 시도해볼 수 있었습니다. 학교라는 하나의 마을에 기여한다는 느낌이 가장 좋았습니다."

그는 1학년 때 '창의융합 글쓰기' 과목에서 느낀 문제의식이 가장 기억에 남는다고 말한다. 그 수업은 다양한 과목의 선생님들이 한 수업에 참여하셔서 하나의 주제를 놓고 다양한 관점에서 융합적으로 사고해볼 수 있게 하는 열린 융합수업이었다. 예를 들면 '제2차 세계대전'이라는 주제를 놓고, 수학 · 체육 · 음악 · 국어 등 과목별 선생님들이 각 과목의 관점에서 해당 주제를 설명해주시는 방식이었다. 수업을 듣고 나면, 학생들은 서로 토론한 후 그 주제와 관련하여 글을 썼다.

그런데 시간이 지날수록 여러 가지 문제점이 발생했다. 시험에

구애받지 않고 융합적 사고를 형성하는 데에만 집중하고자 수업은 'Pass/Fail(통과/낙제)' 방식의 절대평가로 이뤄졌다. 그 때문인지 대다수 학생이 이 수업을 밀린 공부를 하거나 휴식을 취하는 시간으로 여겼고, 수업에 적극적으로 참여하지 않았다. 또한 제도적으로도 문제가 있었다. 1년간의 수업을 토대로 학년 말에 '창의융합대회'가 열렸는데, 정작 수업한 내용과는 다른 주제여서 학생들의 관심과 적극성이 더 떨어질 수밖에 없었다.

"교육과 관련된 책들에서는 '융합수업이 중요하다. 혁신적이고 바람직한 교육이다' 같은 말을 하는데, 정작 현실에서는 여러 가지 이유로 융합수업이 제대로 이루어지지 못했습니다. 이 수업을 보며 호기심과 문제의식을 느꼈고, 어떻게 해결할 수 있을지 고민했습니다."

그는 이런 문제의식과 호기심을 2학년 때 열린 과제 연구 수업으로 옮겨 심화했다. 수업에 참여한 300여 명의 학생을 대상으로 설문조사를 하고 일부는 심층 인터뷰를 진행해 「참여자의 인식으로 알아보는 융합 교육의 실태: 한민고등학교 창의융합 글쓰기를 중심으로」라는 주제의 보고서를 작성했다. 자신이 보고 느낀 것들을 토대로 설문 자료와 선행 연구 자료, 다양한 책을 활용하여 융합수업의 문제점과 원인 그리고 해결 방안 등을 하나하나 써 내려갔다.

멀리서 보고 생각한 내용보다 직접 경험한 것들을 토대로 작성한 보고서였기에 더 진정성 있고 의미 있는 글이 될 수 있었다. 그는 이 보고서로 2학년 말에 열린 교내 학술제에서 대상을 받았고, 선생님들께도 좋은 평가를 받았다. 그 덕분에 학교생활기록부 비교과 영역에 의미 있는 기록을 남길 수 있었다.

"학교 과제 연구나 자기소개서에 쓰는 내용이 굳이 화려하고 거창한 것일 필요는 없습니다. 오히려 일상적이고 누구에게나 있을 법한 일이 더 진정성 있게 느껴질 수 있습니다. 중요한 것은 문제의식을 느끼는 데 머무르지 않고, 그 문제의식을 지속적으로 밀고 나가 심화하는 것입니다. 일상에서 느낀 문제의식을 지속적으로 정교화해나간다면 무엇보다 차별화되는 소재가 될 수 있습니다."

대학은 기본적으로 학자, 즉 학문을 하는 사람을 기르기 위해 만들어진 곳이다. 학생들의 자기소개서와 학교생활기록부를 보고 평가하는 사람들도 모두 연구를 하는 학자들이다(교수들뿐만 아니라 전임입학사정관들도 대부분 학자 출신이다). 학자에게 가장 중요한 것은 획기적인 아이디어도, 거창한 스펙도 아니다. 학자의 생명은 문제의식이다. 어떤 현상을 보고 문제의식을 느끼는 것은, 그것을 연구하고 나아가 더 나은 해결책을 찾아내는 원동력이 된다. 그러므로 기본적으로 '학자'를 뽑고자 만들어진 대학에 내는 자기소개서와 학교생활기록부에서 '문제의식'이 가장 중요하다는 것은 구조적으로도 타당한 이야기다.

_ 성적에 대한 고민으로 진정성을 담는다

그는 그 문제의식이 성적과 관련된 것이어도 된다고 말한다. 실제로 그는 2학년에 올라가면서 가장 자신 있었던 과목인 국어에서 1학년 때보다 두 등급이나 떨어졌다. 틀리는 문제들을 보니 선생님께서 작품을 두고 해석한 방식이나 출제 의도와 자신이 해석한 방식이 다른 게 원인이었다. 하지만 그는 자신의 해석이 다소 다른 것뿐이지 틀렸다고는 생각하지 않았다. 어쩌면 불합리한 현실로 치부하며 현실과 타협하고 말았을 수도 있는 이 문제를 그는 오히려 더 의미 있는 경험을 만드는 계기로 삼았다. 이 내용은 그의 자기소개서 1번 문항에 다음과 같이 담겼다.

1. 고등학교 재학기간 중 학업에 기울인 노력과 학습 경험을 통해, 배우고 느낀 점을 중심으로 기술해 주시기 바랍니다.

"네 말도 굉장히 타당하지만, 가르친 대로 생각했으면 좋겠다." 국어 선생님께 감상의 적절성을 묻는 문항에 대해 질문하면 돌아오곤 했던 답입니다. 무기력한 중학교 시절을 보냈기에 공부가 삶에 적용되는 것이 중요하다고 생각하는 저에게 우리의 언어인 국어를 학습하는 과정의 문제는 더 크게 다가왔습니다. 무엇보다도 교육자가 되기를 꿈꾸면서 문항에서 올바른 판단을 끌어내지 못하는 저를 용서하기 어려웠습니다. 이 문제를 해결하는 과정에서 문제만 풀기보다는 토의를 통해 즉각적인 언어적 상호작용이 가능한 공부를 하고자 현대소설 강독반 방과후 수업을 수강했습니다. 1년 반 동안 시대별, 주제별 단편소설들을 읽고 각자 떠올린 질문들의 답을 함께 찾아가는 수업에서 친구들의 다양한 사연과 감상에 귀 기울이며 합리적인 해석에 더 가까이 다가갈 수 있었습니다. 이로써 독창적이지만 비합리적인 해석과 열려 있는 해석의 차이를 느낄 수 있었고, 이런 깨달음은 무분별하게 특정 맥락과 관점을 감상에 적용했던 저의 문제를 해결하는 데 도움이 됐습니다. 또 매 수업 마지막에 선생님께서 감상을 정리해주시는 모습으로부터 학생중심의 수업에서 교사가 수행해야 할 역할을 배울 수 있었습니다. 이런 배움을 토대로 실용적인 학생중심수업에 관해 탐구했습니다. 1학년 연구 수업에서 겪었던 참여도 문제를 해결하기 위해 참여한 '꿈, 전공별 역량 신장 콘서트'에서는 대화중심수업에 대해 알게 되어 간단한 수업안을 작성하고 발표했습니다. 2학년 연구 수업은 '수묵 정원 9-번짐'을 제재로 직접 대화중심수업을 진행하며 이의 장단점을 더 깊게 이해했던 경험입니다. 연구 수업을 통해 대화중심수업은 작품을 감상하는 시간이 기존 수업보다 오래 걸리며 학생의 참여가 전혀 없을 땐 이루어지기 어렵다는 것을 느꼈습니다. 반면 이를 통해 상대적으로 학생 개인에게 적은 부담으로도 참여를 이끌 수 있다는 점과 교육과정의 재구조화 없이도 실행 가능한 학생중심 수업이라는 점이 대화중심수업만의 장점이라는 것도 알 수 있었습니다.

윤건 멘토의 자기소개서 외에도 대학에서 공개한 '잘 쓴 자기소개서 예시'들을 보면 성적에 대한 고민, 문제의식이 계기가 되어 그것을 해결하고자 노력한 과정을 기록한 경우를 많이 볼 수 있다. 성적에 대한 고민은 고등학생들이 가장 자주 느끼는 동시에 가장 간절하고 진정성 있게 느끼는 문제일 것이기 때문이다. '성적에 대한 고민은 누구나 하기 때문에 차별화되지 않는다. 그래서 의미가 없다'라고 생각할 것이 아니라 같은 고민과 문제의식이라도 그것을 어떻게 심화해나가는지가 중요하고, 거기서 차별성과 진정성이 나온다는 것을 알아야 한다.

_ 문제의식과 전공의 접점을 찾는다

그는 좋은 자기소개서가 되기 위해서는 자신이 일상에서 느낀 문제의식과 지원하고자 하는 전공의 접점을 잘 찾아야 한다고 조언한다.

나 또한 전작 『성적표 밖에서 공부하라』와 『공부 마스터 플랜』에서 '전공에 대한 열정'이 중요하다고 강조했다. 그런데 전공에 대한 열정을 지나치게 강조하고자 하는 바람에 자기소개서나 학생부를 온통 전공 분야의 유명한 학자들과 그들의 책 이름으로 '도배'하는 학생들이 종종 있다. 전공에 대한 열정이 아무리 엄청나더라도 나의 문제의식과 나의 경험이 중심에 있지 않다면, 그것은 '나의 열정'이 아니다.

윤건 멘토는 말한다.

"제 자기소개서나 학교생활기록부에는 유명한 학자의 이름이 하나도 나오지 않습니다. 거창하고 화려하게 전공에 대한 열정을 보여주려고 하기보다는 제게 영향을 준 학교에서의 경험을 바탕으로 왜 교육학을 공부하고 싶은지, 그에 대한 내 생각은 어떤지 등 온전히 '나의 이야기'를 담고자 노력했습니다."

그는 '지구온난화'나 '교육 기회의 불평등'처럼 다소 멀리 있고 내가 직접 해결하기 어려운 문제보다는 실제로 내가 해결할 수 있고 영향력을 행사할 수 있는 것들에 문제의식을 가지라고 조언한다. 그리고 문제의식이 생겼다면, 직접 그 문제를 해결해보고자 하는 경험이 중요하다고 말한다. 그 문제의식과 경험이 지원하고자 하는 전공과 연결고리, 접점을 가지고 있다면 더할 나위 없이 훌륭한 소재가 된다.

그는 자기소개서 2번 문항에 자신의 문제의식과 교육학이라는 전공의 접점을 찾아내 적었다. 대학에서 가장 강조하는 도전정신, 문제해결 능력, 협동심 등도 잘 드러난다.

2. 고등학교 재학기간 중 본인이 의미를 두고 노력했던 교내 활동(3개 이내)을 통해 배우고 느낀 점을 중심으로 기술해 주시기 바랍니다. 단, 교외 활동 중 학교장의 허락을 받고 참여한 활동은 포함됩니다.

기숙사 학교라는 환경에서 항상 자신의 역할을 찾아 열심히 활동하는 학생들은 저에게 많은 영감을 주었고, 그중 실현된 하나가 '학생주도 공교육 인강 프로젝트-한강'입니다. 효과적인 교육법에 관심이 많았던 저는 기획과 촬영을 맡아 활동했습니다.

저는 기획 회의에서 프로젝트의 운영자가 곧 수요자인 학생, 우리라는 점에 주목하여 프로젝트의 역할이 우리 스스로가 갈증을 느꼈던 부분, 사교육이 닿지 않는 학교 수업을 보완하는 데 있다고 주장했습니다. 이 의견이 수용되어 영어는 시험 범위 중 고난도 지문의 문법 및 어휘 요소를 찾아 해설하는 방식으로, 수학은 수업 진도에 맞춰 기출문제를 해설하는 방식으로 각각 영어와 수학 강좌를 기획했습니다. 강사로는 과목당 1명씩, 성실하고 분석적인 학생을 선발했습니다. SNS를 통해 공개된 신선한 강좌는 큰 흥미를 끌어 1학년 강좌를 추가 개설하며 그 지평을 넓혔습니다.

연말 피드백 과정 중 저는 프로젝트의 사례를 통해 학생중심 교육의 장단점을 깨달았습니다. 친구들이 강사인 영상 강의는 무척 흥미로웠지만, 수업과 기존의 인강을 대체할 정도의 교육적 가치는 갖기 어려웠습니다. 학생이 강사인 탓에 신뢰도와 전문성이 비교적 부족했기 때문입니다. 흥미만 가득했던 강좌이기에 수업 자료 이용 수는 영상 조회 수에 비해 아주 낮았고, 새로운 강좌의 조회 수도 갈수록 줄었습니다. 하지만 그렇다고 학생주도 교육이 마냥 교육적 가치가 없다고 생각하진 않았습니다. 바로 '한글누리'의 사례 때문입니다.

일상 속 문법 오류들을 찾는 '독서와 문법' 수행평가와 한글날을 맞아 학생들의 우리말에 관한 관심이 높아졌습니다. '한글누리'는 이런 분위기 속에서 올바른 언어생활 캠페인을 진행하기 위해 결성된 프로젝트였습니다. 언어문화라는 큰 담론을 앞두고 진행된 첫 회의에서 저희는 잘못된 문법과 어휘 표현을 영상과 캠페인을 통해 알리기로 했습니다.

저희는 '몇 일', '몇 요일'과 같이 일상에서 잘못 사용하는 표현을 주제로 짧은 영상 여러 개를 제작해 SNS에 게시했습니다. 이는 학교 게시판 및 메시지 보드와 연계되어 많은 학생에게 노출됐고 '한글요정'을 연기한 학생들의 팬이 생길 정도로 폭발적인 인기를 얻었습니다. 위의 영상을 기반으로 한 캠페인 부스에도 많은 학생이 참여해주었습니다.

이런 '한글누리'의 경험은 제 지식의 교정과 확장을 가능케 했을 뿐만 아니라 전달에 관한 새로운 시각을 제공했습니다. 지식의 공급자로서 저는 전달할 내용이 영상과 같은 흥미로운 매체로 한 번, 글과 같은 전문성을 담을 수 있는 매체로 또 한 번, 직접 체험할 수 있는 활동으로 다시 한번 다뤄질 때 교육적 효과가 훨씬 커진다는 것을 배웠습니다.

이런 제 경험으로부터 저는 학생주도의 교육이 전문적 지식의 차원에서는 제힘을 발휘하지 못할 수 있다고 느꼈습니다. 하지만 학생들의 주의를 끄는 데에는 무척이나 효과적이며, 교사의 손이 닿기 어려운 캠페인이나 홍보 활동의 차원에서는 오히려 다른 교육수단의 효과를 웃도는 영향력을 행사할 수 있다는 것을 배웠습니다.

그는 말한다.

"어떤 사람이 가진 문제의식은 결코 양적으로 평가될 수 없습니다. 의미나 과정에 따라 질적으로 평가되는 것입니다. 실패한 것이어도 괜찮고, 사소한 것이어도 괜찮습니다. 그보다는 그것이 자신에게 어떤 의미가 있고, 그로부터 무엇을 배웠는지가 훨씬 중요합니다."

아이언맨의 실제 모델로 유명한 미국의 사업가 일론 머스크는 전기자동차 회사 테슬라Tesla와 우주 탐사 기술 회사 스페이스XSpaceX 그리고 태양광 에너지 생산 기업 솔라시티SolarCity라는 세 가지 회사를 모두 경영하는 CEO다. 사람들은 그가 큰 연관성이 없어 보이는 세 가지 회사를 동시에 경영하는 이유를 이해할 수 없었다. 일론 머스크가 한 인터뷰에서 그 이유를 밝혔는데, 요약하면 이렇다. '환경오염으로 지구가 더는 지속 가능하지 않다. 그로 인해 인류가 생존하기 위한 방법을 찾는 것이 내가 해결하고 싶은 문제다. 그래서 지구온난화를 막기 위해 화석연료 대신 태양광 에너지를 생산하고, 전기자동차를 만든다. 그리고 훗날 화성에 인류를 이주시켜 인류를 지속시키고자 한다.' 이 설명을 접한 사람들은 그를 '인류를 구하는 현실 아이언맨'이라고 불렀다.

실제로 그가 인류를 구할 수 있을지 어떨지는 알 수 없지만, 중요한 것은 그가 가진 문제의식이 그가 누구인가를 정의한다는 점이다. 실제 누군가가 가진 문제의식은 그 사람이 누구인가를 정의하고, 그 사람이 어떤 사람인지를 판단하는 데 중요한 기준이 된다. 일상에서 느끼는 문제의식을 그저 흘려보내지 않고 그것을 어떻게 심화해나갈 것인가를 고민하는 것, 그것이 이 세상에 하나뿐인 자기소개서를 만드는 출발점이다.

Check List

- ☐ 일상에서 느낀 호기심을 기록하고, 해결책을 모색한다.
- ☐ 학교생활을 하며 맞닥뜨린 문제를 친구들과 함께 적극적으로 해결해본다.
- ☐ 내가 하는 비교과 활동이 진학하고자 하는 전공과 어떤 접점이 있는지 분석한다.

03

내신, 수능 다 망해도 희망은 있다

현재 대학 입시에서 가장 비중 있는 관문은 뭐니 뭐니 해도 수시전형에서의 학생부종합전형, 그리고 수능 시험을 토대로 이루어지는 정시전형이다. 그래서 학생들은 대부분 둘 중 하나로 대학에 간다고 생각하고 있다.

입시에서 또 다른 한 축을 차지하는 수시 논술전형이 있는데, 이는 내신 성적이 부족한 학생들이 수능 시험을 못 치를 것을 대비하는 와일드카드 정도로 생각한다. 꽤 많은 학생이 운이 좋으면 합격하고, 운 나쁘면 떨어지는 시험 정도로 치부한다.

실제 전체 대학을 기준으로 놓고 보면 논술전형은 2020학년도 입시전형의 약 4퍼센트를 차지해 비중이 크지 않다. 하지만 서울권 주요 대학 15개 가운데 서울대와 고려대를 제외한 학교들은 모두 논술전형을 실시하고 있으며, 그 비중도 약 15퍼센트로 결코 작지 않다. 그럼에도 여전히 많은 학생이 논술 시험을 고3이 되어서, 아니면 수능 직후에 반짝 준비해서 치르는 시험 정도로 생각한다. 그러다 보니 제대로 준비가 되지 못한 채 시험장에 들어가는 경우가 많다. 만약 학종(학생부종합전형)으로 합격할 만큼의 내신 성적을 받을 확신이 없거나 수능에서 성적이 부족할 가능성이 1퍼센트라도 있다고 보는 학생들이라면 미리 논술 시험을 대비하는 것이 또 다른 기회를 여는 방법이다.

논술전형을 통해 중앙대 경제학부, 동국대 법학과에 동시 합격한 조아현 멘토는 이렇게 말한다.

"저는 논술전형을 통해 낮은 수능 성적이나 내신 성적을 극복하고 기대조차 하지 못했던 학교에 입학할 수 있었습니다. 미리 대비하고 제대로 된 방법으로 준비한다면, 논술전형은 입시의 기회를 넓혀주는 가장 좋은 길이 될 수 있습니다."

_ 재수 경험으로 깨달은 논술 대비의 중요성

일산의 한 일반고에 재학 중이던 조아현 멘토 역시 고3 때까지만 해도 학종과 수능 중 한 가지를 통해 대학에 갈 거라고 생각했다. 그녀의 목표는 경희대 호텔경영학과였다. 하지만 2학년이 끝날 때까지 원하는 내신 성적을 얻지 못했다. 평균 3등급대였고, 비교과에서도 특별한 것이 없었다. 학종으로 목표한 대학에 합격하기에는 여러모로 부족했다. 그래서 수능만이 살길이라고 생각했고, 3학년 때는 수능 공부에만 매진했다. 3학년 9월 수시전형 지원을 앞두고, 자의 반 타의 반으로 6개 대학에 모두 논술전형으로 지원했다.

하지만 현역 수능 시험에서 시작부터 국어에서 미끄러졌고, 그 바람에 평균 3등급대의 성적을 받았다. 이 성적으로는 서울에 갈 수 있는 대학이 거의 없었다. 수능이 끝나고 부랴부랴 학원의 논술 대비 특강을 들으며, 논술전형 준비를 시작했다. 그러나 시간이 턱없이 부족했다. 특히 경제 · 경영 계열로 응시한 학교에서 치르는 인문 · 수리 논술 대비는 거의 하지도 못한 채 시험을 보러 갔다. 지원했던 6개 대학 중 최저등급을 맞추지 못한 중앙대와 한국외대를 제외하고 경희대, 세종대, 경기대, 동국대 등 총 4개 대학의 논술 시험에 응시했다. 하지만 결과는 모두 낙방이었다. 엎친 데 덮친 격으로, 나름대로 기준을 낮춰 지원한 정시전형에서도 모두 불합격했다.

수시와 정시전형에서 모두 낙방의 고배를 마신 그녀는 재수를 결심할 수밖에 없었다. 그녀는 재수를 시작하면서 두 가지 목표를 세웠다. 첫 번째는 현역 때와 마찬가지로 수능 준비에 대부분의 시간과 노력을 쏟아붓는 것이었다. 그리고 두 번째는 현역 때와는 달리 논술전형을 미리, 그리고 열심히 준비하기로 했다. 운이 따르지 않더라도 충분히 실력으로 합격할 수 있을 정도의 역량을 만들겠다고 결심했다.

"하루 만에 모든 것이 결정 나는 수능 시험은 난이도나 그날의 컨디션 같은 여러 가지 변수가 있기 때문에 시험을 못 볼 수 있는 리스크가 늘 존재합니다. 그러므로 항상 최악의 상황을 가정하고, 그에 대비한 '플랜B'를 준비하는 것이 중요하다고 생각했습니다. 논술전형으로는 오히려 학교를 여섯 군데나 지원할 수 있으니 철저히 준비해서 합격할 수 있을 정도로 역량을 키워야겠다고 생각했습니다."

그녀는 학원의 재수종합반에 등록한 뒤, 그 반에서 병행하는 논술 수업도 들었다. 일주일에 한 번씩 수업을 듣고, 글을 쓰고, 피드백을 받았다. 논술 과제도 절대 미루지 않고 꾸준히 해나갔다.

"논술전형에 응시할 예정이라면, 일주일에 적어도 기출문제 하나 정도는 풀어봐야 합니다. 논술 실력은 투자한 노력에 비례해서 커질 수 있습니다. 마음이 급해서 수능만 준비하다가 정작 논술 대비가 되지 않은 상태에서 시험장에 들어가면 좋은 결과를 얻기 어렵습니다."

그녀의 말처럼 많은 학생이 고교 3년간 수능과 내신에 절대적으로 많은 시간과 노력을 쏟아붓는다. 또 다른 중요한 기회인 논술전형에는 큰 관심을 쏟지 않거나 충분한 시간을 쓰지 않는다. 그러다가 수능에서 미끄러지면, 그제야 부랴부랴 논술을 준비한다. 하지만 논술 시험은 내신 시험처럼 압축 공부로 점수를 끌어올릴 수 있는 시험이 아니다. 오히려 수능보다 장기적이고 꾸준한 노력이 필요한 시험이다. 만약 논술전형에 응시할 가능성이 있는 학생이라면, 많은 시간은 아니더라도 일주일에 최소한 기출문제 하나 정도는 풀어보며 직접 글을 써보는 노력이 필요하다.

좋은 글보다 정답을 써야 한다

그녀 또한 현역 시절에 논술 준비를 전혀 하지 않은 것은 아니었다. 2학년 때부터 3학년 초까지 일주일에 한 번씩 학원에 다니면서 논술 수업을 들었다. 다만, 내신이나 수능 준비에 대부분의 관심을 쏟았기 때문에 논술에 집중하지는 못했다. 그럼에도 그녀는 현역 때 논술 시험에 모두 낙방한 데에는 더 근본적인 문제점이 있었다고 말한다.

"현역 때도 학원에서 내주는 과제를 조금씩 하면서 나름대로 준비를 했습니다. 하지만 그때는 논술 시험이 '글쓰기 시험'이라는 관점을 가지고 준비했어요. 그러다 보니 늘 답안의 구조나 더 나은 문장을 쓰는 연습을 했을 뿐, 정작 출제자의 의도에 맞는 좋은 답을 쓰는 연습은 하지 못했습니다."

논술을 준비하면서 모의고사 시험 등을 통해 그녀는 '좋은 글'을 쓴다는 피드백도 종종 받았고, 시험에서도 나쁘지 않은 글을 썼다고 말한다. 하지만 결과는 모두 낙방이었다.

"학교별로 조금씩 차이는 있지만, 기본적으로 논술 시험은 '글 쓰는 실력'을 평가하는 시험이 아니라 출제자의 의도에 맞는 답을 써낼 수 있을 만큼의 사고력과 분석력이 있는지를 평가하는 시험입니다."

그녀의 말처럼 논술 시험에서 좋은 글을 쓰는 것이 중요하다고 생각하는 학생들이 많다. 하지만 논술 시험은 결코 글쓰기 시험이 아니다. 글쓰기 역량이 어느 정도 기반은 되어야겠지만, 문예창작학부 시험이 아니기 때문에 누가 더 유창하거나 수려한 글을 썼는지가 중요치 않다. 그보다는 글에 어떤 내용을 담았는가, 즉 출제자가 의도한 답을 썼는가가 더 중요하다.

그녀는 논술 시험을 준비하는 학생들이라면 두 가지를 종합적으로 볼 수 있는 관점이 필요하다고 조언한다.

"훌륭한 논술 답안은 '지문에서 출제자가 의도한 답을 잘 찾는 것'과 '답안의 구조를 잘 잡아서 논리정연한 글을 쓰는 것', 이 두 가지가 더해져야 합니다. 여기서 '논리정연한 글을 쓰는 것'은 형식이고, 그 안에 들어갈 알맹이가 바로 '출제자가 의도한 답'입니다. 이 두 가지 중에서 더 중요한 것은 단연 '답을 잘 찾는 것'입니다."

'논술 시험에 정답이 있느냐, 없느냐'는 오래된 논란이다. 결론부터 얘기하면, 물론 유형별로 조금씩 차이는 있겠지만, 기본적으로 '대입' 논술 시험에는 정답 또는 정답으로 분류되는 답의 스펙트럼이 존재할 수밖에 없다.

이는 조금만 논리적으로 생각해보면 금방 알 수 있다. 주요 대학의 논술전형 경쟁률은 보통 20:1, 30:1이 넘는다. 수만 명의 학생이 시험에 응시한다. 그리고 대입 논술 시험은 하나의 답안만 보고 점수를 매기는 절대평가가 아니라 여러 답안을 비교해 합격자를 가리는 상대평가 방식이다. 만약 출제자가 의도한 정답이 없다면 누구의 답이 더 나은 답인지를 일일이 비교해야 하는데, 수만 개의 답안지를 놓고 그렇게 하기는 현실적으로 불가능하다. 또한 정답이 없다면 채점자의 주관이 개입될 수 있고, 모든 사람이 동의하기 힘든 채점 결과가 나올 여지도 있다. 결국 답안지를 평가하기 위해서는 명확한 기준이 있어야 하고, 그것은 곧 출제자가 의도한 답이 될 수밖에 없다. 꼭 한 가지 답만 정답이 아닐 수도 있지만, 최소한 출제자가 정답이라고 생각하는 답의 스펙트럼은 존재할 수밖에 없다.

조아현 멘토는 말한다.

"현역 때 논술을 준비하면서 대학에서 내놓은 모범답안들을 많이 봤습니다. 하지만 그때는 단순히 '이게 좋은 글이구나', '글을 이렇게 써야겠구나'라는 생각만 했습니다. 그러나 진짜 중요한 것은 어떤 지문과 논제가 나왔고, 그래서 이 답이 왜 '좋은 답'인지를 아는 것입니다."

나도 고등학교 시절, 학교에서 방과후 수업으로 논술 특강을 들은 적이 있다. 2학년 때 특강을 맡은 강사는 '정답을 찾는 것'에 대해서만 강조하고, 그것만 훈련시켰다. 그런데 3학년 때 수업을 새로 맡은 강사는 반대로 '글을 잘 쓰는 것'만 주로 연습시켰다. 학생들 사이에서 누구의 말이 더 맞느냐로 갑론을박이 벌어졌다. 하지만 사실 돌이켜보면 두 가지가 모두 필요한 것이었다. 좋은 논술 답안은 '좋은 답'과 '좋은 글'이라는 두 가지로 구성된다는 관점으로 접근해야 한다. 그래야만 두 가지 요소를 어떤 방식으로 대비해갈 것인지 전략을 더 명확히 수립할 수 있다.

_ 목차 짜는 연습이 중요한 이유

좋은 글을 어떻게 쓸 것인가?

"사실 논술 시험에서는 논제가 대부분 정해져 있기 때문에 답안의 구조도 거의 정해져 있습니다. 그 구조를 미리 잘 짜놓고 기억한 뒤에, 시험장에서는 논제에 맞게 글의 내용을 잘 채워 넣는 것이 중요합니다. 일종의 목차를 만들어두는 거죠."

실제로 대부분의 논술 시험은 비교 · 요약 · 추론 등으로, 출제되는 논제의 유형이 거의 정해져 있다. 그러므로 답안의 구조 역시 이미 정해져 있는 셈이다. 그에 맞춰서 유형에 따라 첫 번째 문단에는 어떤 내용을, 두 번째 문단에는 어떤 내용을, 세 번째 문단에는 어떤 내용을 쓸지 미리 목차를 정해둘 수 있다.

그녀는 답의 구조를 잡는 연습을 하기 위해서는 응시하고자 하는 학교의 기출문제를 적극적으로 분석하라고 조언한다. 그런 다음에는 학교와 상관없이 문제 유형별로 기출문제를 묶고, 유형별로 어떤 답안의 구조를 쓸지 구상한다. 쉽게 말해 글의 목차를 미리 잘 짜보는 것이다.

"저는 논술 대비 노트를 만들어서 각각의 유형별로 어떤 구조로 글을 쓸지 목차를 짜는 연습을 해두었습니다. 5~6개 정도의 유형으로 나눌 수 있었는데, 이후에는 기출문제를 풀어보면서 미리 짜둔 목차를 이용해 글을 썼습니다. 그러고 나서는 유형별로 글의 목차가 머릿속에 기억되도록 만들었습니다."

나도 이와 유사한 방식으로 논술 시험을 대비했다. 목차를 미리 짜두거나 시험장에서 목차를 짜는 방식은 다음과 같다.

예를 들어 A 지문과 B 지문을 비교하고 대조해서 1,000자 이내로 답을 쓰라는 유형의 논제가 나왔다고 하자. 우선 답안을 몇 개의 문단으로 쓸지 정해야 한다. 200자씩 다섯 문단을 쓴다고 생각하면, 첫 번째 문단에는 A 지문 내용 요약, 두 번째 문단에는 B 지문 내용 요약, 세 번째 문단에는 A와 B 지문의 공통점, 네 번째 문단에는 A와 B 지문의 차이점, 다섯 번째 문단에는 답안 요약 및 추가적인 내용, 이렇게 목차를 짜볼 수 있다. 그런 후에는 각 문단을 구상한다. 첫 번째 문단에 200자가 들어간다고 할 때, 한 문장을 대략 50자로 잡으면 4개의 문장 정도가 된다. 그러면 4개의 문장에 지문의 어떤 내용을 축약해서 쓸지 생각해볼 수 있다.

물론 지문, 논제, 유형별로 이 템플릿 자체는 달라질 수 있다. 중요한 것은 시험장에서 어떻게 목차를 짤지 고민하는 시간을 아껴서, 정답을 찾아내고 논리적이고 체계적인 답을 도출하는 데 쓰는 것이다.

조아현 멘토는 이렇게 미리 구조를 잡고, 시험장에서 제대로 된 답을 쓰는 것에만 집중하기 위해서는 평소의 연습이 가장 중요하다고 말한다.

"꾸준히 연습하지 않으면 이런 구조가 잘 잡히지 않습니다. 학원에 다니다 보면 머릿속에 글의 구조가 안 잡힌 상태에서 수업을 듣기 쉽습니다. 그런데 가르치는 강사들의 머릿속에는 이미 거시적인 구조가 잡혀 있기에 강사들은 그 구조를 바탕으로 미시적인 내용을 가르치죠. 결과적으로 학생들은 미시적인 내용만을 받아들이게 되므로 좋은 글을 쓰기가 어려워집니다."

_ 논술 시험 합격률을 높이는 법

마지막으로 그녀는 논술전형에 지원할 때도 전략적인 접근이 필요하다고 말한다. 논술전형은 학교 재량으로 출제되는 시험인 만큼 학교별로 유형이나 출제 스타일에 어느 정도 차이가 있다. 특히 계열별로도 인문 논술만 치르는 학교가 있고, 인문 · 수리 논술을 병행해서 치르는 학교가 있다. 이과 중에서도 인문 논술을 치르는 곳도 있고, 수학이나 과학 논술만 치르는 학교가 있다.

조아현 멘토는 시험 유형이 자신에게 가장 적합한 학교에 지원하는 것이 합격 확률을 높이는 첫 번째 전략이라고 조언한다.

"학교별로 시험 유형이나 출제 스타일에 차이가 있습니다. 그러므로 학교별 출제 스타일과 유형을 잘 파악하고, 자신의 강점이 제일 잘 발휘되는 학교에 지원해야 합니다. 학교별로 나와 있는 기출문제들을 보고 직접 풀어보면서 자기에게 맞는 유형을 찾아야 합니다."

그녀의 말에서 기출문제가 늘 중심에 있어야 한다는 점을 확인할 수 있다. 논술 시험에 대비할 때는 학원에서 만들어주는 자료나 인터넷에서 구한 자료, 시중의 참고서가 아니라 자신이 진학하고자 하는 학교의 기출문제가 어떤 교재보다도 중요하다는 조언이다.

특히 조아현 멘토는 인문 논술과 인문 · 수리 논술이라는 두 가지 유형의 시험을 치렀는데, 특히 수리 논술의 경우 학교마다 출제되는 유형이 대부분 정해져 있다고 말한다. 그러므로 기출문제를 몇 번이고 풀어보면서 비슷한 유형을 대비하는 것이 중요하다.

"수리 논술에서는 나오는 문제가 거의 반복됩니다. 예를 들면 조건부 확률 같은 문제가 자주 나오고, 어떤 학교는 아예 늘 4개 유형 중에서 출제했습니다. 그런 학교들에 지원할 때는 다른 것보다 그 유형별로 기출문제를 직접 풀어보는 경험이 가장 중요합니다."

마지막으로 그녀는 자신의 경험을 토대로, 아무리 논술전형을 준비하더라도 늘 머릿속에 '수능 최저등급'이라는 개념을 담고 있어야 한다고 조언한다. 앞서 말한 것처럼 그녀 또한 현역 시절 수능 최저등급을 맞추지 못해 시험 자체를 응시하지 못한 적이 있었다.

"평소 자신의 모의고사 등급에 따라 학교별 최저등급 기준을 잘 파악해서 논술전형에 지원해야 합니다. 아무리 논술 실력이 좋더라도, 너무 높은 최저등급을 요구하는 학교에 지원하면 아예 시험을 보러 가지도 못하는 불상사가 생길 수 있습니다."

논술에 대한 꾸준한 준비와 연습만 있다면, 내신, 수능이 다 망해도 희망은 있다. 미리 대비하는 습관과 노력을 지속하는 힘을 기른다면, 목표로 가는 길은 어떻게든 열리기 마련이다.

Check List

- ☐ 논술 시험 문제들을 학교별, 유형별로 분석하여 공통된 문항이나 출제 스타일을 정리한다.
- ☐ 논술 시험의 출제 유형별로 작성할 답안의 구조를 미리 정해서 여러 번 적용하고 연습한다.
- ☐ 기출문제의 모범답안이나 해설 강의를 참고하며 '출제자의 의도'가 무엇이었는지 적극적으로 분석한다.

부록

01 내신 탄탄 완벽한 공부 계획 세우기
02 암기 시간을 3분의 1로 줄이는 기적의 기억법

내신 탄탄
완벽한 공부 계획
세우기

01

⊙ 1단계 ⊙ 지난 시험 피드백 플래너 작성하기

① 시험 결과 및 목표 작성하기

시험 결과 및 목표			
과목	지난 시험 결과	이번 시험 결과	다음 시험 목표
국어	76점(3등급)	85점(2등급)	95점(1등급)
영어	67점(4등급)	88점(2등급)	95점(1등급)
수학	85점(2등급)	85점(2등급)	95점(1등급)
과학	75점(4등급)	80점(3등급)	90점(1등급)
사회	78점(4등급)	90점(2등급)	100점(1등급)
역사	81점(4등급)	85점(3등급)	95점(1등급)

- **지난 시험 결과, 이번 시험 결과**

  지난 시험 결과 및 이번 시험 결과를 과목별 점수나 등수, 등급 등으로 기록한다. 가장 마지막에 치른 시험이 중간고사라면 이번 시험 결과에는 중간고사 결과를, 지난 시험 결과에는 그 전 기말고사 결과를 적으면 된다.

- **다음 시험 목표**

  다음에 있을 시험의 목표를 구체적인 수치(점수, 등급, 등수 등)로 적는다.

② 전체 시험 피드백 작성하기

전체 시험 피드백	
항목	총평
전략 · 계획	지난 시험의 피드백을 토대로 새로 수립한 전략 적중! 지금의 방식을 유지하되, 고난도 문제를 대비한 새로운 전략을 수립하자.
실천 과정	지금보다 일주일 먼저인 시험 4주 전부터 준비를 시작하자. 특히 영어와 수학은 매일 공부하는 습관을 들이자.
시험의 기술	국 · 영 · 수 과목 시간 분배를 잘했다. 다만 계산 실수, 마킹 실수가 한 개씩 있었다. 검산하는 습관을 들이고, 마킹한 뒤에는 반드시 재확인하자.

- **전략 · 계획**

  시험 대비 전략과 계획 전반을 점검하고, 잘된 점과 부족했던 점, 개선할 점 등을 기록한다. 단순히 '노력'이 부족했다고 단정하기 전에, 공부 방법이나 사용한 교재, 복습 여부, 학원, 과외 활용법 등 '노력을 담는 그릇'에 문제가 없었는지를 철저히 분석한다.

- **실천 과정**

  전략 · 계획에서는 문제가 없었지만, 그것을 실천하는 과정에서 있었던 문제점, 부족한 점 등을 기록한다. 실천하지 못했던 원인, 실천을 방해한 요소 등을 기록하고, 개선방안을 수립하여 적는다.

- **시험의 기술**

  시험 시간에 발생한 실수나 오류 등을 기록하고, 개선방안을 적는다.

③ 과목별 피드백 작성하기

과목별 시험 피드백			
과목	출제 스타일	잘한 점	보완할 점
국어	특이사항 ×	5회독을 해서 등급이 올랐다.	문제집 2개 이상 풀어서 고난도 문제 공략하기
영어	이번에도 문법 위주	문법을 디테일하게 공부한 게 신의 한 수!	문법서 완벽하게 공부하기
수학	범위 외의 고난도 문제 3개	문제 풀이를 위주로 공부했더니 변형 문제를 모두 맞힐 수 있었다.	고난도 문제집 2권 이상 풀기
과학	교과서에서 다 나옴	오답노트 정리했던 것들 5번 이상 봤더니 틀렸던 문제를 모두 맞혔다.	참고서보다는 교과서 위주 공부
사회	서술형 50퍼센트	인강 들으면서 개념 이해하고 나니 개념 적용 문제에서 점수 상승!	서술형 대비해서 백지 복습하기
역사	시간 및 년도 문제 나옴	7회독을 하며 전체적인 흐름 중심으로 공부해서 점수 상승!	교과서 하단, 팁 박스 등 디테일한 것까지 노트 정리하기

- **출제 스타일**

  이번 시험 문제들을 되돌아보며, 다음 시험공부에 참고해야 할 전반적인 출제 유형 및 새로운 출제 유형 등을 기록한다.

- **잘한 점**

  이번 시험을 준비하는 과정에서 세웠던 시험 대비 전략과 계획, 실천 과정 등을 되돌아보며 잘했던 점을 적는다. 만약 성적이 올랐다면 성적이 오를 수 있었던 이유를 분석하여 함께 기록한다.

- **보완할 점**

  이번 시험을 준비하는 과정에서 과목별로 세웠던 시험 대비 전략과 계획, 실천 과정 등을 되돌아보며 미비했던 것들이나 계획대로 실천하지 못했던 점들을 기록한다. 이때 부족했던 항목의 원인은 최대한 구체적으로 기록하고, 개선할 점을 적는다.

④ 문제별 피드백 작성하기

시험	2학년 2학기 중간고사	과목 · 출제 선생님	영어 · 박○ ○
문항 번호	출제 유형	틀린 원인	보완할 점
14	모의고사 지문 빈칸 추론 문제	기존에 출제된 모의고사 지문에서 빈칸에 들어갈 단어와 유사한 단어를 찾는 문제였는데, 헷갈렸다.	모의고사가 시험 범위에 포함되면, 빈칸 추론 문제는 유사어·반의어·동의어 등 함께 공부하기
19	틀린 문법을 고르는 객관식 문제	관계부사 부분을 완벽하게 공부하지 못했다.	해당 시험 범위에 해당하는 문법 기본서를 반드시 공부하자! 관련 기출 문제도 10개 정도 풀기
14	서술형 문제 "~개념에 대해 아는 대로 쓰시오"	여러 문항을 쓸 만큼 개념이 확고하게 다져지지 않았다.	눈으로만 공부하지 말고, 손으로 써보는 연습을 시험 기간까지 최소 5번 이상 할 것

- 시험·과목·출제 선생님

표의 예시를 기준으로 각 과목별로 이번 시험의 이름과 출제하신 선생님의 성함을 적는다.

- 문항 번호

과목별로 틀린 문제 번호를 적는다(틀리지 않았지만, 헷갈렸거나 찍어서 맞힌 문제도 함께 적으면 좋다).

- 출제 유형

이 문제가 어떤 방식으로 출제되었는지, 또는 어떤 부분에서 출제되었는지 등을 기록한다. 이때 다음번에 같은 선생님이 출제한다고 했을 때, 어떤 부분을 어떤 방식으로 공부하면 맞힐 수 있을지를 생각하며 적는다. 특히 예상하지 못한 유형으로 출제되어 틀린 문제가 있다면 꼭 기억해놓고, 다음 시험을 준비할 때 반드시 이와 유사한 방식의 유형을 대비해 공부하도록 한다.

- **틀린 원인**

  출제 유형을 토대로 '무엇을, 어떻게 공부했다면 이 문제를 맞힐 수 있었을까?'를 생각하면서 틀린 원인과 부족했던 점을 적는다.

- **보완할 점**

  '다음 시험에서 이 문제를 맞히기 위해서 무엇을, 어떻게 공부하면 될까?'라는 질문에 답한다는 생각으로 새로운 공부 계획을 적는다.

아는 문제를 틀리는 실수를 많이 한다면?

학생들에게 문제를 틀린 원인을 물어보면 "실수였다", "잘못 계산했다", "선지를 헷갈렸다", "문제를 잘못 읽었다" 등과 같은 답변을 하곤 한다. 하지만 이 답변에 담긴 원인은 그보다 더 근본적인 이유로부터 비롯된 '결과'에 가깝다. 예를 들어 문제를 잘못 읽어서 문제를 틀렸다면, 사실은 문제를 잘못 읽을 만큼 시험 시간이 부족했거나 자신의 풀이를 검토하지 않는 습관이 있기 때문일 가능성이 크다. 따라서 문제를 틀린 원인을 '실수, 시험 시간 부족' 등으로만 여긴다면 다음번에 똑같은 실수나 오류를 반복하기 마련이다. 또한 선지를 헷갈렸을 때는 완벽하게 내용을 이해하지 못했거나, 기억하지 못했기 때문이라는 더 근본적인 원인이 있을 가능성이 크다. 따라서 이런 실수를 다시 범하지 않으려면 시험 준비 기간을 앞당기거나 교과서를 5회독 하는 등 더 근본적인 개선방안을 세워야 한다. 시험 피드백을 할 때 가장 중요한 것은 문제를 틀린 '현상'이 아니라 더 근본적인 '원인'을 파악하는 것이다. 즉, '다음번에는 어떻게 이 문제를 틀리지 않을 수 있을까?'를 고민하면서, 동시에 '이 원인은 어디서부터 비롯되었을까?'를 함께 고민해야 오류를 개선하는 현실적인 방안을 찾을 수 있다.

⊙ 시험 마스터 플랜 작성하기

<table>
<tr><th>과목</th><th>유의사항</th><th>봐야 할 교재</th><th>범위</th><th>방법/복습 횟수</th><th>메모</th></tr>
<tr><td rowspan="2">국어</td><td rowspan="2">고난도
문제집
풀기</td><td>교과서</td><td>2, 3, 4단원</td><td rowspan="2">1. 교과서에 수업 필기
2. 학교 프린트 및 평가문제집 교과서에 단권화 후 평가 문제집 풀기
3. 단권화한 뒤 총 4회 읽기
4. 3회독 때 인터넷 기출문제 풀기
5. 풀 때마다 오답 피드백하기</td><td rowspan="5"></td></tr>
<tr><td>학교 프린트</td><td>2, 3, 4단원</td></tr>
<tr><td>이번 성적/
다음 목표</td><td>시험 범위</td><td>평가문제집</td><td>2, 3, 4단원</td><td>문학 작품은 해설서로 따로 정리할 것!
전체 출제 포인트 정리해서 공부하기</td></tr>
<tr><td rowspan="2">85/95
: 10점 ↑</td><td rowspan="2">2, 3,4단원
+
모의고사 2개</td><td>모의고사
문제</td><td>19년 6월, 9월</td><td rowspan="2">고난도 문제 위주로 단원별로 100개씩 풀고 오답 피드백하기</td></tr>
<tr><td>인터넷 기출
문제</td><td>2, 3, 4단원</td></tr>
</table>

- **과목, 이번 성적/다음 목표**

  각 과목별로 이번 시험 성적을 적고, 다음 시험의 목표를 구체적인 수치로 설정한다. 이번 성적과 다음 목표의 갭이 극복해야 할 구체적인 목표다.

- **유의사항**

  이번 시험을 피드백하면서 분석한 내용 중 다음 시험을 대비할 때 반드시 유의하거나 기억해야 할 것을 적어둔다.

- **시험 범위**

  선생님이 알려준 공식적인 시험 범위를 기록한다.

- **봐야 할 교재**

  다음 시험에 목표를 이루기 위해서 공부해야 할 교재를 적는다. 이때 필수로 적어야 할 교재는 교과서, 선생님이 나눠준 프린트, 부교재 등 학교 수업에서 활용하고 시험 범위에 직접적으로 포함되는 교재다. 시험공부에서 가장 중요한 교재는 바로 이 필수 교재들이다.

  다음은 기본 교재를 적는다. 이는 필수 교재 공부를 돕는 도구들이다. 자세한 설명을 통해 이해를 돕는 참고서, 공부 상태를 점검할 수 있는 문제집 등이 포함된다. 기본적으로는 참고서 1권, 문제집 1권이 가장 무난하다.

  마지막으로 기타 교재를 적는다. 기타 교재는 필수 교재, 기본 참고서, 기본 문제집 외에 더 심화한 공부를 하거나 더 많은 문제를 풀기 위해 필요한 교재로, 학원 교재 등이 여기에 포함된다. 최상위권의 성적을 거두고자 한다면 기타 교재까지 활용해보는 것도 도움이 된다. 기본 참고서와 다른 방식으로 서술되거나 더 디테일하게 설명된 참고서, 고난도 또는 다양한 유형의 문제들이 출제된 문제집 등이 포함된다. 이

때 중요한 것은 필수 교재, 기본 교재 등이 완벽하게 공부된 상태에서 활용해야 한다는 점이다. 우선순위를 헷갈려서는 안 된다.

- **범위**

봐야 할 교재에서 선택한 교재들의 목차 중 시험 범위에 해당하는 부분이 어디인지를 파악하고, 그 범위를 적는다.

- **방법**

이 교재를 어떤 방식으로 공부할지에 대한 방법을 적는다. 교재가 참고서라면 N회독을 할지, 노트 정리를 할지, 교과서에 단권화를 할지 등 참고서를 활용하는 방법을 적는다. 교재가 문제집이라면 풀고 나서 어떤 식으로 오답을 피드백할지 등을 적으면 된다.

- **복습 횟수**

각 교재를 전체 시험 기간 동안 몇 번 복습할지를 적는다. 예를 들어 가장 중요한 필수 교재, 기본 교재는 최소한 시험을 보기 전에 3번 정도는 봐야 한다. 자신의 공부 상태, 목표 등에 맞춰 3회독부터 10회독까지 복습 목표를 세운다.

◎ 3단계 ◎ 공부 가능한 시간 파악하기

<table>
<tr><th>시험 D-4주차</th><th>월</th><th>화</th><th>수</th><th>목</th><th>금</th><th>토</th><th>일</th></tr>
<tr><td>7:00~7:30</td><td colspan="5">전날 국·영·수 10분씩 복습</td><td rowspan="5">휴식 +식사</td><td rowspan="5">휴식 +식사</td></tr>
<tr><td>7:30~8:00</td><td colspan="5" rowspan="2">등교 준비(등교하면서 시간 남으면 단어장 읽기)</td></tr>
<tr><td>8:00~8:30</td></tr>
<tr><td>8:30~9:00</td><td colspan="5" rowspan="16">학교
(쉬는 시간에 반드시 전 수업 복습
자습시간 주시면, 수학 → 영어 순으로 공부)</td></tr>
<tr><td>9:00~9:30</td></tr>
<tr><td>9:30~10:00</td><td rowspan="5">영어</td><td rowspan="4">영어</td></tr>
<tr><td>10:00~10:30</td></tr>
<tr><td>10:30~11:00</td></tr>
<tr><td>11:00~11:30</td></tr>
<tr><td>11:30~12:00</td><td rowspan="3">점심 식사</td></tr>
<tr><td>12:00~12:30</td><td rowspan="2">점심 식사</td></tr>
<tr><td>12:30~13:00</td></tr>
<tr><td>13:00~13:30</td><td rowspan="6">과학 학원</td><td rowspan="4">과학</td></tr>
<tr><td>13:30~14:00</td></tr>
<tr><td>14:00~14:30</td></tr>
<tr><td>14:30~15:00</td></tr>
<tr><td>15:00~15:30</td><td rowspan="4">사회</td></tr>
<tr><td>15:30~16:00</td></tr>
<tr><td>16:00~16:30</td><td rowspan="4">과학</td></tr>
<tr><td>16:30~17:00</td><td colspan="5">하교</td></tr>
<tr><td>17:00~17:30</td><td rowspan="2">당일 수업 복습</td><td rowspan="2">저녁 식사</td><td rowspan="2">저녁 식사</td><td rowspan="2">저녁 식사</td><td rowspan="2">당일 수업 복습</td><td rowspan="2">역사</td></tr>
<tr><td>17:30~18:00</td></tr>
</table>

<table>
<tr><td>18:00~18:30</td><td rowspan="2">저녁 식사</td><td rowspan="4">영어 학원</td><td rowspan="2">저녁 식사</td><td rowspan="4">영어 학원</td><td rowspan="2">저녁 식사</td><td rowspan="2">저녁 식사</td><td rowspan="2">저녁 식사</td></tr>
<tr><td>18:30~19:00</td></tr>
<tr><td>19:00~19:30</td><td rowspan="2">국어</td><td rowspan="4">영어</td><td rowspan="2">국어</td><td rowspan="2">역사</td><td rowspan="11">휴식 및
운동</td></tr>
<tr><td>19:30~20:00</td></tr>
<tr><td>20:00~20:30</td><td rowspan="4">수학 학원</td><td rowspan="4">영어</td><td rowspan="4">영어</td><td rowspan="4">수학 학원</td><td rowspan="4">국어</td></tr>
<tr><td>20:30~21:00</td></tr>
<tr><td>21:00~21:30</td><td rowspan="2">국어</td></tr>
<tr><td>21:30~22:00</td></tr>
<tr><td>22:00~22:30</td><td rowspan="4">수학</td><td rowspan="4">수학</td><td rowspan="4">수학</td><td rowspan="4">수학</td><td rowspan="4">수학</td><td rowspan="4">수학</td></tr>
<tr><td>22:30~23:00</td></tr>
<tr><td>23:00~23:30</td></tr>
<tr><td>23:30~24:00</td></tr>
<tr><td>00:00~00:30</td><td colspan="6">휴식</td></tr>
<tr><td>00:30~01:00</td><td colspan="7">취침</td></tr>
<tr><td>공부 가능한 시간</td><td>4.5h</td><td>4.5h</td><td>5.5h</td><td>4.5h</td><td>4.5h</td><td>9.5h</td><td>7h</td></tr>
<tr><td>총 공부
가능한 시간</td><td colspan="7">40h</td></tr>
</table>

과목	국어	영어	수학	과학	사회	역사	당일 복습
가중치	20퍼센트	25퍼센트	30퍼센트	10퍼센트	5퍼센트	5퍼센트	5퍼센트
공부 가능 시간	8h	10h	12h	4h	2h	2h	2h

- **타임 테이블**

  먼저 공부할 수 없는 고정 시간(수면 시간, 식사 시간, 학교, 학원 등의 수업 시간, 이동 시간 등)을 체크하고 색을 칠해서 가용 시간에서 제외한다. 그 다음, 요일별로 하루 전체 시간 중 자유롭게 내가 사용할 수 있는 시간이 얼마인지를 모두 더해서 총 시간을 파악한다. 마지막으로 요일별로 공부와 휴식·여가 비율을 정한 뒤 표시한다.

- **공부 가능한 시간**

  타임 테이블을 토대로 요일별로 순수 공부 가용 시간을 파악한 뒤 기록한다.

- **총 공부 가능한 시간**

  일주일간의 총 순수 공부 가용 시간을 파악한다.

- **과목 · 가중치 · 공부 가능 시간**

  과목별 우선순위 및 자신의 강·약점을 토대로 과목별 가중치(100퍼센트 기준)를 정한 뒤 총 공부 가능한 시간에 과목별 가중치를 곱해서 과목별 할당 시간을 정한다.

타임 테이블, 꼭 적어야 하나요?

타임 테이블을 적는 데는 여러 이유가 있다. 먼저 고정된 시간을 확인하고, 공부에 사용할 수 있는 시간이 구체적으로 얼마인지를 파악하기 위함이다. 두 번째는 이 테이블에 내가 요일, 시간대별로 무슨 과목을 어떤 교재로 얼마만큼 공부할지와 같은 고정적인 패턴을 적어서 계획을 세울 수 있다는 점이다.

◎ 4단계 ◎ 공부해야 할 전체 양 파악하기

① 공부 현황 체크하기

공부 현황판(범위)			
과목	교재	공부 횟수	세부 범위
국어	교과서	7회	2-1, 2-2 …
	학교 프린트		2-1, 2-2 …
	평가문제집		2-1, 2-2 …
	모의고사 문제	5회	6월 : 1-5, 6-10, 11-15 … 9월 : 1-5, 6-10 …
	인터넷 기출 문제	3회	2(1-50, 51-100), 3(1-50, 51-100) …
영어	교과서	10회	7-1, 7-2 …
	평가문제집		7-1, 7-2 …
	부교재	5회	Unit 10, Unit 11 …
	단어장	매일	D30, D31, D32 …
	문법 기본서	5회	해당 범위
수학	교과서	3회	유리함수, 무리식 …
	쎈	4회	유리함수(A, B, C), 무리식(A, B, C) …
	블랙라벨	3회	유리함수, 무리식 …
	학원 프린트	3회	유리함수, 무리식 …
	오답 노트	5회	유리함수, 무리식 …

- **과목·교재·공부 횟수**

  2단계에서 세운 시험 마스터 플랜을 토대로 적는다.

- **세부 범위**

  교재별로 공부해야 할 범위를 최대한 잘게 쪼개어 적는다. 이후 해당 범위의 공부를 다하고 나면 동그라미를 친다. 그리고 회독을 할 때마다 다른 색깔 펜으로 동그라미를 쳐가며 몇 번을 공부했는지 확인한다.

공부 범위 현황 작성 팁

다음과 같이 1~3일 정도 걸리는 공부량만큼 나누어 적으면 공부한 것과 공부하지 않은 것을 구분하기 쉽다.

예)

- 소단원별 : 2-1, 2-2, 2-3, 3-1, 3-2, 3-3
- 문제별 : 1~10번, 11~20번, 21~30번
- 페이지별 : 1~10쪽, 11~20쪽, 21~30쪽

② 공부 계획 세우기

공부 현황판(기간)		
과목	주차	주차별 목표 공부량
국어	D-4주 차	교과서, 프린트, 평가문제집 단권화(2-1 ~ 2-2), 모의고사 6월 (1~30)
	D-3주 차	교과서, 프린트, 평가문제집 단권화(3-1 ~ 3-3), 모의고사 6월 완료 + 9월(1~20), D-4주차 공부 복습
	D-2주 차	교과서, 프린트, 평가문제집 단권화(4-1 ~ 4-2), 모의고사 9월 완료, D-3주차 공부 복습
	D-1주 차	단권화 복습 x 2~3회독 + 인터넷 기출 문제 풀기, 모의고사 2~3회독
	시험 주	전 범위 1~2회독
영어	D-4주 차	[교과서 + 평가문제집 7-1, 7-2, 부교재 Unit 10~11] ⟶ 문법 정리, 단어장 D30-34
	D-3주 차	[교과서 + 평가문제집 8-1, 8-2, 부교재 Unit 12~13] ⟶ 문법 정리, 단어장 D35-37+ D-4주차 공부 복습
	D-2주 차	[교과서 + 평가문제집 9-1, 9-2, 부교재 Unit 14~15] ⟶ 문법 정리, 단어장 D38-40, D-3주차 공부 복습
	D-1주 차	교과서 + 부교재 x 2회독, 단어장 전체 1회 테스트 + 오답 단어장 정리, 복습
	시험 주	교과서 + 부교재 x 2회독, 단어장 전체 1회 테스트 + 오답 단어장 정리, 복습
수학	D-4주 차	교과서 + 쎈 : 유리함수~ 무리함수
	D-3주 차	교과서 + 쎈 : 경우의 수 ~ 조합, D-4주차 복습, 블랙라벨 : 유리함수 ~ 무리함수
	D-2주 차	D-3주차 복습, 블랙라벨 : 경우의 수 ~ 조합, 프린트 : 유리함수 ~ 무리함수, 실수노트 작성
	D-1주 차	D-2주차 복습, 프린트 : 경우의 수 ~ 조합, 쎈 & 블랙라벨 오답 다시 풀기, 실수노트 작성
	시험 주	학원 프린트 오답 다시 풀어보기, 쎈 + 블랙라벨 어려웠던 거 추려서 다시 풀어보기

- **주차**

  과목별로 시험 때까지 남은 기간을 1주 단위 간격으로 적는다.

- **주차별 목표 공부량**

  해당 주차에 공부할 교재와 범위를 꼼꼼하게 적는다. 이를 통해 주별로 공부해야 할 작은 목표를 세울 수 있다.

> 목표 공부량을 계획할 때 중요한 것은 세부 범위까지 낱낱이 적는 것이다. 기간별로 공부해야 할 범위를 소단원별, 문제별 등으로 꼼꼼하게 나누어 적고, 회독 수에 대한 계획도 세워둔다. 공부해야 할 교재를 적을 때는 2단계에서 살펴봤던 것처럼 필수 교재, 기본 교재를 우선으로 적는다. 이렇게 미리 주차별로 공부 계획을 세워두면 벼락치기 공부의 빈틈을 완벽하게 메울 수 있다.

⊙ 5단계 ⊙ 주간 계획 세우기

⊙ 주간 학습 체크리스트 작성하기

과목	교재	이번 주 목표 범위	월	화	수	목	금	토	일
국어	단권화 : 교과서+ 프린트 + 평가문제집			2-1		2-2			
	평가 문제집 풀이 및 오답 피드백			2-1		2-2			
	6월 모의고사							1~15	16~30
영어	교과서+ 평가 문제집		7-1			7-2			
	평가문제집 풀이 및 오답 피드백		7-1			7-2			
	부교재						Unit 10,11		
	단어장		D30	D31	D32	D33	D34	D30~32	D30~35
	문법 정리		○		○		○		

- **과목 · 교재 · 이번 주 목표 범위**

  4단계에서 세운 주차별 공부 목표를 토대로 적는다.

- **월요일 ~ 일요일**

  이번 주 목표 범위를 어느 요일에 얼마만큼 나누어서 할 것인지 구체적으로 표기한다. 공부하고 난 뒤에는 해당 칸에 형광펜으로 색칠하거나, 동그라미를 하는 식으로 체크하면 된다.

> 주간 학습 체크리스트를 작성하면 이번 주 공부의 구체적인 목표와 일정을 한눈에 볼 수 있다. 여기까지 작성하고 나면 매일 해야 할 공부가 무엇인지 구체적으로 정해진다. 다만 4단계까지 계획을 세웠고, 4단계를 토대로 데일리 플래너를 꼼꼼히 세울 자신이 있다면, 이 단계는 생략해도 좋다.

⊙ 6단계⊙ 하루 계획 세우기 및 일일 피드백 작성하기

Date	D-Day
Today's resolution	Total time (Possible)

Subject	Content	Prior	Ex-t	Feed

Subject	Completed content

Subject	Uncompleted content

time	10 minutes check					
6						
7						
8						
9						
10						
11						
12						
13						
1						
2						
3						
4						
5						
6						
7						
8						
9						
10						
11						
12						
1						
2						
3						

Feedback / Memo	Total time (Result) Wasted time

- Today's resolution : 오늘의 다짐 혹은 각오를 쓴다.
- Total time(Possible) : 오늘 공부할 수 있는 총 시간을 쓴다. 이때 수업, 휴식 시간은 제외한다.
- Subject, Content : 오늘 하기로 한 공부의 과목, 교재, 범위를 구체적으로 쓴다.
- Prior(Priority) : 해야 할 일들의 목록들을 비교한 뒤 각각의 우선순위를 기록한다. 시간이 부족해서 계획한 일을 다 하지 못하는 상황이 발생한다면, 우선순위 순으로 공부한다.
- Ex-t(Expected time) : 실제로 이 공부를 하는 데 걸릴 시간을 예측해서 적는다.
- Feed(back) : 실천 여부를 적는다. 동그라미, 세모, 엑스 등으로 표시해도 되고, 아니면 실제 걸린 시간을 적어도 좋다.
- Completed content : 계획한 공부 중 완료한 것의 목록을 구체적으로 적는다.
- Uncompleted content : 계획한 공부 중 아직 완료하지 못한 것의 목록을 구체적으로 적는다. 이때 옆에 언제, 어떻게 보완할지를 적어두면 좋다.
- Feedback / Memo : 잘한 일, 보완할 점 등 오늘 하루에 대한 피드백 내용을 간단히 적는다. 사소한 것이라도 좋으니 오늘 성취해낸 일을 적어두면 자신감 향상에 도움이 된다.
- Total time(Result) : Total time(Possible)과 비교해서, 오늘 실제로 공부한 시간의 총량을 적는다.
- Wasted time : 예상치 못했던 일정이나, 집중력 저하로 의미 없이 보낸 시간의 양을 적는다.

◎ 내신 시험 대비 과목별 필수 체크리스트 ◎

우선 순위	국어	영어	수학	사회, 역사, 과학
1	학교 수업 필기 - 필기를 마친 뒤에는 친구 필기를 보며 크로스 체크한다. - 넓은 시험 범위 중 어느 부분을 강조하시는지 파악한다. - 어느 부분에 출제율이 높은지에 대해서는 모두 수업 시간에 말씀해주신다는 것을 기억하자!			
2	교과서 및 수업 필기, 프린트 및 부교재 3회독 이상			
3	주요 내용 정리 및 요약 - 소설: 갈래/주제/배경/시점/특징 - 시: 주제/배경/시점/구성/시어 의미 - 비문학: 문단별 핵심요약 정리	단원별 필수 어휘 정리 및 암기	핵심 개념 및 공식 셀프테스트	중요 개념 노트 정리 -역사: 사건/인물/정책 -사회: 개념/이론/예시 -과학: 개념/원리/예시
4	단원별 모르는 단어 정리	본문, 지문 주요 내용 암기	교과서 및 프린트 문제 풀이 2~3회	단원별 셀프테스트 (마인드맵)
5	교과서 지문 외 부분 공부	단원별 문법 노트 정리	하, 중 난이도 문제 풀이	평가문제집, 학교 기출문제 풀이
6	프린트 및 부교재 공부	단원별 회화 및 숙어 정리	중, 상 난이도 문제 풀이	시중 문제집 1~2권 문제 풀이

우선 순위	국어	영어	수학	사회, 역사, 과학
7	국어자습서 문제풀이 - 교과서별 자습서 이용	단어, 문법, 숙어 등 어려운 내용 위주 총정리 및 셀프테스트	유형별 오답 정리	교과서 내 출제 가능성 있는 디테일 공부 (ex. 그림 밑 캡션)
8	제2 참고서(시중교재) 문제풀이	평가문제집, 기출문제 풀이	서술형 대비 - 서술형 출제 예상 유형 분류 - 서술형 답안 작성 연습	서술형 대비 - 목차만 보고 내용 작성하는 연습하기 - 스스로 문제 내고 답하기
9	제3 참고서(시중교재) 문제풀이	자습서 또는 부교재 문제풀이	학교 기출문제 점검 및 풀이 - 시험 예행연습 - 서술형 답안까지 적으며 시간 내에 시험지를 풀어낼 수 있는지 점검	* 모든 항목을 반드시 다 해야 하는 것은 아니니, 상황에 맞추어 활용해보자.
10	최종 요약정리 - 각종 교재의 공통점과 차이점 정리	최종 요약정리 및 셀프테스트	최상위 응용문제 풀이	

암기 시간을 3분의 1로 줄이는 기적의 기억법

02

내가 '암기왕'이 될 수 있었던 이유

나는 중학교 시절부터 대학교까지 전형적인 문과형(?) 인간이었다. 그러다 보니 비교적 수학에는 약한 편이었지만, 반대로 암기가 가장 중시되는 과목들에서는 모두 좋은 성적을 받았다. 고등학교 시절 사회, 역사 등의 과목에서는 대부분 1~2등급을 받았고, 수능에서도 한국 지리, 국사(현 한국사), 근현대사 과목에서 모두 만점을 받았다.

대학에 진학한 뒤에도 A4 수십 장에 달하는 분량의 범위를 하루, 이틀 밤만에 외워 시험을 봐도 좋은 성적을 받을 수 있었다. 특히 대학교 시험은 주로 'A라는 개념, 사건에 대해 아는 대로 쓰시오'와 같은 서술형의 형태로 나오곤 하는데, 5년간 단 2개 과목을 제외하고는 모두 A 학점을 받아 최우등 성적으로 졸업했다. 이 사실이 알려지면서 동기들 사이에서 '암기왕'이라는 별명을 얻기도 했다.

하지만 이는 결코 타고난 머리가 좋아서 가능했던 게 아니다. 중, 고등학교 시절, 나는 부족한 수학 실력을 만회하기 위해 대부분의 공부 시간을 수학에 쏟아야 했고, 결국 암기 과목을 공부하는 시간을 줄일 수밖에 없었다. 그러다 보니 자연스럽게 최대한 빨리 암기할 방법을 고민하게 되었고, 그렇게 몇 년간의 훈련을 쌓은 후에 현재의 암기 실력을 갖추게 되었다. 또한 암기력이 좋은 다른 학생들 역시 주로 나와 비슷한 방법으로 내용을 공부하고, 암기하고 있다는 것을 확인할 수 있었다. 이 장에서는 내가 '빠르고 정확하게' 암기할 수 있었던 원리를 알려주고자 한다.

빠른 암기에도 원리가 있다

교육심리학에서는 학습의 본질을 '개별 정보, 내용, 지식을 단순하게 기억하는 것이 아닌, 개별 정보, 내용, 지식 간의 관계에 대한 의미를 구성하는 과정이다'라고 정의하고 있다. 쉽게 이야기하면 학습은 개별 정보, 내용, 지식에 관한 전체 그림을 완성하는 것이다.

사실, 인간은 어떤 정보를 받아들일 때 본능적으로 정보 간의 의미를 연결하려는 경향을 가지고 있다. 이를 '정합적 지식체계를 형성하려는 경향성'이라고 부른다. 쉽게 얘기하면 사람들은 책에 빈 칸이 있으면 이를 채우고 싶어 하거나, 덜 완성된 퍼즐을 보면 완성하고 싶어 하는 본능적인 욕구가 있다.

이제 이를 토대로 빠르게 외우고 오래 기억할 수 있는 원리를 도출해보자. 바로 전체 관계를 중심으로 공부하는 것이다. 교육심리학에서는 이와 같은 원리를 '구조화, 맥락화, 조직화'라고 부른다.

나는 이런 원리가 이론적으로 존재한다는 것을 대학을 졸업할 때쯤 알게 되었다. 그리고 내가 그동안 많은 내용을 빠르게 암기할 수 있었던 이유가 바로 이 원리를 매우 효율적으로 활용했기 때문임을 깨달았다. 내가 주로 사용하는 원리는 '구조화'와 '맥락화'라는 원리다. 나는 이 두 가지 원리를 통해 아주 많고 방대한 내용도 짧은 시간에 외우고 오랫동안 기억에 남길 수 있었다.

두 가지 원리의 내용을 설명하자면 다음과 같다.

① 구조화: 스스로 내용의 구조를 만들거나, 주어진 구조를 중심으로 기억하는 방법. 기억해야 할 내용을 '설계도'처럼 인지한다.

② 맥락화: 기억해야 할 내용의 연관 관계를 스스로 만들거나, 맥락을 중심으로 기억하는 방법. 이미 알고 있는 것과 몰랐던 것 사이의 연관 관계를 만들어 기억하는 것이 핵심이다.

예를 들어보자. 만약 누군가 '1, 5, 9, 2, 1, 8, 9, 4, 1, 9, 1, 0, 1, 9, 8, 8, 2, 0, 0, 2'라는 20개 숫자를 20초간 보여준 뒤, 기억해보라고 한다면 당신은 기억할 수 있겠는가? 아마 대부분이 쉽게 기억하지 못할 것이다.
이 20개의 숫자를 모두 외우려면 어떻게 해야 할까? 사실 위 숫자들은 임진왜란, 갑오개혁, 경술국치, 서울 올림픽, 한일 월드컵이라는 다섯 가지 사건이 일어난 연도들이다. 숫자 하나씩 외우기는 어렵겠지만, 이 20개 숫자를 4개씩 묶은 뒤, 해당 연도에 일어난 일을 떠올리면 더욱 기억하기 쉬워진다. 앞서 말한 구조화, 맥락화 원리를 여기에 대입하면 여기서 20개의 숫자를 4개씩 5개의 단위로 묶는 과정이 '구조화', 그리고 4개의 숫자에 각각 내가 알고 있는 사건의 연도라는 '맥락'을 덧붙인 것이 '맥락화'라고 할 수 있다.
여러분이 공부하는 거의 모든 내용은 대부분 구조화와 맥락화의 원리를 적용해서 기억할 수 있다. 만약 당신이 원리를 자유자재로 사용할 수 있게 된다면, 단언컨대 암기에 걸리는 시간을 현재보다 1/3 이상은 줄일 수 있다.
혹시 자신의 집에 어떤 물건들이 있는지 모두 기억할 수 있는가? 언뜻 들어서는 이 모든 것을 기억해내는 게 불가능한 일처럼 느껴진다. 하지만 다음과 같은 방법을 따라 한다면, 쉽게 집의 물건들을 외울 수 있다.

① 집의 설계도를 그려본다: 출입문은 어디에 있는지, 방이 몇 개인지, 화장실은 몇 개인지, 베란다는 어디에 있는지, 방과 방 사이의 통로는 몇 개인지

를 떠올린다.

② 방 하나하나의 모습을 그려본다: 방 안에 가구가 몇 개가 있는지를 떠올린다.

③ 가구 주변의 모습을 그려본다: 두 번째 단계에서 떠올린 가구 앞, 뒤, 좌, 우에 어떤 물건이 있는지를 그려본다.

즉, 집의 전체 그림을 그려본 뒤 그것을 하나씩 크기 순서대로 나누어서 생각하다 보면 결과적으로 여러분들의 집에 어떠한 물건이 있는지를 대부분 기억할 수 있다.

공부에도 이 방법을 그대로 적용할 수 있다. 여러분들이 공부해야 할 내용이 바로 자신의 집에 있는 물건들이라고 생각하면 된다. 이것이 구조화 원리의 핵심이다.

사실 공부할 내용에 관한 전체 설계도는 이미 여러분들이 공부하고 있는 책에 친절하게 구성되어 있다. 바로 '목차'다. 목차를 중심으로 공부하는 것이 중요한 이유다.

그다음, '침대 옆에는 뭐가 있지?', '화장실 안에는 뭐가 있지?'와 같이 하나의 대상을 통해 다른 대상을 떠올리는 작업이 필요하다. 이것이 바로 맥락화 원리의 핵심이다. 이 원리를 잘 활용하면 A라는 대상, 개념, 내용만 외워도 거기에서 파생되는 B, C, D, E의 대상, 개념, 내용을 자연스레 떠올릴 수 있다. 위의 예시에서 '방 → 침대 → 침대 옆의 탁상 → 탁상 위의 시계'처럼 하나의 대상을 통해 기억을 연결해나가는 것이 바로 이 맥락화의 원리를 적용한 것이다.

사실 이처럼 가장 큰 그림에서부터 출발해서 더 세세한 내용까지 이어나가는 방식은 여러분들이 이미 잘 알고 있는 기억 방법의 원리와 맞닿아 있다. 바로 '마인드맵'이다. 마인드맵은 가장 큰 개념에서부터 출발해서 거기서 가지를 쳐서 더 작은 개념으로 계속 확장해나간다. 마인드맵이 효율적인 기억 방법이 될 수 있는 이유 또한 가장 가운데의 단어가 가장 바깥쪽에 있는 단어까지 이어지는 과정에서 한 번도 연결고리가 끊어지지 않고 모두 관계를 맺고 있다는 데 있다. 이 또한 맥락화 원리다.

그렇다면, 이제부터 이 두 가지 원리를 예시에 적용해 어떻게 내용을 구조화하고 맥락화해서 기억 속에 집어넣을 것인지에 대해 살펴보도록 하겠다.

구조화, 맥락화 원리 암기법

우리의 목표는 전체 내용을 구조화, 맥락화 원리로 공부하고 기억한 뒤, 내용을 보지 않고도 백지에 쓸 수 있게 되는 것이다. 그러기 위해서는 다음과 같은 순서를 따라야 한다.

첫 번째, 전체 범위를 구조화한다. 내가 외워야 할 시험 범위 전체를 먼저 살피고, 최대한 묶을 수 있는 것끼리 묶는다. 두 번째는 단원 간 맥락화다. 한 단원을 공부할 때는 그 단원이 속한 대분류를 떠올리고, 대분류 내의 단원들이 어떤 관계에 놓여 있는지를 기억한다. 세 번째는 단원별 구조화다. 소제목과 키워드를 중심으로 공부할 단원의 내용을 다시 구조화한다. 이 단계에서 중요한 것은 '반드시 기억해야 할 것'과 '기억하지 않아도 되는 것'을 구분하는 일이다. 기억하지 않아도 되는 것에는 반드시 기억해야 할 것과 중복되는 내용이나 단어, 그리고 반드시 기억해야 할 것을 외웠을 때 자연스럽게 뒤따라오는 내용 등이 있다. 네 번째는 단원별 맥락화다. 기존에 알고 있는 지식을 이용해 내용 간의 맥락을 만들어 하나의 단어로부터 모든 내용이 떠오를 수 있도록 만든다. 즉, 스스로 단어와 단어, 내용과 내용 사이에 '연결고리'를 만들어야 한다. 여기서 연결고리는 사람마다 모두 다르다. 자신이 평소에 제일 자주 접하는 단어, 기존에 알고 있는 내용, 내용을 보자마자 떠오르는 아이디어 등을 활용하면 된다. 낯선 단어를 친숙한 단어로 바꾸는 과정이라고 생각하면 조금 더 이해하기 쉽다.

이 다섯 가지 단계를 통해 공부할 내용을 머릿속에 집어넣고 나면, 반드시 기억을 꺼내어보는 작업이 필요하다. 빈 종이를 펴놓고, 기억한 순서대로 꺼내 전체 범위 구조 → 단원별 구조 → 단원별 맥락의 순서로 기억을 꺼내서 직접 써본다. 반드시 '구조'를 모두 적은 뒤, 세부 내용을 채워 넣어야 한다. 그다음에는 책을 펴고, 기억을 꺼내서 써본 종이를 비교해보면서 빠진 부분을 파란색 펜으로 채워 넣는다. 이 부분을 위주로 다시 공부한 뒤, 다시 셀프 테스트를 한다.

구조화, 맥락화 암기법 예시 (중학교 역사② 교과서 서예사 부분)

① **전체 시험 범위의 목차 파악 및 구조화**: 내가 외워야 할 시험 범위 전체를 먼저 살피고 구조화한다. 아래 단원 중 3단원을 외운다고 가정해보자.

중단원 목차

Ⅳ. 산업 사회와 국민 국가의 형성

1. 산업 혁명과 유럽 사회의 발전

2. 프랑스 혁명과 국민 국가의 형성

3. 미국과 라틴아메리카의 발전

4. 제국주의의 등장과 식민지 확대 경쟁

소단원 목차

3. 미국과 라틴 아메리카의 발전

(1) 아메리카 식민지, 마침내 독립하다

- 미국 혁명의 시작
- 독립 전쟁의 발발
- 연방 헌법의 제정과 민주 공화국의 탄생

(2) 미국, 민주주의와 산업이 발전하다

- 영토 확장과 산업의 발달
- 남북 전쟁의 발발
- 최대 공업국으로 성장한 미국

(3) 러시아, 농노를 해방하다

- 농노 해방령 공포

(4) 라틴아메리카에 국민 국가가 확산되다

- 라틴아메리카의 민족 운동
- 아이티의 독립
- 멕시코와 브라질의 독립

-2009개정 역사② 교과서(정선영 외), ㈜미래엔

"대단원 5는 미국, 유럽, 러시아에서의 산업화, 국민 국가화에 대한 이야기구나. 그중에서 중단원 3장은 미국과 러시아, 라틴아메리카의 독립, 민주주의, 발전 등에 대한 내용이군. 이 단원은 크게 '미국, 러시아, 라틴아메리카'라는 목차로 구성되어 있고, 미국 파트들은 초기 단계인 미국 혁명, 독립 전쟁과 남북 전쟁, 산업화로 나뉘어 있네. 그리고 러시아 파트에는 '농노 해방'이라는 이름이 붙여져 있고, 라틴아메리카 파트에는 '국민 국가, 독립'이라는 이름이 붙여져 있네."

② **단원 간 구조화 및 맥락화:** 한 단원을 공부할 때는 그 단원이 속한 대분류를 떠올리고, 대분류 내의 단원들이 어떤 관계에 놓여 있는지를 기억한다.

3. 미국과 라틴 아메리카의 발전

(1) 아메리카 식민지, 마침내 독립하다

- 미국 혁명의 시작
- 독립 전쟁의 발발
- 연방 헌법의 제정과 민주 공화국의 탄생

(2) 미국, 민주주의와 산업이 발전하다

- 영토 확장과 산업의 발달
- 남북 전쟁의 발발
- 최대 공업국으로 성장한 미국

"3-(1), 3-(2)는 미국에 대한 얘기구나. (1),(2)를 요약하면 미국의 '독립전쟁 → 남북 전쟁(통일) → 산업화'라는 3단계로 축약할 수 있겠네. 그러면 이제 각 단계별 주제에 어떤 내용이 들어 있는지 확인해 봐야겠다."

③ **단원별 구조화:** 소제목과 키워드를 중심으로 공부할 단원의 내용을 구조화한다. 이 단계에서 중요한 것은 '반드시 기억해야 할 것'과 '기억하지 않아도 되는 것'을 구분하는 일이다. 이전에 파악한 3단계 과정을 떠올리며 각 단계별 내용을 파악해보자.

3. 미국과 라틴아메리카의 발전

(1) 아메리카 식민지, 마침내 독립하다

- 미국 혁명의 시작 : 17세기 무렵부터 일부 영국인이 신앙의 자유와 경제적인 이유로 북아메리카의 동부 연안에 이주하여 13개의 식민지를 건설하고 의회를 만들어 자치를 누리고 있었다. 하지만 영국은 7년 전쟁 이후 전쟁 비용을 메우기 위해 중상주의 정책을 강화하기 시작하였다. 특히 신문, 서적, 증서 등 모든 문서에 인지를 사서 붙이게 하는 인지세법을 실시하자 식민지 주민들은 "대표 없는 곳에 과세할 수 없다"라며 강하게 반발하였다. 결국 영국은 인지세를 폐지하였지만 또다시 차, 종이, 페인트 등의 수입품에도 무거운 세금을 부과하였다. 이에 식민지들이 저항하자 차세를 제외하고 모든 세금을 폐지하였으나 반발은 계속되었다. 이때 보스턴 차 사건이 일어났다.
- 독립 전쟁의 발발 : 보스턴 차 사건을 계기로 영국 정부의 탄압이 강화되자 식민지 대표들은 대륙 회의를 열어 영국에 맞서기로 결의하였다.

이에 따라 1775년 보스턴 근교의 렉싱턴에서 영국군과 식민지군 사이의 충돌을 계기로 독립 전쟁이 시작되었다. 이에 13개 식민지 대표들은 다시 대륙 회의를 열어 조지 워싱턴을 총사령관으로 임명하였고 독립 선언서를 발표하였다(1776.7.4). 이 선언에는 개인의 생명, 자유, 행복 추구권과 같은 기본권과 국민 주권, 혁명권과 같은 근대 민주주의 원리가 담겨져 있다.

- 연방 헌법의 제정과 민주 공화국의 탄생 : 독립 전쟁 초기에는 독립군이 열세에 놓여 있었다. 하지만 영국을 견제하는 프랑스, 에스파냐 등의 지원을 받아 독립군이 버지니아 요크타운 전투에서 영국군을 크게 격파하였다. 결국 전쟁은 독립군의 승리로 끝이 나게 되었으며, 영국은 미시시피강 동쪽 13개의 독립을 승인하였다(파리조약, 1783). 미국 혁명은 독립 운동의 성격을 가지고 있었지만 근대적인 민주 공화국의 탄생을 알리는 민주주의 혁명의 성격도 아울러 지니고 있었다. 또 절대 왕정의 전제 정치에 시달리고 있던 유럽, 특히 프랑스의 시민 계급에게 자극을 주어 프랑스 혁명에 커다란 영향을 끼쳤다.

(2) 미국, 민주주의와 산업이 발전하다

- 영토 확장과 산업의 발달 : 독립을 달성하고 민주주의를 계속 발전시킨 미국은 영토 확장과 산업 발전에 힘을 기울였다. 1840년대에는 활발한 서부 개척으로 영토가 태평양 연안에 이르렀다. 1840년대 중반 이후 시작된 이민 열풍으로 인구도 크게 증가하였으며, 산업 혁명이 시작되고 운하와 철도 부설도 활발히 추진되었다. 1850년대에는 주식회사 형태의 대기업이 등장하고 제조업도 크게 성장하여 미국은 공업 국가로 발전하였다. 하지만 이러한 발전 과정에서 남부와 북부는

노예제 문제로 심각하게 대립하였다.

- 남북 전쟁의 발발 : 넓고 기름진 토지를 바탕으로 대농장 경영이 발달한 남부는 흑인 노예를 이용하여 면화와 담배를 재배해 영국에 수출하고 생활필수품을 구입하였으므로 노예제와 자유 무역이 유리하였다. 반면, 풍부한 철, 석탄을 바탕으로 상공업이 발달한 북부는 영국과 경쟁하기 위해서 보호 무역과 공장에서 일할 자유롭고 값싼 노동력이 필요하였다. 따라서 남부는 노예제에 찬성하였고, 북부는 이에 반대하였다. 이러한 상황에서 노예제 확대 반대와 연방제 유지를 내세운 링컨이 대통령으로 선출되자, 남부의 7개 주는 연방 탈퇴를 선언하고 따로 헌법을 제정하여 남부 연합을 결성하였다. 그리고 남부가 먼저 섬터 요새를 공격하면서 남북 전쟁이 시작되었다(1861). 전쟁 초기에는 남부가 우세하였다. 그러나 링컨 대통령이 노예 해방을 선언하자(1863) 풀려난 노예들이 북부에 가담하였고, 국제 여론도 북부에 유리하게 작용하였다. 결국 게티즈버그 전투에서 북부가 이기면서 마침내 남북 전쟁은 끝이 났다.
- 최대 공업국으로 성장한 미국 : 남북 전쟁을 거치면서 미국의 산업은 크게 발전하였다. 전쟁 물자 생산을 위한 중공업이 발전하고 이를 수송하기 위한 철도 공사가 활발하게 추진되었으며, 서부 개척도 한층 가속화되었다. 남북 전쟁이 끝난 19세기 후반 정부는 관세를 높여 국내 산업을 보호하기 위한 보호 무역 정책을 폈고, 이민자가 크게 늘어나 노동력도 풍부해졌다. 또한, 대륙 횡단 철도와 전국을 단일 상품 시장으로 만드는 거대한 철도망이 완성되어 화물과 승객을 빠르면서도 효율적으로 수송할 수 있었다. 철도는 철강과 기계 산업의 발달도 촉진시켰으며, 이로써 미국은 19세기 말 세계 최대의 공업국으로 성장하였다.

-2009개정 역사② 교과서(정선영 외), ㈜미래엔, p.120~128.

④ **단원별 맥락화 :** 역사 과목 같은 경우에는 이미 사건이나 개념 간에 흐름과 연결고리가 만들어져 있다. 이전 단계에서 도출한 '반드시 기억해야 할 것들'의 내용을 가지고 스스로 자신에게 맞는 구조와 맥락을 만들어서 기억해보자. 역사 과목은 그 특성상 연결고리를 직접 만들기보다 내용에서 찾아내 자신의 스타일로 구조와 맥락을 구성하는 것이 더 효율적이다.

〈예시1〉

"첫 번째 소제목은 3단계 '독립전쟁 → 남북전쟁 → 산업화' 중에서 첫 번째 단계인 '독립'에 대한 얘기구나. 이 단계를 토대로 구조를 재구성해보자"

(1) 미국의 시작 : 17세기 무렵 / 영국인들(신앙의 자유, 경제적 이유) / 13개의 식민지 건설, 의회-자치

(2) 영국의 개입 : 7년 전쟁 → 중상주의 정책 → 인지세법 → "대표 없는 곳에 과세할 수 없다" → 보스턴 차 사건

(3) 미국의 반응 : (보스턴 차 사건) 대륙회의 → 렉싱턴 전투(1775년) → 조지 워싱턴, 독립 선언서 발표(1776) : 근대 민주주의 원리(기본권, 국민 주권, 혁명권)

(4) 독립 전쟁의 과정 : 초기 독립군 열세→ 프랑스, 에스파냐 지원 → 영국 → 요크타운 전투 승리 → 파리조약(1783)

(5) 미국 혁명의 성격 : 독립 운동 + 민주주의 혁명의 성격 → 프랑스 혁명에 영향

"재구성한 구조를 가지고 맥락과 흐름을 찾아 그걸 토대로 암기해보자. 크게 독립전쟁 부분은 '미국의 시작 → 보스턴 차 사건 → 독립 전쟁(의 전개 및 결과) → 독립 전쟁 의의'라는 4개의 '방'으로 구성되었구나. 구체적으로는 '① 미국이라는 나라는 어떻게 생겨났는지? → ②왜 독립 전쟁이 일어났는지? → ③ 독립 전쟁은 어떤 과정을 거쳤는지? → ④ 그래서 그 독립 전쟁에는 어떤 의의가 있는지?'라는 4가지 질문에 대해서 순차적으로 답하고 있군. 이 흐름을 기억하고, 각각의 내용 중에서 가장 중요한 키워드 간의 맥락을 만들어서 외워보자."

〈예시2〉

"두 번째 소제목은 3단계 중에서 두 번째와 세 번째 단계에 대한 얘기구나. 그런데 읽어보니까, 남북전쟁이 발발한 이유도 '산업화' 발전 과정에서 생겨난 남부와 북부 간의 갈등 때문이네? 남북전쟁이 끝난 뒤에 '산업화'가 더 적극적으로 이루어졌구나. 이 흐름을 기억하고, 반드시 기억해야 할 내용을 가지고 구조를 재구성해보자."

(1) 독립 전쟁 이후 : 영토 확장, 산업 발전, 서부 개척, 이민 열풍 → (1840년) : 산업혁명, 운하, 철도 부설 → 대기업 등장, 제조업 성장 (1850년) → 공업국가화 → 공업화된 북부와 그러지 못한 남부의 대립. 주된 이슈는 노예제.

(2) 남부와 북부 갈등 : 남부는 노예제 찬성. 북부는 노예제 반대. 이유는 각기 다른 산업 배경 때문(남부 : 면화와 담배 재배, 노예 필요, 자유롭게 무역 필요 ↔ 북부 : 상공업, 아직 영국만큼 발전 못 해 무역에 보호가 필

요, 노예 대신 공장 노동자 필요)

(3) 남북전쟁 발발 : 링컨 대통령 선출(노예제 확대 반대, 연방제 유지)-북부의 입장에 가까워 → 남부 반발. 남부 연합 결성(7개 주 탈퇴) →남부가 섬터 요새 공격

(4) 남북전쟁 북부 승 : 불리해진 링컨이 노예 해방 선언, 노예들 북부군에 가담. 국제 여론도 북부 편 → 게티즈버그 전투 승리.

(5) 통일하니 더 세짐 : 중공업 발전 → 물건 옮기기 위해 철도가 필요해짐 → 철도 생기면 사막에 가까운 서부 개척도 더 쉬워짐 → 원래 북부는 보호 무역 하려함. 공장 노동자 필요했는데 이민자 많아져서 노동자도 많아짐 → 공업 기술 발달하니 철도 기술 더 발달. 대륙 횡단 철도, 철도망 완성 → 철도에는 철강, 기계 산업 필요. → 19세기 최대 공업국이 됨.

〈예시1〉은 키워드 중심의 구조였다면, 〈예시2〉는 시간 흐름, 인과관계 중심의 구조다. 내용에 맞춰 두 가지 스타일을 적절히 혼합하여 사용하면 내용을 기억하기 용이하다.

'공마플' 카페에 방문하시면 부록에 수록된 플래너 양식을 다운받으실 수 있습니다. (공마플 카페: cafe.naver.com/gongmapl)

"가치 있는 목표를 향한 움직임을 시작하는 순간,
당신의 성공은 시작된다."

_ 찰스 칼슨

또 다른 성적 역전왕을 기다리며

오랜 기간 수험생을 위한 멘토링 활동을 이어가고 있지만, 나는 사실 삶을 살아가면서 성적보다 더 중요한 것이 매우 많다고 생각하는 사람이다. 그래서일까. 나는 책을 쓰거나 공부법 강연을 할 때마다 한 가지 딜레마에 빠지곤 한다. 지금의 입시 현실과 교육 제도가 잘못되었다는 사실을 느끼는 한편, 수험생 후배들이 공부라는 끈을 놓지 않기를 바라는 마음이 들기 때문이다. 또한 그들을 시험이라는 억압된 굴레로 밀어 넣는 것은 아닐까 하는 두려움과 동시에 목표를 이루고 싶은 학생들에게 올바른 공부 방법을 알려주어야 한다는 책임감을 느낀다.

중요한 것은 공부를 못한다고 해서, 대학 입시에 실패했다고 해서 인생에 실패하는 건 아니라는 것이다. 사실 '진짜 실패'는 따로 있다. 바로 도전하지 않는 것. 즉, 두려움에 시도조차 하지 않고 자신의 가능성을 제한하고 포기하는 것이다.

누가 당신에게 '안될 놈'이라고 했는가. '될 놈'과 '안될 놈'의 구분은 아주 결과론적인 얘기다. 결국 마지막에 승자가 된다면, 당신은

'될 놈'이었던 것이다. 다시 말해 당신이 될 놈인지 아닌지는 게임이 끝나기 전까지 아무도 알 수 없다. 부디 자신을 낮추지 말고, '나는 안될 놈이야'라며 한계를 정하지 마라. 끝까지 부딪치고, 싸워서 이겨내라.

어린 시절, 나는 우연히 한 사람의 자살 현장을 목격한 뒤 오랜 기간 우울증 치료를 받아야 할 만큼 힘든 시간을 보냈다. 그 시간을 거치면서 깨달은 것이 하나 있다.

'우리는 언젠가 반드시 죽고, 삶은 단 한 번뿐이다. 그렇기 때문에 지금 이 시간을, 그리고 단 한 번뿐인 삶을 소중히 살아야 한다.'

이는 곧 나의 좌우명이자 삶의 원칙이 되었다. 그래서일까. 서울대를 다닐 때나 졸업하고 난 뒤에도, 나는 비교적 평범하지 않은 길을 가고 있다. 무작정 책도 써보고, 창업을 했다가 망해보기도 했다. 현재도 대기업 취직이나 로스쿨 진학을 준비하는 대부분의 친구와는 달리, 계속해서 새로운 일에 도전하고 있다. 가끔은 불안할 때도 있지만, 나는 앞으로도 또 다른 일에 도전해볼 생각이다. 내가 원하는 것,

내가 행복해질 수 있는 것, 내가 의미를 느낄 수 있는 것만 하면서 살아도 시간이 부족하다고 생각하기 때문이다.

이 책에서 가장 강조했던 '성장형 마인드, 시스템적 사고, 의식적인 노력'이라는 세 가지 키워드를 기억하는가? 이를 공부 대신 우리의 삶에 적용한다면, 다음과 같이 재정의해 볼 수 있다.

'늘 어제보다 나은 오늘을 염원하고, 스스로 훌륭한 잠재력을 지닌 사람이라고 생각하는 삶. 나의 목표가 무엇이고, 목표를 이루기 위해서 무엇을 해야 하는지 알며, 그것들로 하루를 채우는 삶. 즉, 자신의 부족한 점이 무엇인지 알고 이를 발전시키며 더 나은 내일을 만드는 삶.'

나는 여러분들이 단순히 성적 상승만을 위해서가 아니라, 인생 전체를 이런 태도로 살아가길 바란다. 그리고 그 삶의 중심에 당신이 아끼고, 동시에 당신을 아끼는 사람들이 함께한다는 조건까지 갖춰진다면 나는 당신이 무조건 행복해질 수 있으리라 믿는다.

군대에 들어가서 처음 반년 동안, 자유에 대한 갈망으로 괴로워하던 내게 깊은 울림을 준 문장이 하나 있었다. 바로 광고인 박웅현 선생님께서 하신 말씀이다.

'해방은 그것을 향해 달려가는 것이 아니라, 자신이 선 그 자리를 해방의 공간으로 전환하는 것이다.'

이후 군 생활을 바라보는 관점을 바꾸게 되었다. 그리고 그 덕분에 오히려 사회에 있었으면 하지 못했을 일들을 하나씩 시작했다. 1년간 100여 권의 책을 읽고, 처음으로 웨이트 트레이닝에 도전해 2년간 거의 하루도 빠지지 않고 매일 한 시간씩 운동했다. 그리고 매일 밤 10대 시절의 내 이야기를 글로 적었다. 누가 내게 가장 열심히 살았던 때를 꼽으라면 이 시기를 선택할 것 같다.

나는 중요한 한 가지 사실을 깨달았다. 삶을 결정짓는 데 중요한 것은 '내가 어떤 상황에 부닥쳐 있느냐'가 아니라 '그 상황을 어떻게 바라보느냐'라는 사실이다. 만약 내가 끝까지 제대하는 날짜만 바라보면서, 하루하루가 빨리 흘러가기를 바라고 있었다면 어땠을까? 결국 나는 2년이라는 시간 동안 부정적인 생각만 하면서 아무것도 해내지 못했을 것이다. 하지만 그 2년이라는 시간을 또 다른 기회로 바라보면서부터 많은 것들이 바뀌기 시작했다.

10대 시절도 마찬가지다. 앞서도 말했지만, 나는 한국 입시의 현실과 교육제도가 그 어느 나라의 입시 제도보다도 지옥 같다는 사실을 잘 알고 있다. 하지만 그저 빨리 입시가 끝나기만을 기다린다고, 대한민국의 고등학생임을 원망만 하고 있다고 해서 달라지는 것은 아무것도 없다. 똑같은 상황이라도 내가 여기서 어떤 의미와 가치를 찾을 수 있고, 그로부터 무엇을 할 것인지 적극적으로 생각하고 행동해야만 성장할 수 있다. 그저 사는 대로 생각하는 삶보다는, 생각하는 대로 사는 삶이 더 멋지지 않겠는가.

고전 중의 하나인 마르쿠스 아우렐리우스의 『명상록』 중에는 이런 문장이 있다.

"오, 나의 정신이여, 너는 너 자신을 학대하고 또 학대하고 있구나. 그것은 너 자신을 존귀하게 만들 기회를 스스로 없애버리는 것이다. 인생은 한 번뿐이다. 너의 인생도 끝나가고 있다. 그런데도 너는 너 자신을 존중하지 않고, 다른 이들이 너를 어떻게 평가하느냐에 마치 자신의 행복이 달려 있다는 듯 다른 이들의 생각 속에서 너의 행복을 찾고 있구나."

화살이 아무리 빠르다고 해도, 그 화살이 목표물이 아닌 다른 곳을 향한다면 원하는 것을 맞출 수 없다. 반대로 화살이 목표물을 정조준한다 해도, 그 화살이 지나치게 느리게 간다면 이미 사냥감은 도망가 버린다. 이제 우리가 할 일은 목표를 제대로 세우고, 그 목표를 향해 빨리 달려 나가는 것이다. 지금 당신이 속력을 내어 달려가고 있는 그 길이, 앞으로의 인생을 살아가는 데 단단한 디딤돌이 될 수 있을 것이라 굳게 믿는다.

공부의 방향을 잡아 속도를 올려주는 1등급의 법칙

압축 공부

초판 1쇄 발행 2019년 12월 20일
초판 8쇄 발행 2023년 2월 8일

지은이 조승우
펴낸이 김선준

편집1팀 임나리, 이주영 **디자인** 김세민
책임마케팅 권두리 **마케팅팀** 이진규, 신동빈
홍보팀 한보라, 이은정, 유채원, 권희, 유준상
경영관리팀 송현주, 권송이

펴낸곳 포레스트북스 **출판등록** 2021년 4월 16일 제 2021-000079호
주소 서울시 영등포구 여의대로 108 파크원타워1 28층
전화 02) 332-5855 **팩스** 070)4170-4865
홈페이지 www.forestbooks.co.kr
종이 ㈜월드페이퍼 **출력·인쇄·후가공·제본** 한영문화사

ISBN 979-11-89584-47-4 (03370)

• 이 도서의 국립중앙도서관 출판예정도서목록(CIP)은 서지정보유통지원시스템 홈페이지(http://seoji.nl.go.kr)와 국가자료종합목록 구축시스템(http://kolis-net.nl.go.kr)에서 이용하실 수 있습니다.
(CIP제어번호 : CIP2019049974)